韓國史研究叢書 73

백과사전류로 본

조선시대 茶 문화

韓國史硏究叢書 73

백과사전류로 본

조선시대 茶 문화

― 『五洲衍文長箋散稿』를 중심으로

金喜子

국학자료원

책머리에

조선시대 일부 백과사전류에는 茶에 관한 내용이 세부적이면서도 방대하게 기록되어 있다. 당시 차문화에 대해서는 茶詩와 茶書 그리고 여러 문헌에서도 찾아볼 수 있는데, 그 내용에는 역사적·문학적·실용적인 면 등이 포괄되어 있다. 이러한 기록들은 품격 있는 조선시대 茶문화를 가늠해 볼 수 있는 척도가 된다. 특히 백과사전류에 보이는 차에 관한 기록들은 조선후기 차문화가 재도약 할 수 있는 토양을 제공하였다.

필자는 「오주 이규경의 도다변증설 고찰」·「도다변증설에 나타난 차 종류에 관한 연구」·「조선시대 百科事典類에 나타난 茶에 관한 연구」 등의 선행연구를 통해 조선시대 문헌에 나타난 차문화에 대해 주목하였다. 그러나 자료가 많이 남아 있지 않아 각종 문헌에서 차 관련 내용을 찾기에는 여러 가지 어려움이 있었다.

본 연구에서는 오주 이규경의 『오주연문장전산고』를 중심으로 하여 백과사전류·전문다서·제 문집에 나타난 차에 관한 기록을 포괄적으로 살펴봄으로써 조선시대 차문화의 일면을 찾아보고자 하였다.

1, 2장에서는 『오주연문장전산고』의 「荼茶辨證說」·「種茶薏苡靑蘘辨證說」·「四時十二時淸趣辨證說」을 구조적으로 분석하는 방법을 통하여 오주의 차문화관에 대한 면모를 전체적으로 조명하였다.

「도다변증설」에서 茶史를, 「종다의이청양변증설」에서는 茶事를
담고 있으므로 그의 차문화관이 총체적으로 드러나는 특징을 지닌
다.

3장 「조선시대 백과사전류를 통해 본 차문화」에서는 16세기 이후
의 조선 지식인들이 수용한 차문화의 성격을 찾아보고자 하였다. 백
과사전류에서 다루고 있는 차에 관한 기록이 분량에 있어서 문헌별
로 상당한 차이가 있다. 내용에 있어서는 중국의 茶書나 農書를 참
고하고 인용하였으며 우리나라 農書들과도 서로 중복 인용된 부분
이 나타난다. 당시의 백과사전류는 사전형식을 빌려 지식의 일대 寶
庫를 이룬 문헌이다. 여기에 기록된 차에 관한 내용들은 조선시대
차의 역사를 말해주며, 당시 차문화의 실상을 파악하는데 유익한 정
보를 제공한다.

4장 「전문다서에 나타난 차문화」·5장 「諸 文集에 나타난 차문
화」는 후속 연구를 위한 자료제시의 성격을 띠고 있다.

오늘날 茶는 학문으로 체계화되어 가고 있다. 앞으로 茶學이 더욱
발전하기 위해서는 현존하고 있는 문헌은 물론, 번역되지 않고 흩어
져 있는 문헌들이 적극 발굴되어야 할 것이며 아울러 체계적인 정리
와 연구가 절실하다.

그 동안 자료를 찾고 그 의미를 부여하는데 많은 시간을 보냈다. 그럼에도 오류와 부족함이 있는 것 같아 아쉬움이 남는다. 이점은 앞으로 더욱 많은 연구와 노력으로 보완해 나갈 것이며 독자여러분의 이해를 바란다.

학위 논문이 완성되고 책으로 출간되기까지 지도해 주신 양은용 교수님과 송용근 선생님의 가르침에 깊이 감사드린다. 그리고 학문에 정진할 수 있도록 이끌어 주신 이진수 교수님, 윤경혁 교수님께 감사의 말씀을 전한다. 또한 이 책의 출간을 기꺼이 맡아주신 국학자료원 정찬용 사장님께도 감사드린다.

큰 사랑과 격려로 지켜봐 주신 양가 부모님과 남편 신형기님, 그리고 두 아들 동혁, 동훈에게도 이 자리를 빌어 고마운 마음을 전한다.

2009년 5월

김 희 자

표목차

그림목차

서론

서론

조선시대는 전 시대에 비해 차문화가 쇠퇴한 시기로 분류되고 있으나 후기에 이르러 文人과 禪僧들에 의해 차문화가 유행함으로써 다시 한 번 중흥기를 맞게 된다. 이 시기는 그동안에 쓰여진 차에 관한 시와 茶書, 백과사전류 등을 바탕으로 문학적·역사적·실용적인 면에서 좀 더 격조 있는 차문화에 근접할 수 있었다. 그러나 차에 관한 전문적인 문헌자료가 많이 남아 있지 않아 각종 문헌에서의 차 관련 기록은 귀할 수밖에 없다.

차에 관한 전문서로는 조선 초 李穆(1471~1498)의 「茶賦」가 있고, 후기에는 李德履(1728~?)의 「記茶」, 草衣 意恂(1786~1866)의 『東茶頌』 등이 있다. 그리고 백과사전류와 기타 제 문집에 차에 관한 글들이 보일 뿐이다.

백과사전류 중 五洲 李圭景(1788~1856)이 편찬한 『五洲衍文長箋散稿』에서는 「茶茶辨證說」·「種茶薏苡靑蘘辨證說」·「四時十二時淸趣辨證說」에서 차에 관한 내용을 심도있게 다루고 있다. 여기에서 이규경은 우리나라는 물론 중국과 일본의 차 관련 문헌을 섭렵한 후에 茶史와 茶事에 관해 포괄적으로 기술하고 있다.

본 연구에서는 『오주연문장전산고』의 차에 관한 기록을 중심으로 오주의 차문화관을 살펴보고자 한다. 주지하다시피『오주연문장전산고』는 1,416항목을 변증 형식을 취해 논술함으로써 조선시대를 대표하는 백과사전류로 손꼽히고 있다. 그 내용에 있어서도 국내는 물론 동서양을 아우르는 다양한 내용을 담고 있다. 국내외의 각종 문헌을 참고하여 변증 대상의 연원을 밝히기도 했고, 본인이 직접 관찰하고 체험한 결과를 서술하기도 하며 폭넓게 연구하였다.

이러한『오주연문장전산고』는 필사본으로 영인되었고 부분적으로만 국역이 이루어졌을 뿐 그동안 연구가 활발하게 이루어지지 못하였다. 따라서 그 내용 중 차에 대한 기록도 상세하게 해명되지 않은 상태이다.

「도다변증설」의 특징은 현재까지 남아 전해지는 차에 관한 기록이 詩와 賦·頌의 형식인데 반해 논설문으로서 고증을 통하여 논리적으로 설명하였고, 그 내용이 상당히 명확하게 기록된 이론서이다.

「종다의이청양변증설」은 차와 율무 및 생강의 생육방법에 관한 내용으로 차에 관한 부분은 300여 자이다. 그리고 「사시십이시청취변증설」은 오주가 耳順이 지나 소일할 방도를 찾으면서 평소에 하고 싶던 일, 그리고 옛 사람들이 이미 실험했던 1년 사계절과 하루 24시간의 생활을 기록한 것으로 일상생활에서 차생활이 중요시되었음을 알 수 있다.

이러한 차문화 관련 변증설의 고찰을 통해 오주의 차문화관과 함께 조선후기 茶史 및 茶事 등의 한 면이 밝혀질 것으로 기대한다. 오주는 조부인 李德懋(1741~1793)를 이은 대표적인 실학자의 한 사람인 만큼 그의 차문화관은 당대 인사들의 차생활상을 밝히는데도 도움이 될 것이다.

오주의 차문화관에 대해서는 이제 새로운 지평을 여는 시기이다.

그에 관한 연구가 아직 활발하지 못한 가운데도 차에 관해서는 몇 편의 연구성과가 제출되어 있다. 그 가운데 「도다변증설」에 관한 선행연구는 다음과 같다.(<표1>)

<표1> 「도다변증설」・「종다의이청양변증설」에 대한 선행연구

논 제　　　구 분	연구자	연구내용	출 처
『오주연문장전산고』	華谷譯, 韓尙勳 編 (1996)	『오주연문장전산고』 「도다변증설」 「종다의이청양변증설」 국역	『故事茶情』
「고전에 수록된 차」	정영선 (1996)	「도다변증설」에 대한 개괄적 소개	『차문화연구지』 제5권
「도다변증설의 출전고」	김명배 (1999)	중국문헌의 원전 17종, 한국문헌 2종, 일본문헌 1종을 확인, 誤脫字의 보정으로 30항목을 확인	『한국차학회지』 제5권 1호
「오주 이규경의 도다변증설 고찰」	김희자 (2005)	선행연구를 바탕으로 「도다변증설」의 내용과 체재를 총체적으로 재검토	『차문화학』 1권
「도다변증설에 나타난 차 종류에 관한 연구」	김희자 (2006)	「도다변증설」에 나타난 차의 종류에 대한 기초 연구 자료 제시	『차문화학』 2권 1호
「오주 이규경의 도다변증설 연구」	최향옥 (2006)	오주 이규경에 대한 一面을 차생활을 중심으로 고찰	성균관대학교 석사학위논문

　　화곡 역, 한상훈 편(1996)의 『오주연문장전산고』에서는 「도다변증설」・「종다의이청양변증설」을 번역하여 이재휘의 회갑논집 『고사

다정』에서 선보였으나 完譯은 하지 못하였다.[1]

정영선(1996)의 「고전에 수록된 차」[2]에서는 「도다변증설」의 내용 가운데 茶와 茶가 쓰인 유래·차의 성질과 효능·단차와 엽차의 품질에 관한 설명·차나무의 생태·차 끓이기 좋은 물·『다경』의 九難·당시의 차 끓여 마시는 법·우리나라 茶史와 名茶·唐宋 이래의 茶稅제도·차씨를 뿌리고 기르는 법·차 저장법·차에 관한 외국서적 등을 원문과 함께 포괄적으로 소개하였다. 또한 이 책이 고증을 위해 많은 중국 문헌을 단편적으로 인용하였으나 이규경 본인의 견해를 밝혀 기록하였으므로 다도입문서로 가치가 크다고 밝혔다.

김명배(1999)의 「도다변증설의 출전고」[3]에서는 「도다변증설」에 인용된 중국문헌 17종·한국문헌 2종·일본문헌 1종을 확인하였으며 誤脫字의 보정으로 30항목을 확인하였다.

본 연구자는 「오주 이규경의 도다변증설 고찰」[4]에서 선행연구를 바탕으로 그간 논의되었던 내용들을 재검토하였으며, 「도다변증설」의 내용체재를 총체적으로 살펴보았다. 「도다변증설에 나타난 차 종류에 관한 연구」[5]에서는 「도다변증설」에 기록된 차의 종류를 고찰하여 후속 연구의 기초자료를 제시 하였다.

최향옥(2006)의 「오주 이규경의 도다변증설 연구」[6]는 오주 이규

---

1) 華谷 譯, 韓尙勳 編, 「五洲衍文長箋散稿, 茶茶辨證說·種茶薑苨靑蘘辨證說」(『故事茶情』, 李在徽, 신영사, 1996), 126~143쪽.

2) 정영선, 「고전에 수록된 차」(『차문화연구지』 제5권, 한국차문화연구소, 1996), 9쪽.

3) 김명배, 「도다변증설의 출전고」(『한국차학회지』 제5권 제1호, 1999), 1쪽.

4) 김희자, 「五洲 李圭景의 茶茶辨證說 고찰」(『차문화학』 1권, 한국국제차문화학회, 2005)

5) 김희자, 「茶茶辨證說에 나타난 차 종류에 관한 연구」(『차문화학』 2권 1호, 한국국제차문화학회, 2006)

경에 대한 一面을 차생활을 중심으로 고찰하여 우리나라 다도연구에 일정한 공헌을 함과 동시에 차생활에 대한 인식을 넓히고자 하였다.

이와 같은 기존의 성과는 오주에 대한 연구의 地平을 여는 단계이므로 앞으로 다양한 성과가 학계에 제출될 것으로 보이나, 현재의 상황에서는 그의 차문화관을 밝힐 기반은 마련된 것으로 보인다. 특히 그의 차에 관한 몇 편의 연구성과는 세 가지 변증설을 중심으로 한 차문화관을 전체적으로 정리할 단서를 제공하고 있는 것이다.

따라서 본 연구에서는 이들 연구 성과를 바탕으로 세 가지 변증설을 구조적으로 분석하여 오주의 차문화관에 대한 면모를 전체적으로 조명코자 한다. 「도다변증설」에서는 특히 茶史를, 「종다의이청양변증설」은 차나무의 재배방법을, 「사시십이시청취변증설」에서는 茶事를 담고 있으므로 그의 차문화관이 총체적으로 드러나는 특징을 지닌다. 「조선시대 백과사전류를 통해 본 차문화」에서는 백과사전류를 통해 오주 차문화관의 성립 바탕이 된 前代의 차문화를 살펴보기로 한다. 「전문다서에 나타난 차문화」와 「제 문집에 나타난 차문화」에서는 그 내용을 포괄적으로 살펴봄으로써 당시의 차문화를 가늠해 보고자 한다.

이러한 문헌들에는 당시 차문화가 반영되어 있으므로 조선 지식인들이 수용한 차문화의 성격이 분명히 드러날 것이다.

---

6) 최향옥, 「五洲 李圭景의 茶茶辨證說 研究」, 성균관대 석사논문, 2006.

1장

오주 이규경의 차문화관 성립 배경

1. 오주의 생애와 시대적 배경

2. 『五洲衍文長箋散稿』의 구성

1장 오주 이규경의 차문화관 성립 배경

1. 오주의 생애와 시대적 배경

1) 생애

오주 이규경(1788~1856)의 본관은 全州, 자는 伯揆, 호는 五洲 또는 嘯雲居士이다. 그는 박물학자로서의 면모와 초고본 문집 『오주연문장전산고』의 방대함으로 학계에 주목 받아왔다. 그러나 오주 본인의 역사와 전기 등 그의 삶의 궤적에 대해서는 알려진 바가 극히 드물었다.

오주가 알려지기 시작한 것은 1958년 『오주연문장전산고』가 동국문화사에서 영인 출간될 때 해설을 쓴 金庠基에 의해서이다. 그는 "우리나라 실학은 선조와 광해군 이래 중국으로부터 전해오던 西學과 淸朝 고증학의 영향 밑에서 이루어지고 발전되어 온 것이며, 그것을 집대성한 분은 실로 앞에 있어서는 丁茶山이요, 뒤에 있어서는 李五洲라 할 것"[1]이라고 하였다.

梁銀容은 「五洲 李圭景의 道敎觀」[2]에서 그의 생애와 학문성격은

---

1) 金庠基, 『五洲衍文長箋散稿』, 東國文化社, 1958, 1쪽.

2) 梁銀容, 「五洲 李圭景의 道敎觀」(한국도교문화학회편, 『한국 도교문화의 초점』, 亞細亞文化社, 2000), 355~356쪽.

가업을 통해 파악하는 것이 的實하리라 보았다. 그의 가계(<표2>)는 李德懋(炯庵, 雅亭, 1741~1793) − 光葵(1765~1817) − 圭景으로 이어지며 그것이 곧 그의 학맥이기도 했다.

<표 2> 오주 이규경의 家系圖[3]

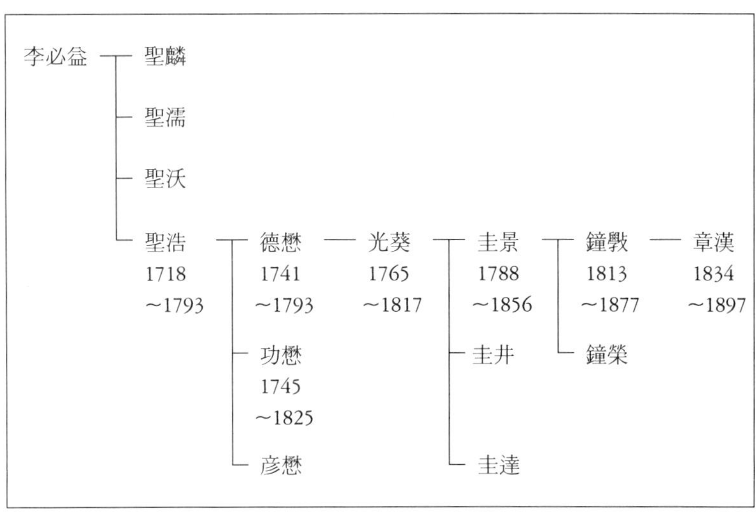

조부인 이덕무[4]는 실학파의 대학자로 정조가 규장각을 열고 名士를 검서관으로 등용하였을 때 朴齊家·柳得恭·徐理修와 더불어 이른바 四檢書로 불린 인물이다.

박학다재한 이덕무는 일찍이 沈念祖(1733~1783)의 사행을 따라 연경에 가서 새로운 지식을 두루 섭렵함으로써 명성을 높였고 다양

---

3) 박문열,『靑莊館 李德懋의 生涯와 著述』, 청주대학교 인문과학연구소 인문과학 논집 Vol.6 No−1987.

4) 이덕무는 定宗의 별자 茂林君의 10세손이다. 이덕무의 조부 必益은 강계부사를 지낸 인물이며 아버지 聖浩는 필익의 막내아들로 庶子였다. 아버지 성호는 16세에 동지중추부사 백사굉의 딸 수원 백씨와 혼인했다. 이덕무, 김용운 역,『배고픈 새』, 거송미디어, 2007, 228~229쪽.

한 저술을 남겼다. 조부의 아우 李功懋와 부친 이광규 역시 검서관을 지내면서 집안에 수많은 장서를 갖추고 있었다.

오주가 일생동안 出仕하지 않고 학문에만 집중할 수 있었던 것은 당시 팽배했던 실학사조와 조부로부터 이어온 학풍으로 방대한 고증작업을 할 수 있는 여건을 갖추고 있었으며, 그 또한 실사구시의 학자였기 때문이다. 그는 조부 이덕무의 학문과 사상을 계승하여 정밀한 考訂과 辨證으로 조선 후기 실학의 영역을 넓혔으며 백과전서파로도 불린다.

그러나 오주의 행장을 살펴볼 수 있는 근거는 그의 저술에서 조금씩 비춰질 뿐 문서는 거의 전하지 않고 있다. 이러한 문서의 부족은 그가 명문가에서 태어났지만 신분적으로 庶孫이었으며 평생을 벼슬길에 나가지 않고 초야에서 지냈기 때문이다. 이러한 오주의 행적을 살펴보면, 그는 어려서부터 晉代의 박물학자 張茂先(232~300)과 宋代의 학자 李石(784~845)의 저서에 관심을 가져 박물학을 좋아했으며, 청년시절에 천문·역법·역사·제도·종교·의생활 등 여러 분야에 걸쳐 자료를 수집하고 그 근원을 고증·정리하여 체계를 세우는 데 주력했음을 알 수 있다.[5] 순조 32년(1832) 병으로 요양 중에 예전에 써둔 원고를 정리하기로 결심하여 1834년 가을에『五洲書種』의 「金石」과 「玉石」 부분을 완성했고, 헌종 5년(1839) 가을에는 「군사기술」 부분을 완성했다. 그 후 우리나라 및 중국, 그 밖의 古今事物을 대소와 雅俗의 구별 없이 意義가 있거나 고증의 필요가 있는 것을 모두 정리한『오주연문장전산고』를 저술했다.

오주는 「增補山林經濟辨證說」[6]에서 『山林經濟』는 중국사람 屠

---

5) 김상운, 「이규경과 그의 박물학」(『조선전기논문선집』, 삼귀문화사, 1999), 90쪽.

6) 李圭景, 『五洲衍文長箋散稿』, 卷三十二, 「增補山林經濟辨證說」

隆과 우리나라 柳重臨이 편찬한『增補山林經濟』2本이 있었으나, 그 책을 보충하고 윤색하여 무려 수십여 권에 이르렀으며『萬寶全書』등의 글과 함께 유포되고 있음을 기록하고 있다.

그가 충주 북문 밖에 살 때에 이웃에 사는 선비 金秀實이 가지고 있던 黑麥종자 10여 알을 얻었는데, 그것이 어디서 온 것인지 물어 포천의 李某가 현종 4, 5년 간에 사신을 따라 연경에 다녀 올 때 가져 온 것이라는 것을 알고는 1840년 충주 덕산 성암촌에 이사해 이를 시험삼아 심었다.[7] 이밖에 새로운 무 품종[8]이나 落花生도 그의 주요 관심사 가운데 하나였다. 오주는 새로운 것이라면 멀고 가까움에 관계없이 찾아다녔고 특히 새로운 작물 실험에 관심이 많았던 오주는 당시 중국 등 외국으로부터 도입되는 새로운 씨앗을 얻는데 많은 노력을 기울였다.[9]

오주는『오주연문장전산고』를 편찬하는 중에도 1850년 11월에서 1851년 정월 무렵에 우리나라와 중국의 역대 시화 1392則으로, 시학과 연관되는 내용들을 수시로 발췌하고 사이사이에 오주 자신의 견해를 덧붙여『詩家點燈』[10]을 저술하였으며 속집은 1855년 이후 편찬되었다.

오주가 卒한 연대에 대해서는 말년인 1854년 '최한기가『사소절』

---

7) 李圭景,『五洲衍文長箋散稿』, 卷一,「黑麥辨證說」

8) 李圭景,『五洲衍文長箋散稿』, 卷十二,「五色蘿葍辨證說」

9) 주영하 외 3,『19세기 조선, 생활과 사유의 변화를 엿보다』, 돌베개, 2005. 32쪽.

10)「내 못난 사람이 제멋대로『시가점등』너댓권을 저술하여 詩話 뒤에 함부로 수록하였는데 담비에 개꼬리 붙인거나 같다.…중략…明의 승암 양신은『단연총록』을 지으면서 '文은 道이고 詩는 言인데 어록이 나오면서 詩와 道는 구별되었고 詩話가 나오면서 詩와 言은 떨어졌다'고 하였는데 그 말이 적당하다. 余不侫妄著『詩家點燈』四五卷 僭錄詩話之後 便同續貂耳…中略…皇明楊升菴愼用修『丹鉛總錄』曰 文 道也 詩 言也 語錄出而文與道判矣 詩話出而詩與言離矣 斯言切當」, 李圭景,『五洲衍文長箋散稿』, 卷三十五,「歷代詩話辨證說」

한 질을 보내왔다.'[11]는 기록과 을묘(1855) 봄에 '아우 烟村이 소봉과 그 아들 秋浪樵夫를 방문하여 손을 맞잡고 회포를 풀었다.'[12]는 기록을 마지막으로 이후의 활동에 대한 기록이 없어 66세 이후에 사망하였을 가능성을 추측할 수 있으나 밝혀지지 않고 있었다. 그러나 주영하, 김호의 연구에서 족보를 토대로 이듬해인 1856년 5월 16일에 사망한 것으로 확인 되었다.[13]

2) 교유관계

오주는 徐有本(左蘇山人, 1762~1822)・全州李氏(憑虛閣, 1759~1824)・徐有榘(楓石, 1764~1845)・金履橋(竹里, 1764~1832)・洪顯周(海居齋, 1793~1865)・金正喜(秋史, 1786~1856)・申敎善(小峯, 1786~1858)・李鍾愚(石農, 1801~?)・崔漢綺(惠崗, 1803~1879)・崔瑆煥(於是齋, ?~?)・金正浩(古山子, ?~1866?) 등과 교유가 있었던 것으로 보인다.

오주와 서유본・전주이씨・서유구의 관계는「杏壇辨證說」・「落花生辨證說」・「小華叢書辨證說」에서 찾아볼 수 있다.

> 내가 일찍이 그 비석에서 탁본해 놓은 杏壇 두 글자를 좌소산인 서유본의 집에서 보았는데 글자의 직경이 한 자쯤 되며 획이 매우 둥글고 고왔다.[14]

---

11) 李圭景,『五洲衍文長箋散稿』, 卷二十四,「士小節分編刻本辨證說」

12) 李圭景, 韓國學文獻硏究所 編,『詩家點燈』續集「法鏡瓦硯序銘」(亞細亞文化社, 1981), 846쪽.

13)「全州李氏茂林君派譜所」(『全州李氏茂林君派譜』 卷一, 회상사, 1985), 263쪽; 주영하 외 3,『19세기 조선, 생활과 사유의 변화를 엿보다』, 돌베개, 2005. 32쪽 재인용.

14)「予嘗見搨杏壇碑字於徐公左蘇山人 有本 藏 字大徑尺 畫甚圓麗」, 李圭景,『五洲衍文長箋散稿』, 卷三十三,「杏壇辨證說」

임인(1842)년 헌종 8년, 서유구가 집에서 낙화생을 재배하자 씨앗
수십 알을 얻었다. 그 후 鄕莊에 씨앗을 심었다고 들었다. …15)

나의 왕고 아정선생은 일찍이 前賢들이 찬술한 것 중에서 총서를
만들 만한 몇 가지를 풍석 서유구에게 보였다. 풍석공이 일찍이 나
에게 말하기를 "아정공이 나에게 준 편목에다 근래의 여러 사람이
지은 것을 보태고 합하여 한권의 책을 만들어 후세에 전하면 좋을
듯 하므로 매양 글을 수집하는 데에 마음을 두고 있으나 아직 미치
지 못했다."고 하였다. 그의 아우 유비도 말하기를 "소화총서를 만
들려 하는데 군의 집에 혹 저장한 글이 있으면 나를 위하여 모아다
오." 하였으니, …중략… 이의준과 서유구는 모두 우리 왕고의 교훈
을 받고 그 책을 완성하려 하다가 못한 것이다.16)

위의 내용으로 미루어 서유본과 전주 이씨, 서유구는 오주와 교류
가 있었음을 짐작할 수 있다. 서유본은 천문과 수학에 능통한 실학
자로 그의 아내는 『빙허각전서』·『규합총서』를 편찬한 이빙허각
이며, 동생은 18세기 대표적 농정학자요 실학자인 서유구이다.

오주는 「落花生辨證說」에서 서유구가 집에서 낙화생을 재배하는
것을 보고 그에게서 씨앗 수십 알을 얻어 온 사실을 기록하고 있다.17)
또한 「소화총서변증설」에서는 조부 이덕무가 총서를 만들고자 하
면서 서유구와 편목을 의논하였고 그 사실을 서유구가 오주에게 전
해주었다고 밝히고 있다.

---

15) 「壬寅 憲廟八年 五費徐尙書 有榘 字準平 達城人 官至奉朝賀 種于家甚盛 余得數
　　十枚 聞其後復種于鄕莊」, 李圭景, 『五洲衍文長箋散稿』, 卷十四, 「落花生辨證說」

16) 「我王考雅亭先生 曾以可作叢書者前賢所撰述者若干種 示徐楓石有榘 而楓石公
　　嘗語余曰 雅亭公所授編目更加近日諸家所撰 滙作一書以傳 則似好 故每留心徵
　　書 而姑未遑焉云矣 其弟有棐亦言 欲作『小華叢書』君家或有所貯 爲我滙集 …
　　中略… 李公義準 徐公有榘 竝聞敎於我王考 而欲成其書 而未果者也」, 『五洲衍文
　　長箋散稿』, 卷十八, 「小華叢書辨證說」

17) 李圭景, 『五洲衍文長箋散稿』, 卷十四, 「落花生辨證說」

이러한 정황들을 살펴볼 때, 오주는 빙허각의 『규합총서』에 나타
난 차에 관한 기록과 서유구의 『林園十六志』에 있는 차에 관한 방대
한 내용 등을 파악하고 있었음을 추측할 수 있다. 또한 이들의 實事
를 겸한 박학한 경험과 지식들은 오주의 저술에 직·간접적으로 많
은 영향을 주었을 것이다.

오주가 김이교·홍현주와 교류하였음을 추측케 하는 기록은
『시가점등』「大隱巖萬里瀨」에 나타난다.

> 순조 병술년(1826) 첫 여름에 나는 호서의 서림군에서 서울로 돌아
> 와서 장의동 대은암에 집을 세 들었는데 곧 문형 대학사인 김이교
> 죽리공의 별장이었다. …중략… 세 들어 산지 2년 만에 마침내 영명
> 도위 해거 홍현주에게 팔려 새로 정사를 지었다.[18]

오주가 세 들었던 집은 김이교의 별장이었으며 그곳에서 2년을
살다 홍현주에게 팔려 새로이 정사를 지었다고 하였다. 재야학자였
던 그가 김이교의 별장에 세 들어 살 수 있었고 그 별장을 홍현주가
구입하게 된 인연은 무엇이었을까? 이것은 오주가 이덕무의 손자라
는 데서 그 해답을 찾을 수 있을 것이며 조부 이덕무의 인맥에 힘입
어 당시 고위층인 김이교[19], 홍현주와도 교유하였을 가능성을 추측
해 볼 수 있게 한다.

김정희와의 관계는 「淸脾錄大小刻本辨證說」에 보인다.

---

18) 「純祖丙戌 首夏 余自湖西之西林郡 還京僦屋 於城中北却壯義洞之大隱巖 卽文衡大
學士金公履喬竹里別墅…中略…借居二載竟爲 永明都尉海渠顯周所買 新構精舍」, 李
圭景, 韓國學文獻硏究所 編, 『詩家點燈』「大隱巖萬里瀨」(亞細亞文化社, 1981), 242쪽.

19) 金履橋(1764~1832)는 한성부 판윤, 이조판서, 평안도 관찰사를 거쳐 병조·형조·
공조·예조의 판서 등을 역임하였고 1831년 우의정에 올라 국정을 도맡아 책임
졌던 조선시대의 문신이다.

순조 기사년(1809)에 선군 은휘공이 생원 현란 김정희를 찾아뵈니, 현란이 책상머리에 있는 두 책을 보이며 "이것은 바로 이우촌이 수집한 『속함해』인데 그대의 선군자 청장공의 『청비록』이 그 중에 들었다. 우리나라 사람의 저술을 중국 선비들이 인쇄한 것은 참으로 구하기 힘든 일이므로 그대에게 주어 보관하게 한다."고 하였다. 이것을 가친께서 친히 가져와 나에게 주시니 중국 선비들의 근간한 뜻도 감탄할 만하거니와, 구해서 전해준 현란의 의리는 더욱 감사할 일이다. 판본은 소본으로 소매에 넣을 만 하였다.[20]

이 내용으로 보아 김정희를 만난 사람은 오주의 아버지 이광규이다. 김정희는 이우촌이 수집한 중국 서적 『속함해』에 『청비록』이 들어있음을 보고 이광규에게 전하였고, 오주는 이를 받고 「청비록대소각본변증설」에 그 고마움을 기록해 남기고 있다.

신교선·이종우[21]와의 교유는 『시가점등』에서 찾아볼 수 있다.

나는 순조 갑술년(1814)에 마포 대정리의 집을 세 들었는데 정자 이름을 西湖亭 혹은 萬千亭이라 하였다. 몇 년 안 되어 나는 고향인 광주 철마산 아래로 내려갔다. 이로부터 소식이 끊어져 거의 서로를 잊고 있었다. 을묘년(1855) 봄에 아우 연촌이 서울로 올라갈 적에 마점을 거쳐 갔는데 소봉의 집이 언덕 하나 너머인지라 소봉과 그 아들 추랑초부를 방문하여 손을 맞잡고 회포를 풀었다. 일찍이 충주 개천사 터에 노닐 적에 법경대사비를 읽고 그곳의 깨어진 기와를 주워가지고 동작연 모양으로 파서 벼루를 만들었는데, 그것을 석농 이종우 시랑에게 주려고 가져 가다가 추랑에게 빼앗겼다.[22]

---

20) 「純廟己巳 先君恩暉公 訪金上舍正喜玄蘭 玄蘭示案頭兩书曰 此卽李雨邨所輯 『續函海』而先君子靑莊公『淸脾錄』亦入其中 而海東著述 爲華士所刻 眞□世希購 爲君攜傳 家親袖授不肯 可歎中士勤意 深感 玄蘭購傳也 版是小本袖珍」, 李圭景, 『五洲衍文長箋散稿』, 卷二十一, 「淸脾錄大小刻本辨證說」

21) 조선 철종 때의 문신으로 글씨와 그림에 능하였고, 특히 글씨는 石農體라 하여 독특한 필체를 이루었다.

여기서 소봉은 신교선을 말한다. 이 글을 보면 오주는 신교선 父
子와 서로 격의 없이 사귀었음을 알 수 있고 이종우와도 벼루를 만
들어 선물하고 싶을 정도의 교유가 있었음이 나타난다. 또한 이 기
록을 통해 그가 1855년까지 활동하였음을 알 수 있다.

최한기・최성환과의 관계를 엿볼 수 있는 글은『오주연문장전산고』
권24,「士小節分編刻本辨證說」에 보인다.

> 나의 왕고 형암 선생이『사소절』3권을 지었으니 사전・부의・동
> 규이다. 미처 간행하지 못하고 베끼어 전해 왔었는데 서울에 사는
> 최성환[23]이 편을 나누어 2권으로 만들어서 금속활자로 간행하였
> 다. 그러나 나는 충주 덕산 삼전리에 있었으므로 알지 못하였다. 계
> 축년(1853) 가을에 서울 사는 최한기가 찾아와 책을 간행했다는 사
> 실을 전하고 갑인년(1854) 봄에 일부러 한질을 보내오니 옛 정의가
> 깊었던 것을 알 수 있어 감사한 마음 형언할 수 없다.[24]

최성환은 그동안 간행하지 못하였던『사소절』을 금속활자로 간
행하였고, 최한기는 오주가 충주에 거주할 때 직접 충주로 찾아와

---

22)「純祖甲戌 儌屋於麻浦大井里 亭名西湖亭 或稱萬千亭…中略…廣州鐵馬山下 自
此音耗相沮幾乎相忘 歲乙卯仲春介第烟村 上京城路 申馬岾小峰家只隔一崗 乃
訪小峯及其胤秋浪樵夫屋手叙懷而□□ 忠州開天寺 □讀法鏡碑拾其破瓦 鑿硏
倣銅雀硏 □去□遺石農李鍾愚侍郞爲秋浪所奪」, 李圭景, 韓國學文獻研究所 編,
『詩家點燈』續集「法鏡瓦硯序銘」(亞細亞文化社, 1981), 846쪽.

23) 崔瑆煥의 자는 星玉이고 본관은 蕊城(충주의 옛 이름)이다. 武人인 그는 朴宗輔
家에서『錦石集』을 찍은 銅활자를 빌어『사소절』을 간행한 것으로 알려져 있는
데, 특히 1852년(철종3) 민간도교 전적인『太上感應篇圖說諺解』5권을 간행하는
등의 활동을 전개하였다. 깊은 한학에 바탕하여 도서출판 활동을 전개하면서도
유불도 삼교사상에 두루 통하고 있다.(梁銀容,「太上感應篇之流行與韓國道敎」,
『第五屆中國域外漢籍國際學術會議論文集』, 1991. 12.) 493쪽.

24)「我王考炯庵先生著『士小節』三卷 曰「士典」曰「婦儀」曰「童規」 未及刊行 鈔
寫相傳 都下崔都事瑆煥 分編作二卷 以鑄字印行矣 余寓忠州絶峽 德山森田里
未能知 癸丑秋 京中崔上舍漢綺來訪 傳其擺印 甲寅春 委送一秩 可見舊誼之深
感不容言」, 李圭景,『五洲衍文長箋散稿』, 卷二十四,「士小節分編刻本辨證說」

『사소절』의 간행 소식을 알려준다. 뿐만 아니라 간행된 책을 이듬해 보내주니 이를 받아본 오주는 옛 정의를 생각하고 깊이 감사하였음을 알 수 있다.

『오주연문장전산고』 권38 「萬國經緯地球圖辨證說」에는 '1834년 최한기가 장정병의 「지구도」를 탑본하였는데 그것을 새긴 사람은 김정호' 라고 기록하고 있다.

> 최한기의 집은 서울 남촌 창동에 있는데 갑오년(1834)에 중국 진릉 사람 장정병의 '지구도'를 대추나무판에 모각하고 탁본하였으며, 金正皥[25]가 목판에 새겼다.[26]

최한기는 개성에서 태어났으나 어린 나이에 서울로 올라와 창동[남대문시장]과 상동[한국은행 근처]에서 살았다고 한다. 그는 김정호와 교유관계가 돈독했으며 이러한 관계는 1834년 창동에 있는 자기 집에서 김정호와 세계지도인 '地球圖'를 탁본하고 새기는 작업을 함께 하는 데까지 발전한다. '지구도'는 '地球前圖'와 '地球後圖'로도 불려 지는데 현존하는 목판본 세계지도로는 우리나라에서 가장 오래된 것으로 알려져 있다.

김정호에 관해서는 『오주연문장전산고』 권46 『志地辨證說』에서도 나타나고 있다.

> 근자에 김정호란 사람이 『해동여지도』 2권을 지었는데, 따로 바둑판처럼 만들어 글자로 부호를 붙이고 서울과 군·읍에 각각 그림

---

25) 여기서 金正皥의 '皥' 原字는 '皞'로 '浩'와는 胡老切로 절운이 같다. 그러므로 金正浩와 金正皥는 동일인임을 알 수 있다.

26) 「崔上舍家住京師南村倉洞 甲午以棗木板模刻晉陵 莊廷旉 地球 搨本 而金正皥 剞劂焉」, 『五洲衍文長箋散稿』, 卷三十八, 「萬國經緯地球圖辨證說」

하나씩을 만들어 책에 넣고 글자의 부호에 따라 찾아보면 나란히
나타나서 착란하지 않으니, 그는 생각한 바가 다른 사람보다 뛰어
나고 정밀하기가 보통이 아니었다. 그가 또『방여고』20권을 지었
는데『여지승람』을 가지고 잘못된 것을 바로잡고 시문을 산삭하며
빠진 것을 보충하여 매우 해박하였으니, 그의『여지도』와『방여고』
는 꼭 전포할 만한 것이다.[27]

이것은 오주가 직접 보고 들은 바를 기록한 것이다. 이후 지리학자
이며 실학자인 김정호는 과학적 실측지도인『대동여지도』를 만들어
19세기 조선의 국토 정보를 집대성하고 체계화하였다.

앞에서 살펴본 오주의 교유관계는『오주연문장전산고』와『시가
점등』의 기록에 한정되어 있으므로 실제로는 그 폭이 훨씬 넓었을
것이다. 오주는 이러한 교유관계를 통해 사상과 학문의 깊이를 더했
을 것이며 茶와 함께하는 문화 활동도 활발하게 이루어졌을 것으로
보인다.

3) 시대적 배경

『오주연문장전산고』는 조선의 신분제 사회에서 중인 출신이 이
루어낸 저작이라는 점에 큰 의미를 부여할 수 있다. 오주는 이덕무
의 손자로 중인이다.

중인은 조선사회의 중간계층을 이루고 있는 신분계층으로 17세
기 이후 중앙의 여러 기술관청에 소속되어 있는 譯官·醫官·律官·
算官·畵員 등 기술관원과 중앙의 기술관을 비롯하여 지방의 기술

---

27)「近者有金正皥者 著『海東輿地圖』二卷 別爲碁盤字號 圻 郡 邑各作一圖入冊 隨
　　字號取見 眉列掌示 不爲掌錯 其所思遠過前人 精密超凡 復著『方輿考』二十卷
　　取『輿地勝覽』釐正譌誤 刪祛詩文 補其闕略 亦甚該博 其圖與考必可傳者也」, 李圭
　　景,『五洲衍文長箋散稿』, 卷四十六,「志地辨證說」

관 그리고 서얼, 중앙의 서리와 지방의 鄕吏・土官・軍校・校生 등
여러 계층을 포괄적으로 일컬었다. 이들은 일반적으로 양반 사대부
계층에 비하여 차별대우를 받았으며 신분과 직업은 가업으로 세습
되기도 하였다. 六曹와 三司 등의 일반 관직에 나아갈 수 없었고 限
品敍用制[28]에 의해 관직 승진에도 제한이 가해졌다. 또한 지방 양반
의 명단인 鄕案에 등록되지 못하였으며, 향교에서도 양반의 아래에
앉아야 하는 등 천시를 받았다. 양반들은 중인을 행정 使役人으로
부리기 위하여 이들을 신분적으로 얽어매고 관념적・제도적으로
철저히 차별하였다.

그러나 조선후기 신분제 사회는 임진왜란과 병자호란을 겪으며
차츰 와해되기 시작하였다. 서얼에 대한 차별은 전란으로 재정적 타
격을 받은 정부가 납속책을 실시하고 공명첩을 발급하자 이를 이용
하여 관직에 나아갈 수 있는 길이 열리게 되었다.

이러한 조선사회 신분제의 전면적 동요는 신분관계에 따른 명분
론적 규제도 크게 약화되었다. 더욱이 영・정조대 이후 기술직 중인
이나 서리로서 관료체계 내의 실무를 담담하면서 경제력을 갖추고
거기에 文翰 능력[29]까지 지닌 부류들이 京華士族[30]的 생활을 하였
다. 때로는 이들이 京華巨族[31]의 생활과 사환의 실무를 '傔人'으로
서 담당하는 가운데 경화거족과 서로 보완관계를 갖는 공생적 생활

---

28) 한품서용제란 신분이나 출신에 따라 일정 품계 이상의 관직에 오를 수 없도록
　　규정한 제도를 말한다.
29) 문한 능력이란 文筆 즉 문장에 능한 사람을 말한다.
30) 京華士族이란 한양이나 그 인근에서 대대로 살아온 양반 가문을 말한다. 그러나
　　18~19세기 명분론 퇴조의 사회분위기 속에서 경화학계에는 누대의 서울생활로
　　선비를 자처하게 된 中庶계층이나 위항인들이 경화사족의 일원으로 등장하게
　　된다. 유봉학,『조선후기 학계와 지식인』, 신구문화사, 1999, 136쪽.
31) 京華巨族이란 번화한 서울에 사는 대대로 권력있고 번성한 집안을 말한다.

상까지 나타나 일반화 되었다.[32]

　이러한 시대적 상황에서 정조에 의해 규장각에 中庶層과 委巷人[33]을 위한 검서관직이 설치되기에 이른다. 또한 이 시기에는 경화거족 지식인의 지원을 받는 위항인의 委巷詩社가 크게 융성하고[34], 중서층과 위항지식인 그리고 경화거족 간의 상호교육과 학문교류가 광범위하게 이루어졌다. 처음에는 山林이 중서층 제자를 수용하는 것으로부터 시작되어 뒷 시기에는 경화사족을 자처하게 된 중서 출신 또는 위항인 학자에게 경화거족의 자제가 수학하는 양상으로도 나타났다. 영조 대에는 李縡(1680~1746)와 成孝基(成大中의 父)의 사제관계, 그리고 金昌翕(1653~1722)에게서 洪世泰(1653~1725)로의 학문전수 관계처럼 제한적이나마 산림의 중서층 수용이 있었다. 그러나 뒷 시기로 가면 반대로 중서층이었던 鄭潤卿(?~?)이 金種厚(?~1780)·金種秀(1728~1799)를 가르친 경우나, 成大中(1732~1809)·成海應(1760~1839)이 趙寅永(1782~1850)을 가르치고, 박제가(1750~1805)가 金正喜를 가르친 경우, 심지어는 尹有成(?~?)이 산림학자 洪直弼(1776~1852)을 가르치고, 兪萬柱(?~?)가 兪吉濬(1856~1914)·閔泳翊(1860~1914) 같은 경화거족을 가르치는 경우까지도 있게 된다.[35] 이러한 경화거족과 위항지사 그리고 중서층 사이의 상호교육과 학문적 교류는 영·정조대 이후 경화학계의 변화과정을 잘 드러내 주고 있다.

　이러한 신분제의 변화로 국내에서는 경화거족과 중서층 간에 학

---

32) 유봉학,『조선후기 학계와 지식인』, 신구문화사, 1999, 129쪽.

33) 위항인이란 인왕산을 중심으로 京衙典이 주축이 된 중인 이하 계층, 즉 사대부와 상민 사이의 계층을 말한다.

34) 정옥자,『조선후기 중인문화 연구』, 일지사, 2005, 80~81쪽.

35) 유봉학,『조선후기 학계와 지식인』, 신구문화사, 1999, 129~130쪽.

문적 교류가 이루어졌고, 국외로는 양란이후 중국과 일본을 다녀온 사신들에 의해 다양한 문헌이 수입되었다. 또한 다른 나라의 생활과 문화를 이해할 수 있는『연행록』·『해동제국기』등 기행문을 통해 조선사회는 문화의 다양성을 수용하는 안목을 갖게 된다.

특히 청나라 때의『四庫全書』간행을 전후로 해서 쏟아져 들어온 백과전서들과 이에 따른 정보의 범람은 정보 가치의 우선순위를 일거에 바꿔놓았다. 제한된 정보가 독점적으로 유지되던 이전과는 달리, 중국에서 쏟아져 들어온 백과사전류 전집들과 총서류 저작들은 정보의 독점적 권위를 한순간에 무너뜨렸다. 조선후기는 정보 자체가 아니라 정보의 질이 문제가 되는 시대였다. 이러한 시대적 흐름에 따라 산만하고 무질서한 정보들이 우수한 편집자의 솜씨를 거쳐 새로운 저작으로 재탄생되었다.[36]

이러한 백과사전류의 저술은 博學多識을 바탕으로 하여 實際·실용·실질·실증성을 추구하는 실학사상과 그 맥을 함께한다. 실학사상의 성행은 역사적·시대적 상황에 따라 기존의 성리학적 한계를 극복하고자 하였던 '유학의 새로운 전환' 이었다.[37]

특히 오주 이규경에게는 자연과 인간계의 모든 사물이 관심 대상이었다. 그는 서술방식에서도 전통적인 사고방식에서 벗어나 변증의 방법을 택하였으며 사물의 본원 궁구와 해석에 초점을 맞추고자 하였던 실사구시의 학자였다.

---

36) 정민,『18세기 조선지식인의 발견』, 휴머니스트, 2007, 57~63쪽.
37) 한국철학사 연구회,『한국 실학 사상사』, 다운샘, 2002, 221쪽.

2.『五洲衍文長箋散稿』의 구성

『오주연문장전산고』는 규장각 도서로 19세기 중엽에 편집되었으며 60권 60책이다. 원래 60책보다 더 巨帙이었던 것으로 추정되나 崔南善(1890~1957)에 의해 보관된 60책이 규장각에 소장되어 있다.

권1의 「十二重天辨證說」에서 권60의 「黃精偏精辨證說」에 이르기까지 총 1,416 항목에 달하는 방대한 내용으로 크게 역사·경학·천문·지리·불교·도교·西學·禮制·災異·문학·음악·음운·병법·광물·초목·어충·의학·농업·광업·화폐 등에 대해 변증설이라는 형식을 취하였고 고증학적인 방법으로 논술하고 있다.

本書는 1958년 규장각에 보관되었던 寫冊 필사본을 저본으로 하여 동국문화사에서 영인본을 간행하였고, 1967년 고전국역기관인 민족문화추진회(현재의 한국고전번역원)에서 인사편 만을 모아 국역본을 간행하였다. 이후 1977년 책의 중요성을 감안해 완역을 목표로 번역에 착수했으나 5년 뒤 작업은 중단됐다. 원본이 필사본인데다 오탈자와 결락된 문장이 많아 더 이상 번역을 진척시킬 수 없었던 것이다. 당시 국역된 글은 6권 분량으로 전 26권으로 예정된 국역본의 4분의 1에 불과했다.

민족문화추진회에서는 2001년 교육부로부터 국학연구지원을 받게 되어 숙원이던 교감작업에 들어가 자체적으로 이정원 전문위원을 중심으로 교감팀을 구성하고 5개년 계획을 수립했다. 작업은 원문 입력－교정－대교·교감－교감기 작성－데이터베이스 구축－인터넷 서비스 순으로 진행하였으며, DB의 분류 목차는『星湖僿說類選』의 분류 체계를 참고하여 1977년에 분류한 5편 23류 176항의 체계를 따라 2005년 8월까지 ＜표3＞와 같이 정리하였다.[38]

---

38) 한국고전번역원(http://oju.minchu.or.kr/oju/) 참조

<표 3> 『五洲衍文長箋散稿』의 구성

분 류		목 차
		五洲衍文長箋散稿序
天地篇	天文類	天文總說・日月星辰・風雲雷雨雹虹・災異・曆象・節候・干支・天文雜說
	地理類	地理總說・山・泉井・河・島・浦・潮汐・水土・火・石・金銀銅鐵珠玉・琉璃・邦國・人種・州郡・洞府・城郭・地理雜說
	天地雜類	天地雜說・鬼神說
人事篇	人事類	身形・性行・氏姓・稱號・謚號・壽夭・乖常・疾病・子孫・攝生
	論學類	心性理氣・爲學・格言・經世之學・博物・儒行
	論禮類	論禮總說・喪禮追尊・神主・墓冢祠碑・祭禮・嫁娶・壽禮・拜禮・論禮雜說
	治道類	治道總說・賄遺・掊克・朋黨・官職・科擧・儀仗・印符・牌牘文簿・年號・帝號・學校・祀典・田制・勸農・水利・賦役・糶糴賑恤・奴婢・戶籍・貨幣・理財・漕運・場市・榷煙・法律・刑獄
	服食類	服食總說・衣服・裘毛・首飾・染料・帷帽・皮韉・冠巾・杖屨眼鏡・扇・茶煙・香油・飲食・麪粉・油醬・鹽・諸膳・酒麵
	宮室類	宮室・甓瓦
	器用類	舟車・樂器・兵器・電話機・生火機・度量衡・織具・羅針・文具・農具・漁具・什物・燈燭・柴炭・鏡・鐘漏・陶瓷器・雜器
	技藝類	算數・醫藥・書畫・陰陽・卜筮・堪輿・射藝・雜技
經史篇	經傳類	經典總說・易經・書經・詩經・禮經・春秋經・論語經・爾雅・中庸・大學・樂・小學・訓詁・字書・韻書・經傳雜說
	道藏類	道藏總說・道藏雜說
	釋典類	釋典總說・釋典雜說・道釋雜說・西學
	史籍類	史籍總說・史籍雜說
	經史雜類	經史雜說・其他典籍・典籍雜說
	論史類	論史總說・論史・人物・風俗

분 류		목 차
萬物篇	草木類	花草・穀種・菜種・樹木・果種
	鳥獸類	鳥・獸・鳥獸雜說
	蟲魚類	蟲・魚
	萬物雜類	草木鳥獸蟲魚雜說・萬物雜說
詩文篇	論詩類	論詩
	論文類	論文・小說・文字

『오주연문장전산고』는 우리나라를 비롯하여 중국 및 외방의 고금역사・문물에 대해 고증한 일종의 백과사전으로 19세기 지식인의 학문 폭과 깊이가 잘 나타나 있으며, 오주를 조선 후기 실학의 집대성자로 평가받게 하는 저술이다.

권19 「中原新出奇書辨證說」・권27 「東國全史重刊辨證說」・권45 「博學多識辨證說」・권47 「史策謬誤辨證說」 등을 통해 오주의 정보 수집력과 '溫故而知新'의 역사관, 그리고 박학다식함을 이해할 수 있으며『오주연문장전산고』가 탄생할 수밖에 없었던 당위성을 찾아볼 수 있다. 그 내용을 살펴보면 다음과 같다.

권19「中原新出奇書辨證說」에는 중국에서 나온 奇書가 많은데 그 소장자로 조인영과 최한기를 꼽고 있다. 오주는 '시골에 있어 미처 보지는 못하고 조목만 적는다.'[39]고 하였으나 책에 대한 무한대의 관심과 奇書를 읽고 싶은 간절한 마음이 전해진다. 책의 소장자들과 멀리 떨어져 있었으나 출처와 저자는 물론 책의 이동경로까지 두루 섭렵해 알고 있음은 그의 정보력을 짐작케 하는 부분이다.

권27 「東國全史重刊辨證說」에서 오주는 역사관과 미래관을 과매래관을 밝히고 있다. 그는 "역사란 나라의 거울로 옛 것을 드러내

---

39) 李圭景,『五洲衍文長箋散稿』, 卷十九, 「中原新出奇書辨證說」

고 미래를 여는 것이다. 옛것을 법으로 삼아 오늘에 비추어 보는 것, 이것에서 역사가 비롯함이다."[40]라고 하였다.

『논어』 위정편에서도 "지난 학문을 충분히 습득하고 나아가서 새로운 것을 알면 스승이 될 수 있다."[41]고 하였다. 注에 이르기를 '溫故'의 '溫'은 '尋', '故'는 '古'로 옛날 학술고전을 찾아 연구하고 충분히 익힌다는 것이며, '知新'은 새로운 뜻이나 원리 원칙을 알고 현실이나 미래에 적용하여 새로운 것과 새로운 세계를 창조할 줄 아는 것이라 하였다. 우리는 이러한 내용들에서 '溫故而知新'을 통해 옛것을 드러내고 미래를 열고자 했던 당시 지식인들의 역사에 대한 인식을 이해할 수 있다.

권45 「博學多識辨證說」에는 학식이 넓고 아는 것이 많아야 함을 변증하고 있다.

박학다식은 곧 군자가 마땅히 마음에 깊이 새기고 잊지 말아야 하는 것이다. 주역에 이르기를 '군자는 앞 시대의 규범이 될 만한 말씀과 지나간 행실을 많이 알아야 한다.'고 하였고, 곡례에 이르기를 '博聞强識을 군자라 한다.'고 하였다. 儒行에 '儒者'는 박학하여 궁함이 없다.'하였고, 내측에 이르되 '널리 배우되 정해짐이 없다.'하였다. 공자가 이르기를 '날짐승과 들짐승, 풀과 나무의 이름에서 많은 지식을 얻는다.'하였고, '많이 듣고서 의심나는 것은 하지 않으며, 많이 보고서 위태로운 것을 하지 않는다.'하였다. 군자는 널리 학문을 배우고 또 많이 들어, 그 좋은 것을 택하여 이를 따르고, 많이 보고 이를 안다.'라 하였다. 『張衡傳』에 이르기를 '중니는 一物이라도 알지 못하는 것을 부끄럽게 여기고, 학문은 박식함을 귀하

---

40) 「史者 國之鑑也 彰往啓來 憲古證今 惟有史也」, 李圭景, 『五洲衍文長箋散稿』, 卷二十七, 「東國全史重刊辨證說」

41) 「子曰 溫故而知新 可以爲師矣」, 孔子, 『論語』 第二篇 爲政 (張基槿 譯, 『論語』, 平凡社, 1976), 56쪽.

게 여긴다.'하였으니 숭상할 만하다.[42]

공자는 학문을 널리 배우고 예로서 단속하면 도에서 벗어나지 않는다고 하였다. 『詩經』을 공부하는 일은 가까이는 어버이를 섬기고 멀리는 임금을 섬겨 겸허와 예도를 깨우쳐 주는 동시에 날짐승과 들짐승, 풀과 나무의 이름에서 많은 지식을 얻게 하는 덕목이라고 하였다. 또한 한 가지 물건이라도 알지 못함을 부끄러이 여겼다.

오주는 박학다식의 필요성을 『주역』, 『예기』의 「곡례」·「유행」·「내측」편, 『논어』, 『張衡傳』 등을 인용하여 설명하였다. 그는 박학다식함을 바탕으로 무엇이든 널리 배우고 기록하고 실행해 보고자 하였고, 옛 것을 법으로 삼아 오늘에 비추어 보고 미래를 열고자 하였다.

권47 「史策謬誤辨證說」에서는 史策의 오류에 대해 다음과 같이 변증하고 있다.

> 사책에도 또한 오류가 많은데 옛사람이 그 오류를 바루었으니 내가 감히 덧붙일 것이 있겠는가? 그러나 읽고 뜻을 음미하여 보다가 또 발견된 것이 있으므로 기록하여 蒙士를 깨우친다.[43]

오주는 옛사람이 오류를 고친 史策이라도 읽고 뜻을 음미하다 보면 또 다른 오류가 발견될 수 있으므로 이것을 바로잡고자 하였다.

---

42) 「博學多識 卽君子所宜銘念不諼者也 『易』云 君子多識前言往行 『曲禮』云 博聞强識 謂之君子 『儒行』云 儒有博學而不窮 『內則』云 博學無方 孔子云 多識於鳥獸草木之名 又云 多聞闕疑 多見闕殆 又云 博學 又云 君子博學於文 又云 多聞擇其善者而從之 多見而識之 張衡傳云 仲尼耻一物之不知 學之貴博也 尚矣」, 李圭景, 『五洲衍文長箋散稿』, 卷四十五, 「博學多識辨證說」

43) 「史策亦多謬誤 古人已爲刊誤 愚何敢更贅 然看書 又有拾遺 漫記之 以牖蒙士」, 李圭景, 『五洲衍文長箋散稿』, 卷四十七, 「史策謬誤辨證說」

　이와 같이 오주는 민첩한 정보력과 박학다식, 역사와 미래를 보는 예리한 시각, 학문을 진중하게 보는 혜안을 겸비하였다. 그는 들어서 알고 알아서 궁금한 바를 생활 속에서 궁구하였고 체득한 바를 실천하고자 노력하였다. 이는 그의 저술 곳곳에서 면면히 드러나고 있으며 이러한 생활태도는 그의 학문 결정체라 할 수 있는『오주연문장전산고』가 탄생할 수 있는 원동력이 되었을 것이다. 특히 조부로 부터 家學으로 계승된 實事求是의 학풍은 풍부한 家藏의 書冊, 그리고 오주의 폭넓은 교유와 깊은 학문을 통해 일찍이 없었던 백과전서를 이룬 것이다.

『五洲衍文長箋散稿』에 나타난 차문화

2장 『五洲衍文長箋散稿』에 나타난 차문화

본 장에서는 『五洲衍文長箋散稿』에 나타난 「荼茶辨證說」의 茶史·「種茶薏苡靑蘘辨證說」의 차나무 재배방법·「四時十二時淸趣辨證說」의 茶事를 중심으로 차문화를 살펴보고자 한다.

1. 「荼茶辨證說」의 茶史

「도다변증설」은 '荼'자를 '茶'로 쓰게 된 유래와 茶史를 문헌을 통하여 밝히고자 하였다. 본 장에서는 「도다변증설」의 구성과 「도다변증설」에 나타난 차의 종류, 인용문헌에 대하여 고찰하고자 한다.

1) 「도다변증설」의 구성

「도다변증설」의 구성에서는 荼와 茶가 쓰인 유래·茶의 異名과 모양·茶의 古事·차세제도·茶의 효능·湯茶法·차나무의 재배에 관한 기록을 살펴보고자 한다.

(1) '荼'字와 '茶'字의 유래

'荼'字와 '茶'字가 쓰인 유래는 顧炎武(1613~1682)의 『日知錄集

釋』[1]과 方以智(1611~1671)의 『物理小識』[2]의 내용을 인용하여 茶가 쓰인 연원을 찾았으며 『다경』의 저술 이후인 中唐시대부터 '茶'자는 '茶'로 바뀌어 쓰이기 시작했다고 밝히고 있다.

茶자는 중당 때부터 茶로 바뀌어 쓰이기 시작했다. 그 설은 이미 『唐韻正』과 『困學紀聞』에 상세하게 설명되어 있다. 茶에는 세 가지가 있으니 '누가 씀바귀를 쓰다더냐?'에서 茶는 '쓴 나물'이다. '미녀들 띠꽃처럼 많도다'에서 茶는 '모수'이다. '논밭의 잡초를 매고'에서 茶는 '육초'이다.

『이아』에는 茶자가 다섯군데 보이는데 각기 해석이 다르다. 「석초」에서 茶는 苦菜이다. 『시경』에 '누가 茶를 쓰다고 하였는가? 내게는 냉이처럼 달다'고 인용 설명하였다. 『이아소』에 이르기를 맛은 쓰지만 먹을 수 있는 나물이며, 잎은 상추 같고 가늘며 자르면 흰 즙이 나오고, 꽃은 누렇고 국화 같으며 먹을 수 있으나 그 맛이 쓰다고 하였다. 또 말하기를 葦·蕍·茶는 注에서 芳이다. 疏에 이르기를 『周禮·掌茶』및 『詩經』에 '미녀들 띠 꽃처럼 많도다.'라고 했으며 茅秀·葦·蕍는 茶의 다른 이름이다. 또 이르기를 蒤는 虎杖이라 하고 홍초와 같으며 거칠고 크다. 가는 가시가 있고 붉게 물들일 수 있다. 또 '蒤는 委葉'이라 했고 『시경』에는 '논밭에 자라는 잡초를 매고'라 하였다. 『소』에서는 蒤는 委葉이라고 한다. 王肅이 『詩經』을 설명한 데에서 "蒤는 땅에 나는 잡초이므로 蒤라는 것은 논밭에서 나는 잡초이지 苦菜가 아니다."라고 하였다. 「釋木」에 檟는 苦茶라 하고 나무는 작고 치자와 닮았으며 겨울에도 시들지 않아 그 잎으로 국을 끓여 마실 수 있다. 지금은 일찍 딴 것을 茶라 하고, 늦게 딴 것을 茗이라 하며 일명 荈이라 한다. 촉나라 사람들은 苦茶라고

<hr>

1) 「『日知錄集釋』의 내용 중에서 『唐韻正』·『困學紀聞』·『爾雅』「釋草」「釋木」·『詩經』·『周禮』·王肅의 詩·『夏小正』·『儀禮』·『國語』·『唐書』·『大唐新語』등을 인용하였다.」顧炎武, 『日知錄集釋』(陳祖槼·朱自振 編, 『中國茶葉歷史資料選輯』, 弘益齋, 1995), 423~425쪽.

2) 「『神農食經』·『漢·志』·『通雅』를 인용」, 方以智, 『物理小識』(陳祖槼·朱自振 編, 『中國茶葉歷史資料選輯』, 弘益齋, 1995), 419쪽.

했다. 지금『시경』을 상고해 보면「邶・谷風」에 '荼苦',「七月」에 '采荼',「縣」에 '菫荼'라 보이는데 이는 모두 苦菜[쓴 나물]이다. 『하소정』에 '荼莠[씀바귀]를 취하다',『주례・지관』에 '掌荼', 『의례・旣夕』에 '자리[깔개]에 荼[띠 이삭]를 사용한다. 채우는 것은 생강이나 난초로 한다'『시경』'치효'에 '내 처소에 달 이삭 따오고', [予所捋荼]라 보인다. '出其東門'편에 (저 성문 밖으로 나서자) 미녀들 띠꽃 같이 많다.

『국어』에서 오나라 왕 부차는 만인을 위하여 方陳을 꾀하니 백상・백기・소갑・백우의 깃발을 바라보기를 荼와 같이했다. 이 역시 茅莠라 하였다.

『시경・양사』의 '荼蓼'는 委葉의 荼이다. 다만 虎杖의 荼와 檟의 苦荼는『시경』과『주례』에 보이지 않는다. …중략…

『당서』의 육우 편 기도에 보면 이 뒤로부터 '荼'자는 한 획이 감해 '茶'로 하고『다경』삼편을 저술하니 천하가 차 마시기의 이로움을 알게 되었다고 하였다.

'茶'자의 가장 오래 된 것은『신농식경』에 보이며, 방이지가 지은 『物理小識』의 차에 대해서는『신농식경』에 해답이 실려 있어 옛날에 '古荼'는 '茶'를 가리키는 말이다.『한서・지리지』에는 "荼陵에서의 荼의 음은 '茶'"라고 하였는데『通雅』에 상세한 설명이 있다.3)

---

3)「荼字 自中唐始變作茶 其說已詳于『唐韻正』『困學紀聞』荼有三 誰謂荼苦 苦菜也 有女如荼 茅秀也 以薅荼蓼 陸草也『爾雅』荼 荼字凡五見 而各不同「釋草」曰 荼 苦菜注引『詩』誰謂荼苦 其甘如薺 疏云 此味苦可食之菜 葉似苦苣而細 斷之有白汁 花黃似菊 堪食但苦耳 又曰 蔈荂荼注云, 卽方 疏云按『周禮・掌荼』及『詩』有女如荼 茅秀也蔈也 荂也其別名 又曰 荼虎杖注云 似紅草而粗大 有細刺 可以染赤 又曰 荼委葉注引『詩』以茠荼蓼 疏云 荼 一名委葉 王肅說詩云 荼 陸 穢草 然則荼者 原田蕪穢之草 非苦菜也「釋木」曰 檟苦荼注云 樹小如梔子 冬生葉可煮作羹飲 今呼早采者爲荼 晚取者爲茗 一名荈 蜀人名之苦荼 今以『詩』考之 邶・谷風之荼苦 七月之采荼 縣之菫荼 皆苦菜也『夏小正』取荼莠『周禮』地官 掌荼『儀禮』旣夕 茵著用荼 實綏澤焉 鴟鴞捋荼 茅莠(之荼)也 出其東門 有女如荼『國語』吳王夫差 萬人爲方陳 白常 白旗 素甲 白羽之矰 望之如荼 亦茅莠也 良耜之荼蓼 委葉之荼也 惟虎杖之荼與檟之苦荼 不見於『詩』『禮』…中略…『唐書』陸羽嗜荼 自此後荼字減一畫爲茶 著經三篇 天下益知飮茶矣 愚按茶字之最古者 僅見『神農食經』『物理小識』茶 解答載 神農食經 古荼卽茶『漢・志』荼陵音茶 詳「通雅」, 李圭景, 『五洲衍文長箋散稿』, 卷五十六,「荼茶辨證說」

『唐韻正』과 『困學紀聞』에 상세하게 설명되어 있는 茶의 세 가지 쓰임은 모두 『시경』에 나타나는 것으로 첫째가 씀바귀 즉 고채, 둘째는 모수 즉 띠꽃, 셋째로는 논밭의 잡초 즉 육초라 하였다.

『爾雅』에는 '茶' 字가 다섯 군데 보이는데 각기 해석이 다르다.

「釋草」에서 '茶는 苦菜', '葦와 蒡와 茶는 芀', '蒤는 虎杖', '蒤는 委葉'이라 했고 「釋木」에 '槚는 苦茶'라고 하였다.

『周禮』·「地官」에 '掌茶'란 '茶'를 국가에 제공하는 관청으로 '茶'는 띠로 만든 깔개, 일설에는 씀바귀의 일종이라고 했다. 掌茶의 직제에는 下士·府 1인·徒 20인으로 총 24명이다. 掌茶에서는 철마다 '茶'를 모아서 국가의 喪事에 제공하는 일을 담당하며 들에서 나는 나물 종류를 징발하여 국가의 일에 대비하는데 모두 저축하여 쌓아두는 일도 맡아서 한다.[4]

『儀禮』·「旣夕」은 旣夕禮 13편을 말하며 士의 사망에서 매장까지의 상세한 의식과 절차를 기재하고 있다. 「기석례의 의의」에 보면 '乘車를 대기시키다.'에서 '자리[깔개]에 茶[띠 이삭]를 사용한다. 채우는 것은 생강이나 난초로 한다.'[5]고 하였다.

『시경』을 살펴보면 茶의 쓰임은 모두 일곱 항목에서 보인다. '第一篇. 國風, 三. 邶風, 10. 谷風'에서는 "누가 씀바귀를 쓰다고 하더냐. 내게는 냉이처럼 달다"[6]고 하여 茶는 씀바귀이다. '第一篇. 國風, 十五. 豳風, 1. 七月'에 "씀바귀 캐고 가죽나무 땔감 베어 우리 농부들 먹인다."[7]고 하였으며 茶는 씀바귀이다. '第二篇. 雅, 二. 大雅, (一)文王之什, 3. 縣'에 "주나라의 넓은 들은 기름져 쓴 나물 씀바귀

---

4) 池載熙, 李俊寧 解譯, 『주례』, 자유문고, 2002, 207쪽.
5) 池載熙, 李止漢 解譯, 『의례』, 자유문고, 2002, 511~512쪽.
6) 「誰謂茶苦 其甘如薺」, 張基槿 외 7역, 『詩經』, 平凡社, 1976, 94쪽.
7) 「采茶薪樗 食我農夫」, 張基槿 외 7역, 『詩經』, 平凡社, 1976, 327쪽.

도 엿인 양 달다.”8)고 하였으니 茶는 씀바귀이다. ‘第 一篇. 國風, 十五. 豳風, 2. 鴟鴞’에서 “나는 손발이 다 닳도록 내 처소에 달 이삭 따오고 내 처소에 띠풀 쌓아 자리 만드느라”에서 ‘捋茶에서 捋은 採取의 뜻이고, 茶는 갈대이삭과 비슷한 달 이삭으로 이것을 따다가 새둥우리에 깔며, 租는 菹의 가차로 띠 자리를 말하고, 蓄租9)는 새 둥우리에 띠풀을 물어다 깐다.’10)는 것으로 띠풀을 가리킨다. ‘第 一篇. 國風, 七. 鄭風, 19. 出其 東門’ 에 “저 성문 밖으로 나서자 미녀들 띠꽃 같이 많다. 비록 띠꽃처럼 많아도 내 마음속의 여인은 아니다.”11) 고 하여 茶는 띠꽃이라 하였다. ‘第 三篇. 頌, 一. 周頌, (三) 閔予小子之什, 6. 良耜’에서는 “논밭의 잡초를 매고 잡초들 시들어 썩으면 기장과 피가 무성히 자란다”12)고 하여 ‘茶蓼’13)는 논밭에 자라는 잡초이다. ‘第 二篇. 雅, 二. 大雅, (三) 蕩之什, 3. 桑柔’에서 “백성들은 혼란 속에 빠져 혹독한 괴로움 겪고 있어라”14) 라고 하여 茶毒은 ‘苦毒’의 상징적 의미로 쓰였다.

다시 한 번 정리하면『시경』에서 ‘茶’의 의미는 ‘谷風’·‘七月’·‘縣’에서는 씀바귀 즉 고채이며, ‘鴟鴞’·‘出其東門’에서는 모수 즉 띠풀이며, ‘良耜’에서는 잡초, ‘桑柔’에서 茶는 苦毒 즉 혹독한 괴로움을 일컫는다.

---

8)「周原膴膴 菫茶如飴」, 張基槿 외 7역,『詩經』, 平凡社, 1976, 591쪽.

9)「予手拮据 予所捋茶 予所蓄租」, 張基槿 외 7역,『詩經』, 平凡社, 1976, 336~337쪽.

10) 張基槿 외 7역,『詩經』, 平凡社, 1976, 337쪽.

11)「出其闍闍 有女如茶 雖則如茶 匪我思且」, 張基槿 외 7역,『詩經』, 平凡社, 1976, 210쪽.

12)「以薅茶蓼 茶蓼朽止 黍稷茂止」, 張基槿 외 7역,『詩經』, 平凡社, 1976, 789쪽.

13) ‘茶’는 陸草인 씀바귀이고, ‘蓼’는 水草인 여뀌풀이다. 고로 ‘茶蓼’란 논밭에서 자라는 잡초를 말한다. 張基槿 외 7역,『詩經』, 平凡社, 1976, 790쪽.

14)「民之貪亂 寧爲茶毒」, 張基槿 외 7역,『詩經』, 平凡社, 1976, 691쪽.

『唐書』의 육우 편 기도에 '茶'자는 한 획이 감해 '茶'자로 하였고 육우가『다경』삼편을 저술한 후 천하가 차 마시기의 이로움을 알게 되었다[15]고 하였는데 청나라 육정찬의 저술인『속다경』에 보면 '唐書·陸羽傳 羽嗜茶 著經三篇 言茶之源 之具 之造 之器 之煮 之飮 之事 之出 之略 之圖尤備 天下益知飮茶矣'[16]로 되어 있다. 이와같이 『다경』이 저술되면서 '茶'의 여러 쓰임이 '茶'字로 확립되었고 차의 근원부터 製茶·飮茶 등 전반적인 茶事를 더욱 갖추게 되었으며 천하 사람들이 차 마시기의 이로움을 알게 되었음을 기록하고 있다. 이러한 내용은『다경』이 저술에 대한 의미와 그 영향력을 강조하는 부분이라 할 수 있다.

차에 대한 가장 오래된 기록은『신농식경』의 기록으로 기원전 2737년 지금으로부터 약 5000년 전에 염제 신농의 설화와 함께 시작 되었다고 할 수 있다. 신농은 농업과 의약의 발명자이며 고대 전설 속의 삼황오제 중 한 사람으로『신농식경』에는 "차를 오래 마시면 사람으로 하여금 힘이 있고 기분이 상쾌해 진다."[17]고 하였다. 청대 의 黃奭이 지은『신농본초경』에 보면 "신농은 많은 풀을 맛보았는 데 어느 날 72가지의 약초를 먹고 중독이 되었으나 茶를 씹어 먹고 해독이 되었다."[18]고 기록하고 있다. 이러한 기록들은 신화적 성격 을 띠고 있으나 인류의 역사와 함께 茶가 약용으로 사용되었음을 시 사하고 있다.

---

15)「唐書陸羽嗜茶 自此後 茶字減一畫爲茶 著經三篇 天下益知飮茶矣」, 이 내용은 『新唐書』'陸羽傳'의 내용을 간추린 것으로 보여진다. 陳祖槼·朱自振 編,『中國 茶葉歷史資料選輯』, 弘益齋, 1995, 297쪽.

16) 陸廷燦,『續茶經』(阮浩耕 외2,『中國古代茶叶全書』, 浙江撮影出版社, 2001), 504쪽.

17)「茶茗久服令人有力 悅志」, 陸羽,『茶經』七之事

18)「神農嘗百草 日遇七十二毒 得茶而解之」, 黃奭,『神農本草經』

청나라 방이지가 저술한『물리소지』에는 차가『신농식경』에 실려 있는데 '苦茶'는 '茶'라고 하였다.

『통아』에 "茶는 茶라 하고 皐盧, 苦荼이다…중략…『漢書地理志』에 있는데 長沙에 茶陵이 있다."[19]고 하면서 '茶陵'이란 지명을 언급하고 있다.

'茶'字와 '茶'字가 쓰인 인용서와 출처, 그리고 내용을 표로 정리하면 다음(<표4>)과 같다.

<표 4> '茶'字와 '茶'字가 쓰인 인용서

인용서	출 처	내 용
唐韻正 困學紀聞	詩經	1. 씀바귀 즉 고채 2. 모수 즉 띠꽃 3. 논밭의 잡초 즉 육초
爾雅	釋草	1. 茶는 苦菜이다.[20] 注;『시경』에 '누가 茶를 쓰다고 하였는가? 　　　내게는 냉이처럼 달다' 疏; 맛은 쓰지만 먹을 수 있는 나물이며, 　　잎은 상추 같고 가늘며 자르면 흰 즙이 　　나오고, 꽃은 누렇고 국화 같으며 먹을 　　수 있으나 그 맛이 쓰다. 2. 藬와 荂와 茶는 芀이다.[21] 注; 모두 芀茶의 별명이다. 疏; 茅秀·藬·荂는 茶의 다른 이름이다. 3. 蓫는 虎杖이다.[22] 注; 홍초와 같으며 거칠고 크다. 　　가는 가시가 있고 붉게 물들일 수 있다. 疏; 蓫는 일명 虎杖이다. 　　들에 많이자라며 모양이 큰 여뀌와 　　같고 줄기는 얼룩지고 잎은 둥글다.

---

19) 「茶卽茶 皐盧 苦荼也…中略…漢地理志 長沙有 茶陵」, 方以智,『通雅』(陳祖槼·朱自振編,『中國茶葉歷史資料選輯』, 弘益齋, 1995), 410~411쪽.

20) 崔亨柱·李俊寧 편저,『이아』, 자유문고, 2001, 281쪽.

인용서	출 처	내 용	
爾雅	釋草	4. 荼는 委葉이다.[23] 注;『시경』에는 '논밭에 자라는 잡초를 매고' 疏; 荼는 委葉이다 라고 했고, 王肅이 『詩經』을 설명한 데에서 "荼는 땅에 나는 잡초이므로 荼라는것은 논밭에서 나는 잡초이지 苦菜가 아니다."	
	釋木	5. 檟는 苦荼이다.[24] 注; 나무는 작고 치자와 닮았으며 겨울에도 시들지 않아 그 잎으로 국을 끓여 마실 수 있다. 지금은 일찍 딴 것을 茶라 하고, 늦게 딴 것을 茗이라 하며 일명 荈이라 한다. 촉나라 사람들은 쓴 나물이라고 했다. 疏; 檟는 苦荼라고 한다.	
夏小正		荼蓼[씀바귀]를 취하다	
周禮	地官	'茶'는 띠로 만든 깔개, 일설에는 씀바귀의 일종	
儀禮	既夕	자리[깔개]에 荼를 사용하다	
國語	吳語	오나라 왕 부차가 수많은 사람으로 진을 치는 방법에는 백상·백기·소갑·백우의 깃발 바라보기를 荼와 같이 한다. 이 역시 모수이다.	
詩經	第一篇. 國風 三. 邶風, 10. 谷風	荼苦	씀바귀 [苦菜]
	第一篇. 國風 十五. 豳風, 1. 七月	采荼	
	第二篇. 雅 二. 大雅 (一)文王之什, 3. 緜	堇荼	

---

21) 崔亨柱 · 李俊寧 편저, 『이아』, 자유문고, 2001, 310쪽.

22) 위의 책, 280쪽.

23) 위의 책, 302쪽.

인용서	출 처	내 용
詩經	第 一篇. 國風 十五. 豳風, 2. 鴟鴞	모수 즉 띠꽃
	第 一篇. 國風 七. 鄭風 19. 出其 東門	
	第 三篇. 頌 一. 周頌 (三) 閔予小子之什 6. 良耜	잡초
	第 二篇. 雅 二. 大雅 (三) 湯之什, 3. 桑柔	苦毒
唐書	陸羽 嗜茶	'茶'자는 한 획이 감해 '茶'로 하였다. 『다경』 저술 이후 천하가 차마시기의 이로움을 알게 됨
物理小識		차에 대해서는『신농식경』에 해답이 실려있어 옛날에 荼는 茶를 가리키는 말이다
神農食經		茶茗久服令人有力悅志 '茶'자의 가장 오래 된 기록. 차는 약용
通雅25)		荼卽茶 皐盧 苦荼也
漢書· 地理志		장사에 茶陵이 있다.26)

살펴 본 바와 같이 '荼'와 '茶'는 중당시대『다경』저술 이전의 기록에서는 씀바귀·띠꽃·띠풀로 만든 깔개·잡초·쓴 나물·苦毒 등으로 다양하게 쓰이다가 육우의『다경』저술 이후 음용하는 차로서 그 이로움을 자세히 알게 되고 '荼'자에서 한 획을 감해 '茶'로 쓰

---

24) 崔亨柱·李俊寧 편저,『이아』, 자유문고, 2001, 326쪽.

25) 方以智,「通雅」(陳祖槼·朱自振 編,『中國茶葉歷史資料選輯』, 弘益齋, 1995), 410~411쪽.

26)「長沙有 茶陵 注 師古曰 茶音弋奢反 卽今之茶陵」, 方以智,『通雅』(陳祖槼·朱自振編,『中國茶葉歷史資料選輯』, 弘益齋, 1995), 410~411쪽.

이기 시작하였음을 알 수 있다.

　이 외에도 切韻에 따라 '茶'의 음과 뜻의 쓰임이 달라질 수 있음을
『康熙字典』[27]과 『東亞漢韓大辭典』[28]에서는 <표5>와 같이 정리하
고 있다.

<표 5> 切韻에 따른 '茶'의 음과 뜻

구분	切韻	음	뜻	비고
1	同都切	도	1. 씀바귀. 2. 방가지똥.『詩經』誰謂荼苦(꽃 상치과에 딸린 두해살이 풀. 어린잎은 나물로 먹는다.) 3. 茶. (특히 일찍 딴 싹을 茶, 늦게 딴 것을 茗이라 한다.) 4. 물억새의 이삭, 물억새 꽃. 　『詩經』予所捋荼 5. 띠꽃.『詩經』出其東門 有女如荼 6. 거친 풀 즉 잡초. 　『詩經』以薅荼蓼 7. 괴로움, 학대.『書經』弗忍荼毒 8. 깔개, 방석. 9. 빌다, 꾸다. 10. 거짓말하다, 속이다. 11. 완만하다, 조용하다.	
2	直加切	차		
3	宅加切	차	槎·茶	
4	鋤加切	사		
5	余遮切	야	땅이름. 茶陵(後漢때 설치, 호남성 長沙에 있었다.)	
6	時遮切	사	띠꽃	

<hr>

27) 張玉書 등,『康熙字典』, 大字書局有限公司, 2002, 960쪽.

28) 漢韓大辭典 編纂部,『東亞漢韓大辭典』, 東亞出版社, 1982, 1533쪽.

구분	切韻	음	뜻	비고
7	羊諸切	여	띠꽃	
8	後五切	호	띠꽃	
9	商居切	서	玉 이름 (諸侯가 가지는 아름다운 옥 『禮記』諸侯荼前詘後)	
10	倉大切	채	두머리 사슴이름[茶首]	

『다경』에서도 '茶'字와 '荼'字의 출처를 상세히 하고 있다.

> '茶'字를 보면 혹 草頭 변을 쓰거나 木변을 쓰고 또는 초두와 木변을 아울러 쓰는 경우가 있다. 초두변으로 쓰면 '茶'로 글자의 출처는 『開元文字音義』이다. 木변으로 써 있으면 이는 '榟'이며 출처는 『본초』이다. 草와 木변을 아울러 써 있으면 '茶'자로 보아야 하며 글자의 출처는 『이아』이다.[29]

'茶'字에서 한 획을 줄인 '茶'字는 당나라 현종 때의 학자 위포가 735년 쓴 『개원문자음의』에서 쓰였으며 그 이전에 주로 쓰였던 것은 『본초』에서는 '榟', 『이아』에서는 '茶'였음을 알 수 있다.

(2) 茶의 異名과 모양

차의 다른 이름과 차의 모양은 『다경』을 인용하였다.

---

29) 「其字 或從草 或從木 或草木幷 從艸 當作茶 其字出 開元文字音義 從木 當作榟 其字出本草 草木幷 作茶 其字出 爾雅」, 陸羽, 『茶經』 一之源

당나라 경릉의 육우가 지은 『다경』에 첫째는 茶, 둘째는 檟, 셋째는
蔎, 넷째는 茗, 다섯째는 荈라고 한다. (차의 모양에는)여러 가지 가
있다. 대강으로 말하더라도 어떤 것은 오랑캐의 가죽신 같이 쭈글
쭈글한 것이 있으며, 어떤 것은 들소 가슴처럼 치마에 주름 잡힌 것
같으며, 어떤 것은 구름이 산 위로 겹겹이 올라오는 것처럼 꼬불꼬
불한 것도 있고, 가벼운 바람이 물 위에 잔물결을 일으킨 것 같은 것
도 있다. 이러한 차들은 옛날에는 보이지 않았던 것들이다.[30]

『다경』 一之源에는 '茶'字의 명칭으로 茶・檟・蔎・茗・荈의
다섯 가지를 들었다. '茶'字는 『開元文字音義』에 나오며, 주공의
『이아』에 이르기를 '檟 苦茶'라 하였고, 서한 말기 양집극은 촉의
서남쪽에 사는 사람들은 차를 '蔎'이라고 하며, 곽홍농은 일찍 딴 것
은 '茶', 늦게 딴 것은 '茗' 혹은 '荈'이라고 하였다.[31] 三之造에서는
오랑캐의 가죽신같이 쭈글쭈글 한 모양, 들소의 가슴처럼 치마에 주
름 잡힌 모양, 구름이 겹겹이 올라오는 것 같은 꼬불꼬불한 모양, 잔
물결이 이는 모양 등 완성된 병차의 다양한 모양을 기술하고 있다.

그러나 『다경』에 기록되어 있는 다양한 모양의 병차는 옛날에는 보
이지 않는 것이라고 하였으나 병차에 관한 기록이 위나라(220~265)
장읍의 『廣雅』에 보인다. 그 내용은 다음과 같다.

형주와 파주 사이에는 찻잎을 채취하여 떡을 만든다. 잎이 쉰 것은
쌀죽을 발라 병차로 만든다. 차를 달여 마시고 싶은 사람은 먼저 차
를 빨갛게 구운 후 찧은 다음 찧은 가루를 오지 그릇 속에 담고 끓는

---

30) 「唐竟陵陸羽『茶經』一曰茶 二曰檟 三曰蔎 四曰茗 五曰荈 有千萬狀 鹵莽而言
如胡人靴者蹙縮然 犎牛臆者廉襜然 浮雲出山者輪菌然 輕飇拂水者涵澹然 於古
無見者」, 李圭景, 『五洲衍文長箋散稿』, 卷五十六, 「茶茶辨證說」;「其名 一曰茶
二曰檟 三曰蔎 四曰茗 五曰荈三之造, 茶有千萬狀 鹵莽而言 如胡人靴者蹙縮然
犎牛臆者廉襜然 浮雲出山者輪菌然 輕飇拂水者涵澹然」, 陸羽, 『茶經』一之源

31) 陸羽, 『茶經』一之源

물을 붓고는 뚜껑을 덮는다. 또 파·생강·귤을 함께 넣어 끓이기
도 한다. 이렇게 끓인 것을 마시면 술이 깨고 잠을 달아나게 한다.[32]

『광아』의 기록을 통해『다경』이 쓰여지기 이전, 즉 당나라 이전에
는 병차에 대한 기록이 보이지 않는다고 하는 것이 오류임을 알 수
있다.『광아』에는 병차의 제다과정으로 찻잎을 채취하여 떡을 만드
는데 잎이 쇤 것은 쌀죽을 발라 병차로 만든다고 하였다. 쌀죽을 바
르는 것은 쇤 찻잎에 접착력을 돕는 역할을 하며 이렇게 만들어 건
조했을 때『다경』에서와 같은 떡차가 만들어졌을 것이다. 이렇게 만
들어진 차를 마시는 방법으로는 첫 번째, 구워서 가루를 내야 한다
고 하였다. 병차를 굽는 이유는 쉽게 가루를 낼 수 있고 향기를 발산
시키는 효과가 있기 때문이다. 두 번째는 찻가루를 잔에 넣고 끓는
물을 부어 잠시 두었다가 마시는 방법, 또는 견과류를 넣어 함께 끓
여 마시는 방법이 있다. 이렇게 끓인 차를 마시면 술이 깨고 잠을 달
아나게 한다고 밝혔다.

『광아』나『다경』에서는 飮茶法으로 병차를 만들어 불에 구워서
가루를 내어 솥에 끓여 마시는 풍습을 기록하고 있다. 그러나『광아』
에서 나타나고 있는 견과류를 넣고 끓여 마시는 방법에 대해『다경』
에서는 "이는 도랑에 물을 버리는 것과 같은 일일 뿐인데도 이런 습
속이 그치지 않는다.[33]"고 하였다.

『광아』의 내용은 제다와 飮茶방법에 대한 기록으로 그 가치가 높
으며 唐 이전시대에도 병차가 만들어져서 이를 끓여 마시고 있었음

---

32) 「荊巴間採葉作餅 葉老者 餅成以米膏出之 欲煮茗飲 先 炙令赤色 搗末 置瓷器中
　　以湯澆覆之 用葱 薑 橘子芼之 基飲醒酒 令人不眠」, 張揖, 「廣雅」(陳祖槼·朱自
　　振編,『中國茶葉歷史資料選輯』, 弘益齋, 1995), 279쪽.
33) 「斯溝渠間棄水耳 而習俗不已」, 陸羽,『茶經』六之飲

을 확인해 주고 있다.

(3) 茶의 古事

차의 고사에 있어서는 왕포의 「동약」·장재의 「등성도백토루」·손초의 시·구종석의 『本草衍義』·한굉의 「謝茶啓」·안영의 『안자춘추』·신농의 『식경』·주공의 『이아』·곽박의 『이아주』를 인용하고 있다.

> 왕포의 「동약」에 이르기를 "양무에서 茶를 사온다."고 하였다. 장재의 시 「등성도백토루」에 이르기를 "향기로운 차는 六淸의 으뜸"이라 했다. 손초의 詩에 "생강·계피·차는 파촉 지방에서 난다."고 하였다. 『본초연의』에서 晉나라의 온교가 표를 올리기를, 공물로 茶를 千斤, 茗은 三百斤 바친다고 하였는데, 이것으로 秦人이 촉을 취한 뒤부터 차를 마시는 일이 시작되었음을 알 수 있다. 왕포의 「동약」에 먼저 자라를 통째로 굽고 茶를 끓이며 나중에 양무에서 茶를 사온다. 주에 이르기를 앞의 것을 고채라 하고 뒤의 것을 茗이라 한다. 한굉이 쓴 「사다계」에 오나라 왕은 차를 내렸고, 晉나라 사람은 차를 대접했으며, 晏子는 三茗이라고 했다. …중략… 신농의 『식경』에 '차를 오래 마시면 힘이 솟고 마음이 즐거워진다.'고 하였다. 周公의 『이아』에 檟는 苦茶라 했다. 『안자춘추』에 제나라 경공 때의 재상 안영이 식사할 때 조밥에 구이 석 점과 다섯 개의 알, 그리고 차와 나물을 먹었을 따름이었다.
> 곽박의 『이아주』에 이르기를 나무는 작아 치자를 닮았고 겨울에도 잎이 살아 있어서 그 잎으로 국을 끓여 마신다.[34]

---

34) 「而王褒『僮約』云 陽武買茶 張載「登成都白菟樓詩」云 芳茶冠六淸 孫楚詩云 薑桂茶荈出巴蜀『本草衍義』晉 溫嶠上表 貢茶千斤 茗三百斤 是知自秦人取蜀而後始有茗飮之事 王褒「僮約」前云烹鼈烹茶 後云陽武買茶 注云 以前爲苦菜 後爲茗 韓翃「謝茶啓」云 吳主置茗 晉人分茶 晏子三茗…中略…『神農食經』茶茗久服人 有力悅志 周公『爾雅』檟 苦茶『晏子春秋』嬰 相齊景公時 食脫粟飯 炙三弋 五卵 茗菜而已 郭璞『爾雅注』云 樹小似梔子 冬生葉 可煮羹飮」, 李圭景,『五

왕포의 「동약」은 漢나라 宣帝(BC 59년) 때 왕포라는 선비가 만든 노예매매계약서로 '茶'에 관한 최초의 기록이다. 이 계약서는 양혜라는 과부의 전남편이 거느리던 편료라는 종을 왕포가 만오천냥에 사온 뒤 편료가 할 일을 적은 것이다. '자라를 통째로 굽고 茶를 끓이며 나중에 양무에서 茶를 사온다.'고 기록하였고, 주에 이르기를 '앞의 것을 고채라 하고 뒤의 것을 茗'이라고 하였다. 여기서 '陽武買茶'는 '武陽買茶'35)의 誤記로 보이므로 '양무에서 茶를 사온다'고 한 것은 '무양에서 茶를 사온다'로 해야 할 것이다. 무양은 사천성 성도부근으로 차의 생산지이며 집산지로 차를 파고 사는 시장이 형성되어 있었을 것이다. 앞의 것을 고채라 하고 뒤의 것을 명이라고 한 것으로 보아 茶가 고채 또는 茶로도 쓰였음을 짐작할 수 있다.

손초(218~293)는 서진의 문학가로 그의 詩에 생강·계피·차는 파촉 지방에서 난다고 하였고, 東晉(317~420)시대 常璩(?~?)의 『華陽國志』「巴志」에 의하면 "기원전 1066년 주나라 武王이 殷나라 紂王을 물리칠 때 조공된 물품 중 巴蜀에서 생산되는 차가 있었다."36)고 하였다. 『본초연의』에서는 "秦人이 촉을 취한 뒤로부터 차를 마시는 일이 시작되었다"37)고 하였다.

파촉은 오늘날의 사천성 지역으로 이러한 기록들은 파촉 즉 사천성 지역이 차나무의 원산지라는 역사적 근거자료가 되고 있다.

晉의 장재가 사천성 성도를 여행하면서 성도의 백토루에 올라

洲衍文長箋散稿』, 卷五十六, 「茶茶辨證說」

35) 王褒, 「僮約」(陳祖槼·朱自振編, 『中國茶葉歷史資料選輯』, 弘益齋, 1995, 278~279쪽.

36) 常璩, 「華陽國志」(陳祖槼·朱自振 編, 『中國茶葉歷史資料選輯』, 弘益齋, 1995), 281쪽.

37) 顧炎武, 「日知錄集釋」(陳祖槼·朱自振 編, 『中國茶葉歷史資料選輯』, 弘益齋, 1995), 425쪽.

쓴 「登成都白菟樓詩」는 「登成都樓詩」38)로도 쓴다. 장재는 詩에서 향기로운 차는 육청의 으뜸이라 하였는데 사천성 成都지방의 차맛이 육청보다도 더 우수함을 강조하고 있다. 육청에 대해서는 『주례』 「天官」 ‘膳夫’39)에 보인다.

『물리소지』에 “韓翃 「謝茶啓」云 吳主置茗 晉人分茶”라 하였고 『介翁茶史』에서는 “韓翃 「謝茶表」…中略…又云吳主禮賢方聞置茗 晉臣愛客纔有分茶”40)라 하였다.

『吳志·韋曜傳』에 ‘吳主置茗’에 관한 고사가 다음과 같이 실려 있다.

> 오나라 군주인 손호는 향연을 베풀 때마다 참석한 사람들에게 일곱 되의 술을 꼭 마시도록 엄명을 내렸다. 그리고 그 술을 다 마시지 못 하면 입에 대고 부어서라도 다 마시게 했다. 그러나 위요는 주량이 두 되 밖에 되지 않아 손호는 처음부터 위요에게는 예를 다르게 하 여 몰래 차를 내려서 술을 대신하게 하였다.41)

손호는 술을 좋아하여 향연을 베풀 때마다 참석자에게 억지로라 도 일곱 되의 술을 마시게 하였다. 그러나 술을 잘 마시지 못하던 아 끼는 신하 위요에게 만큼은 예외를 인정하여 술 대신 차를 내렸다고

---

38) 張載, 「登成都樓詩」(陳祖槼·朱自振 編, 『中國茶葉歷史資料選輯』, 弘益齋, 1995), 80쪽.

39) 선부란 왕의 음식과 음료와 膳[희생의 고기]과 羞[맛있는 찬]을 관장하고 왕이 나 왕후나 세자를 봉양하는 곳으로 職制에는 총 152명이 속해 있었다. 왕에게 올리는 음식에는 6가지 곡식(차진 벼·차기장·메기장·조·보리·줄 열매)을 사용하고 膳[희생]은 6가지 희생(말·소·양·돼지·개·닭)을 사용하였으며, 마시는 음료로는 여섯가지 맑은 것(물·미음·단술·맑은 미음·술·맑은 술) 을 사용하였다. 池載熙·李俊寧 解譯, 『주례』, 자유문고, 2002, 53~55쪽.

40) 劉源長, 『介翁茶史』

41) 「『吳志·韋曜傳』孫皓每饗宴 坐席無不率以七升爲限 雖不盡入口 皆遶灌取盡 曜飮酒不過二升 皓初禮異 密賜茶荈以代酒」, 陸羽, 『茶經』七之事

한다.

‘晉人分茶’에 관한 기록은 晉나라의 『晉書』와 『中興書』에서 그 내용을 찾아볼 수 있다.

> 환온은 양주의 지방관으로 재임할 때 성품이 검소하여 잔치 때마다 오직 일곱 쟁반의 차와 과일을 내릴 뿐이었다.[42)]

> 육납이 오흥태수로 있을 때 위장군 사안이 항상 납을 예방하고자 하였다.(진서에는 납을 이부상서라 하였다) 납의 조카인 숙은 손님이 온다는데도 납이 아무 준비를 하지 않는 것을 이상하게 여겼으나 감히 물어보지를 못하고 가만히 수십 명 분의 음식을 준비하였다. 사안이 도착하였는데 진설하여 베푸는 것은 차와 과일 뿐이었다. 숙이 드디어 성찬을 내어와 대접했는데 진기한 음식이 가득하였다. 사안이 돌아가자 납은 조카인 숙에게 마흔 대나 매질을 하고 이르기를 ‘너는 기왕에 숙부를 빛내는데 도움이 되지 못하였거늘 어찌하여 내 평소의 업까지 더럽히느냐?’라고 하였다.[43)]

살펴본 바와 같이 ‘吳主置茗晉人分茶’는 오나라 왕 손호가 어진 신하에게 예로서 술 대신 차를 내리고, 진의 환온과 육납은 성품이 검소하여 손님의 방문 시에 진귀한 음식 대신 차를 대접하였다는 내용을 짧은 글 속에 함축시킨 것이다.

‘分茶’에 관한 또 다른 기록을 살펴보면 『다경』에 “물 한 되를 끓이면 차가 다섯 잔 나온다.”[44)]고 하였고 남송초기의 시인 楊萬里

---

42) 「『晉書』桓溫爲揚州牧 性儉 每宴飮惟下七奠柈茶果而已」, 陸羽, 『茶經』七之事

43) 「晉『中興書』陸納爲吳興太守時 衛將軍謝安常欲納 (『晉書』云: 納爲吏部尙書) 納兄子俶怪納無所備 不敢問之 乃私畜十數人饌 安旣至 所設惟茶果而已 俶遂陳盛饌 珍羞華具 及安去 納杖俶四十 云 汝旣不能光益叔父 柰何穢吾素業」, 陸羽, 『茶經』七之事

44) 「凡煮水一升 酌分五碗」, 陸羽, 『茶經』五之煮

(1124~1206)의 '澹菴坐上觀顯上人分茶', 그리고 陸游(1125~1209)의 '臨安春雨初霽'에서 다음과 같이 나타나고 있다.

> 차 나누기가 어찌 차 달이기의 좋은 것보다 낫다 하리오만
> 차 달이기는 차 나누기의 공만 못하네[45]

> 작은 종이에 비스듬히 초서를 휘갈기고,
> 비 그친 창 아래에서 떠오르는 흰거품 차를 나누네[46]

여기서 分茶는 湯戲·茶戲·水丹靑으로도 불렸는데 당시 성행하였던 것으로 보인다. 육유는 한가할 때 창가에 앉아 우아하게 글을 쓰고 말차의 거품을 내서 차를 나누어 마시는 것을 分茶로 여겼음을 알 수 있다.

대만의 차학자 張宏庸은 한 연구에서 당나라 이전의 차 마시에는 品茗·茶菓·分茶·芼茶의 네 가지 유형이 있다고 하였다. 그리고 '分茶'란 다과와 품명을 곁들인 茶餐을 베푸는 정식 다연으로서 한나라 때 비롯되어 청나라 때 성행된 것이라고 하였다.[47]

分茶에 관한 우리나라의 기록은『三國遺事』·『再造藩邦志 一』·『조선왕조실록』에 보인다.

『三國遺事』卷 第二,「紀異」第二 "景德王 忠談師 表訓大德"條에 경덕왕이 충담사를 맞이하여 차를 대접받고 안민가를 지어 바치게 한 부분에서 다음과 같이 나타나고 있다.

---

45)「楊萬里, '澹菴坐上觀顯上人分茶' 分茶何似煎茶好 煎茶不似分茶巧」, 董尚胜·王建荣 編著,『茶史』, 浙江大學校出版社, 2003, 198쪽.

46)「陸游, '臨安春雨初霽', … 矮紙斜行閒作草 明窓細乳戱分茶 …」, 董尚胜·王建荣 編著,『茶史』, 浙江大學校出版社, 2003, 197쪽.

47) 金明培,「分茶」(茶農 李貞愛先生 古稀文集 再刊行委員會,『宗貞茶道選集』, 社團法人 宗貞茶文化院, 2004), 112쪽.

스님이 대답하기를 소승은 매년 3월 3일과 9월 9일에는 茶를 달여
서 남산 삼화령의 미륵세존에게 드리는데 오늘도 드리고 오는 길입
니다.” 하였다. 왕이 “나에게도 차 한 잔을 주겠소?” 하니 스님이 차
를 달여 드렸다. 차 맛이 이상하고 잔속에서 이상한 향기가 풍겼
다.[48]

　　여기서 보이는 ‘寡人亦一甌茶有分乎’는 나에게도 차를 한잔 달라
는 의미의 分茶이다.

　　申炅(1613~1653)의 『再造藩邦志 一』에도 分茶에 관한 기록이 보
인다. 명나라에 奏請使로 갔던 兪泓(1524~1594)이 돌아올 때 山海
關에 도착하니 主事 馬維銘이라는 사람이 오언율시 한 수로써 중국
황제의 인자함이 끝이 없음을 찬양하였다. 이에 유홍이 韻字를 맞추
어 다음과 같은 시를 지었다

　　　　예복 입고 사신 자리에 참여하여
　　　　차를 나누어 받아 마시니 두터운 정성 느껴지네[49]

　　『조선왕조실록』顯宗 卷12, 7年(1666 丙午 / 청 강희 5년 7월 12일
辛卯 첫 번째 기사 ‘신하들을 인견하여 대책을 논의하다. 칙사가 도
망자의 일을 조사하다’에 分茶에 관한 내용이 보인다.

　　　　이때 날이 이미 저물고 있었으므로 상이 사옹원에 명하여 통관 이
　　　　하 家丁들에게 차를 나누어 주게 하였다.[50]

---

48) 「僧曰 僧每重三重九之日 烹茶饗南山三花嶺彌勒世尊 今玆旣獻而還矣 王曰 寡
　　人亦一甌茶有分乎 僧乃煎茶獻之 茶之氣味異常 甌中異香郁烈」,『三國遺事』卷
　　第二, 「紀異」第二, ‘景德王・忠談師・表訓大德’條.

49) 「…束帶參星座 分茶感厚誠…」, 申炅,『再造藩邦志 一』

50) 「時日己向夕 上命司饔院 分茶于通官以下家丁輩 使亦令其家丁」,『朝鮮王朝實

『조선왕조실록』顯改 卷15, 7년(1666 丙午 / 청 강희 5년 7월 12일
辛卯 첫 번째 기사 '상이 정치화·허적 등과 칙사의 조사에 대해 논
의하다'에 또한 分茶가 보인다.

> 이때 날이 이미 저물고 있었으므로 상이 사옹원에 명하여 통관 이
> 하들에게 차를 나누어 주게 하였다.[51]

여기에서 分茶란 임금이 신하들에게 차를 내리는 것이니 '여럿이
차를 나누어 마신다.'는 의미가 될 것이다.

신농의 『식경』에서는 차를 오래 마시면 힘이 솟고 마음이 즐거워
진다고 하며 차의 효능을 밝히고 있다.
周公의 『이아』에 檟는 苦茶라 한 것은 茶의 여러 쓰임에 관한 예
이다.
'晏子三茗'이라 하여 『안자춘추』에 제나라 경공 때의 재상 안영
이 식사할 때 조밥에 구이 석 점과 다섯 개의 알, 차와 나물을 먹었다
고 하였는데, 이는 안영이 재상의 직위에 있었으나 사치하지 않았고
일상의 식생활에서도 검박하였음을 강조하고 있다.
곽박의 『이아주』에 이르기를 나무는 작아 치자를 닮고 겨울에도
잎이 시들지 않아 그 잎으로 국을 끓여 마신다고 하였는데, 이것은
사철 푸른 차나무의 식물학적 특성과 함께 차가 식용으로 국처럼 끓
여 마셨음을 알려주는 귀중한 기록이다.

錄』顯宗 卷12

51) 「時日已向夕 上命司饔院分茶于通官以下 使亦令家丁」, 『朝鮮王朝實錄』顯改 卷15

(4) 茶稅制度

당나라의 차세제도로『新唐書』에서 기록하고 있는 덕종과 목종에서 문종의 태화 말년까지의 차세제도의 변동과정을 인용하였다.

당시 위구르족[回紇]이 조정에 말을 몰고 와서 시장에서 차와 교환하였으며 명대에 이르러 茶馬御史가 설치되었다.
…중략…
비록 차를 천하가 숭상하는 바가 되었으나 당·송 이래로 염철과 더불어 각다법이 있으니 그 이로움을 알 만하다. 당나라 덕종 때 호부시랑인 조찬의 의견을 받아들여 천하의 차·칠·대·나무에 대하여 10분의 1에 해당하는 세를 받아서 상평의 본전으로 삼았고, 奉天으로 피난 나간 다음 깊이 후회하고 조서를 내려 바삐 혁파했다. 貞元 8년, 수재로 부세를 감면하였으나 다음해 제도 염철사인 장방의 주청으로 차가 나는 주·현과 차가 나는 산에 외부상인이 왕래하는 길목마다 三等으로 값을 정하여 10분의 1의 세를 받았다. 이때부터 해마다 돈 40만 관을 얻었으나 (그 돈으로)수재나 한해를 구제한 적은 없었다.
목종(787~824)이 즉위하여 양진의 군사비로 내탕고의 재물이 바닥나자 염철사인 왕파가 왕의 총애를 꾀하여 천하의 차세를 구액인 100문에 대해서 50문을 추가 징수하였다. 그 후에 판이사가 된 왕애가 각다사를 설치하자 백성들에게 차나무를 관청의 차밭으로 옮겨 심게 하고, 이미 생산된 차를 불태워 버리니 천하가 크게 원망했다. 제도염철사 겸 각다사인 영호초는 다시 차의 과세를 납부하게 하였는데 값을 더했을 뿐이다. 이석이 재상이 되어 차세를 염철로 돌아가게 하였다. 이는 각다법의 대략이다.
차세의 이익은 이미 염철세와 같으니 대략 그 세금을 거둬들이는 것은 무방하다.[52]

---

52)「時回紇入朝 始驅馬市茶 至明代 設茶馬御史…中略…雖茶爲天下之所尙 自唐 宋以來 有榷茶之法 與鹽鐵等 則其利又可知矣 初唐德宗 納戶部侍郞 趙贊 議 稅天下茶 漆 竹 木 十取一 以爲常平本錢 及出奉天 乃悼悔 下詔亟罷之 貞元八年 以水

당나라 때 차를 이민족의 말과 서로 바꾸는 茶馬貿易이 시작되었
는데 이는 「封氏聞見記」를 통해서도 알 수 있다.

> (차를 마시는 것은) 중국에서 시작되어 변방으로 전파되었다. 지난
> 해 위구르 족이 조정에 입조하였는데 말을 몰고 와 시장에서 차를
> 사가지고 돌아갔다.[53]

위구르족은 回紇이라고도 하며 중동과 아시아 몽골고원 및 중앙
아시아에서 활약한 투르크계 민족이다.

중국의 서북방에 있는 티벳과 몽고민족은 유목생활로 인하여 일
용하는 식품들이 동물성에 편중되고 평소에 신선한 야채를 섭취하
지 못하므로 壞血病에 걸리기 쉬웠다. 괴혈병은 비타민 C의 결핍으
로 인해 발병되는 것으로 이 병을 예방하기 위한 생존 음료가 신선
한 차인 것이다. 이러한 이유로 차와 말의 물물교환으로 시작된 다
마무역은 당나라에서 시작되어 송나라에 이어 명나라로 이어졌다.
서북방의 변경에는 다마사를 두었으며 요동에는 馬市를 두고서 군
마를 공급하였다. 명나라 초기에는 섬서성에 여섯 군데의 다마사를
설치하기도 하였다.

차세에 관한 "唐德宗 納戶部侍郎 趙贊 議 稅天下茶 漆 竹 木 十取
一 以爲常平本錢 …中略… 其後 王涯 判二使 置榷茶使 徙民茶樹於

災減稅 明年諸道鹽鐵使 張滂 奏 出茶州縣若山及商人要路 以三等定估 十稅其一
自是歲得錢四十萬緡 然水旱亦未拯之也 穆宗 卽位 兩鎭用兵 帑藏空虛 鹽鐵使
王播 圖寵以自幸 乃增天下茶稅 率百錢增五十 其後 王涯 判二使 置榷茶使 徙民
茶樹於官場 焚其舊積者 天下大怨 令狐楚 代爲鹽鐵使兼榷茶使 復令納榷 加價而
已 李石 爲相 以茶稅皆歸鹽鐵 此榷茶之大略也 茶利旣與鹽鐵同 則略收其稅 何
妨也」, 李圭景, 『五洲衍文長箋散稿』, 卷五十六, 「茶茶辨證說」

53) 「始自中地 流於塞外 往年回鶻入朝 大驅名馬 市茶而歸」, 封演, 「封氏聞見記」(陳
祖槼·朱自振編, 『中國茶葉歷史資料選輯』, 弘益齋, 1995), 287쪽.

官場 焚其舊積者 天下大怨"까지의 내용은 정약용의 「榷茶考」[54] 에서도 보인다.

차세의 대략은 다음과 같다.

차세는 덕종 건중 원년(780)에 조찬의 의견으로 차·칠·대·나무에 대해 10%의 세를 받아 상평의 본전으로 삼았다. 조찬은 당 덕종연간의 호부시랑을 지내면서 최초로 차 세금 제도와 家屋稅를 부과하여 원망을 많이 샀으나 1년도 안되어 실정에 맞지 않아 폐지되었다. 당시 황제는 번진들을 진압하려 하였으나 산동·하북·하남·회서 등의 유력한 번진들이 잇달아 반란을 일으켜 실패하고, 군비 조달을 위해 설정한 각종 雜稅가 민중의 원한을 사서 재정도 궁핍해졌다. 게다가 토벌군의 일부가 대우 상의 불만으로 장안을 점거하자 황제는 반란군에 쫓겨 봉천으로 피난하고 반란은 수년간 계속되었다. 이러한 정치적 상황 하에 재정이 피폐하여 정원 9년(793)에 차세를 복구하게 된다. 염철사 장방이 차가 생산되는 주·현 및 차가 나는 산에 외부상인이 왕래하는 길목마다 10%의 세를 받아 국비에 충당하고, 다음 해 부터는 수해나 가뭄 때문에 부과할 세액을 마련하지 못하거든 차세로 충당하기를 주청하자 조서를 내려 윤허하고 이어서 장방에게 위임해서 처리하는 조목을 갖추었다. 이리하여 해마다 돈 40만 관을 얻었는데 차에 세금이 부과된 것은 이때부터 시작된 것으로 본다. 그러나 수해나 가뭄을 만난 곳을 차세로 구제한 적

---

54) 「唐德宗建中元年 納戶部侍郎 趙贊 議 稅天下茶 漆 竹 木 十取一 以爲常平本錢 時軍用廣 常賦不足 故有是詔 及出奉天 乃悼悔 下詔亟罷之 貞元九年 復稅茶以 鹽鐵使 張滂 奏請 出茶州縣及茶山外 商人要路 每十稅一…中略…每歲得錢四十 萬貫 茶之有稅 自此始 然遭水旱處 亦未嘗以稅茶錢拯贍…中略…穆宗時 增天下 茶稅 率百錢增五十 天下茶加斤至二十兩 文宗時 王涯爲相判二使復置榷茶 自領 之 使徒民 茶樹於官場 榷基舊積者 天下大怨」, 丁若鏞, 『經世遺表』 第11卷, 「地官修制」, 賦貢制 5, '榷茶考'

은 없었다. 이것은 이미 세액을 정한 다음에는 조정에서 세금을 감면해 주기를 좋아하지 않았기 때문이다.[55]

穆宗(821~824) 때는 차세의 과세액이 150%로 증가되었는데 이는 군사비 지출과 궁정 건축비용에 따른 재정고갈을 해결하기 위해서였다. 당시 염철사 왕파가 이를 주장하여 시행하였지만 차세 증액에 대한 반대 의견도 비등하였다. 그 대표적 인물이었던 李珏은 반대의 입장을 조목조목 설명하였다. 增稅는 지출용도에 대한 비판과 함께 차의 가격 상승을 불러오고 일반민의 부담이 되어 결국 판매가 줄게 될 것이고, 그 결과 국가세입이 감소하게 될 것이므로 증세가 불가하다는 것이었다. 이때까지도 차에 대한 과세는 교역에 따른 부과세를 징수하는 형태였으며 전매가 시행되었던 것은 아니었다.[56]

차 전매의 시작은 태화 9년(835) 왕애에 의해 시작되었다고 볼 수 있다. 왕애가 주장한 차 세법의 개정은 차나무를 官場의 관리하에 두는 것으로 榷茶使를 두고 민간의 차나무를 관청의 차밭으로 옮겨 심는 것이었다. 또 한편으로는 이미 생산된 차를 태워 없애 새로운 차 세법의 시행, 즉 생산과정을 국가에서 장악하여 수입을 중앙에서 흡수하려는 시도가 잘 진행될 수 있는 여건을 조성하기까지 했지만 이 조치는 많은 원성을 샀고 결국 실각되고 말았다. 왕애가 주장했던 '移茶樹官場法'은 唐朝 후반기, 지배력이 이완된 현실에서 큰 효과는 보지 못하였지만 중국 최초의 차 전매 시행이며 송나라 榷茶法의 모태가 되었다.[57]

---

55) 丁若鏞, 「榷茶考」(1) (석용운 역음, 『한국茶文化자료집』10, 도서출판 초의, 2006), 401~407쪽.

56) 徐銀美, 『北宋 茶 專賣 硏究』, 國學資料院, 1999, 52~53쪽.

57) 徐銀美, 『北宋 茶 專賣 硏究』, 國學資料院, 1999, 53쪽.

문종은 태화 9년(835) 12월에 왕애의 뒤를 이은 제도염철사 겸 각다사인 令狐楚의 주청을 받아들여 각다법을 폐지하고 從價 10%의 차세를 복구하였는데, 이 차세는 염철사를 경유하지 않고 주·현에 위임 징수해서 호부로 납부하도록 하는 것이었다.

문종 태화 말년, 재상이 된 이석은 開成 원년(836)에 諸道의 약물과 茶菓를 제외한 다른 물품의 진상을 금지하고 차세를 덕종의 정원 연간에 있었던 옛 제도대로 복구하여 염철사의 관할 업무로 돌아갔다.[58]

송나라는 전국을 통일했지만 遼(916~1125)와 西夏(1032~1227), 금(1115~1234) 등과의 관계에서 재정적 어려움을 겪게 된다. 이런 재정난은 송나라 초기 민간에서 자유롭게 하였던 차의 수출을 신종 熙寧 7년(1074)에 정부에서 독점된 것도 하나의 원인이다. 희녕 7년은 비단·도첩 등으로 오랑캐의 말을 수입하였으나 원풍 6년(1083) 부터는 차로써 바꾸게 되는데 이것을 다마무역이라고 한다.

송나라는 처음에 촉 지방의 하등차인 거친 차[粗茶]를 수출하였으나 남송 효종의 乾道 말년(1173)에 상등차인 고운 차[細茶]를 수출하였다. 이렇게 등급을 바꾸자 좋은 차 맛을 본 오랑캐들은 거친 차를 구매하려 하지 않았고 결과적으로 차 값은 떨어진 반면 말 값은 오르게 되는 상황을 맞아 이 수출정책은 실패하게 된다.

정약용은 『경세유표』「각다고」에서 茶稅制度에 대한 견해를 다음과 같이 밝히고 있다.

> 茶라는 물건이 그 시초에는 대개 약초 중의 하찮은 것이었다. 그러
> 나 그것이 오래되자 차는 작은 수레에 연이었고 큰 배에 실렸으니

---

58) 金明培,『中國의 茶道』, 明文堂, 2001, 30~35쪽.

縣官이 차세를 부과하지 않을 수가 없었다. 그러나 이것도 판매하는 물건의 하나이니 알맞게 헤아려서 세를 징수하면 이것으로써 족하다. 어찌 관에서 스스로 장사를 하고 백성이 사사로이 매매하는 것을 금지하여 목을 베어 죽여도 그만두지 않기에 이르게 하였는가?[59]

정약용은 차 생산과 소비가 많아지면서 차가 전매제도화 된 정황을 밝혔다. 그리고 차의 사사로운 매매가 금지되어 이를 어기면 죽음의 위험에도 이르게 할 수 있는 밀매를 할 수 밖에 없는 백성들의 처지를 안타까워하면서 과도한 차세를 비판하였다.

이규경은 덕종과 목종에서 문종 태화 말년까지의 차세 제도의 변동과정의 대강을 정리하면서 그 부작용에 대해서도 인지하였다. 그는 이석에 의해 차세가 옛 제도로 복구한 다음에는 이미 염철세와 같이 되어 백성들의 부담은 줄어든 것으로 보았다.

이규경은 정약용과 이석의 견해와 마찬가지로 茶도 판매하는 물건의 하나이니 알맞게 헤아려서 백성들에게 부담을 적게 하는 부과세 형태의 차세로서 적정한 상태의 세금은 거둬들이는 것이 무방할 것으로 보았음을 알 수 있다.

(5) 茶의 효능

차의 효능에서는 顧炎武의 『日知錄集釋』을 인용하여 차 마시기의 이로움과 해로움에 대하여 논하였다.

---

59) 「臣謹案 茶之爲物 其始也蓋藥艸之微者也 及其久也 連軺車而方舟舶 則縣官不得不征之 然是亦商販之一物 量宜收稅 斯足矣 何至官自爲商 禁民私賣 至於誅殺而不已乎」, 丁若鏞, 『經世遺表』 第11卷, 「地官修制」, 賦貢制 5, '榷茶考', 한국고전번역원, http://www.minchu.or.kr

① 차의 이로움

『신농식경』에 차를 오래마시면 힘이 솟고 마음이 즐거워진다.
…중략…『본초·목부』에 茗은 쓴 차로 맛이 달고도 쓰다. 성질이
약간 차가우나 독이 없어 부스럼을 다스리고 소변을 잘 나오게 하
며 가래, 갈증과 몸의 열을 없애고 사람의 잠을 적게 한다.[60]

『日知錄集釋』에서는 차의 마시기의 이로움에 대해『신농식경』
과『본초·목부』를 인용하였다. 차를 오래 마시면 힘이 솟고 마음이
즐거워진다고 하였고, 차의 성질은 약간 차가우나 독이 없어 부스럼
을 다스리고 소변을 잘 나오게 하며 가래·갈증과 몸의 열을 없애고
잠을 적게 한다고 하였다.

오주가 밝히지 않은 차의 이로움에 관한 내용은『다경』一之源·
배문의『다술』·전춘년의『제다신보』·이목의『다부』에서도 중요
하게 다루어지고 있다.

> 차는 그 성질이 매우 찬 것이어서 마시기에 알맞은 사람은 精行儉
> 德한 사람이다. 만약 열이 나고 갈증이 나거나, 가슴이 답답하거나,
> 머리가 아프거나, 눈이 침침하거나, 팔다리에 기운이 없거나, 관절
> 마디마디가 잘 펴지지 않을 때, 너덧 번만 마시면 醍醐나 甘露의 효
> 능과 가히 견줄 만하다.[61]

> 차는 그 성품이 精淸하고 맛이 浩潔하며 그 기능은 번뇌를 씻어주
> 고 그 공은 中和를 이루게 해 준다. 백가지 품질을 參差不齊하여 혼
> 란이 없고 뭇 마실 거리를 넘어 홀로 우뚝하다. 솥에 물을 끓여 삶으

---

60) 「神農『食經』茶茗久服人 有力悅志…中略…『本草·木部』茗 苦茶 味甘苦 微寒無
毒 主瘻瘡 利小便 去痰渴熱 令人小睡」, 李圭景, 『五洲衍文長箋散稿』, 卷五十六,
「茶茶辨證說」

61) 「茶之爲用 味至寒 爲飮 最宜精行儉德之人 若熱渴 凝悶 腦痛 目澀 四肢煩 百節
不舒 聊四五啜 與醍醐 甘露抗衡也」, 陸羽, 『茶經』一之源

면 호랑이 같이 조화를 이루며 사람마다 마셔도 길이 싫어할 줄을 모른다. 그것을 얻으면 편안하고 얻지 못하면 병이 든다.[62]

사람이 眞茶를 마시면 갈증을 멈추고, 먹은 음식을 삭이고, 가래를 제거하고, 잠을 적게 하고, 오줌 누기를 편하게 하고, 눈을 밝게 하며, 생각하는데 유익하다.[出『本草拾遺』] 번민을 제거하고 기름기를 물리치기 때문에 사람에게는 원래 하루도 차가 없어서는 안 되는 것이다.[63]

만권 서책을 읽고자 잠시도 그치지 않아 董生의 입술이 상하고 韓愈의 이가 빠졌을 때, 네가 없으면 누가 그 목마름을 풀랴 그 공이 첫째요, …중략… 그 형체는 깡마르고 안색은 초췌하며 창자가 하루에 아홉 번 씩 뒤집혀 답답한 가슴 불타듯 할 때, 너 없이 누가 그 울분을 풀었으랴 그 공이 둘째요, …중략… 상견의 예를 베풀고 寒喧之禮로 위로할 때, 네가 없으면 손과 주인의 정으로 누가 맞으랴 그 공이 셋째요, …중략… 돌 끝에 기를 내불며 송근의 錬丹을 精製할 때, 낭중의 법으로 시험하고자 뱃속에 우렛소리 울렁거릴 때, 네가 없으면 삼방의 벌레 독[64]을 누가 다스리랴 그 공이 넷째요, …중략… 숙취에서 깨어나지 못하고 간과 폐가 찢기듯 할 때, 네가 없으면 오야에 술을 깨어 누가 그치게 하랴 그 공이 다섯째이다. 나는 그 후에 알았다. 차에는 또 여섯 가지 덕이 있음을. 사람을 오래 살게 하니 帝堯와 大舜 같은 덕이 있다. 사람의 病苦를 그치게 하니 유부편작 같은 어진 덕이 있다. 사람의 기를 맑게 하니 백이와 양진 같은 덕이 있다. 사람의 마음을 편안하게 하니 二老四皓와 같은 덕이 있다. 사람으로 하여금 신선이 되게 하니 黃帝와 老子의 덕을 갖추었다. 사람으로 하여금 예절에 맞게 하니 주공과 공자의 덕을 갖추었다.[65]

---

62) 「其性精淸 其味浩潔 其用滌煩 其功致和 參百品而不混 越衆飮而獨高 烹之鼎水 和以虎形 人人服之 永永不厭 得之則安 不得則病」, 裴汶, 『茶述』

63) 「人飮眞茶 能止渴消食 除痰少睡 利水道 明目益思 [出本草拾遺] 除煩去膩 人固不可一日無茶」, 錢椿年, 『製茶新譜』, (金明培, 『中國의 茶道』, 明文堂, 2007), 272쪽.

64) 三彭之蠱란 도교에서 말하는 三尸[或 三蟲]의 벌레 독. 사람의 몸 안에 있다가 천제께 그 사람의 부정을 밀고한다는 벌레. 尹庚爀 譯著, 『增補 茶文化古典』, 弘益齋, 2005. 196쪽.

65) 「欲破萬卷 頃刻不輟 董生脣腐 韓子齒豁 靡爾也 誰解其渴 其功一也…中略…枯

이목은 차가 목마름을 풀어주고, 울분을 풀어주며, 손님과 주인의 예의를 갖추게 하며, 뱃속에 우렛소리 울렁거릴 때 벌레 독을 다스리며, 숙취를 깨워준다는 다섯가지 功이 있다고 하였다. 또한 사람이 天壽를 누리게 하는, 病苦를 그치게 하는, 氣를 맑게 하는, 마음을 편안하게 하는 , 仙人이 되게 하는, 사람을 예의롭게 하는 德이 있음을 여섯 가지로 論하였다.

사람이 좋은 차를 마시게 되면 갈증을 멈추고, 먹은 음식을 삭이고, 가래를 제거하고, 잠을 적게 하고, 오줌 누기를 편하게 하고, 눈을 밝게 하며, 생각하는데 유익하다. 가슴이 답답하고 머리가 아프거나 눈이 침침하거나, 팔다리에 기운이 없거나, 관절 마디마디가 잘 펴지지 않을 때, 술을 많이 마셨을 때, 번민을 제거하고 기름기를 물리치는데 있어서도 이롭기 때문에 사람에게는 원래 하루도 차가 없어서는 안 되는 것이다. 또한 사람이 天壽를 누리고자 할 때, 病苦를 그치게 하고자, 氣를 맑게 하고자, 마음을 편안하게 하고자, 仙人이 되고자, 사람이 예의롭고자 할 때 차의 이로움은 크다고 하겠다.

② 차의 해로움

오주는 차의 해로움에 대해서『大唐新語』를 인용하여 기록하였는데 이는『日知錄集釋』에 기록된『대당신어』의 내용을 재인용한 것으로 보인다.

槁其形 憔悴其色 腸一日而九回 若火燎乎膈臆 靡爾也 誰敍其鬱 其功二也…中略… 揖讓之禮旣陳 寒暄之慰將訖 靡爾也 賓主之情誰協 其功三也…中略…石角嘘氣 松根鍊精 囊中之法欲試 服內之雷乍鳴 靡爾也 三彭之蠱誰征 其功四也…中略…宿醉未醒 肝肺若裂 靡爾也 五夜之醒誰輟 其功五也 吾然後知 茶之又有六德也 使人壽修 有帝堯大舜之德焉 使人病已 有兪附扁鵲之德焉 使人氣淸 有伯夷楊震之德焉 使人心逸 有二老四皓之德焉 使人仙 有黃帝老子之德焉 使人禮 有嫘公仲尼之德焉」, 李穆,『茶賦』

『대당신어』에 보충하기를, 기무경은 본디 차를 마시지 않았는데 그
의 저서『茶飲』의 序에서 '차는 막힌 곳을 풀어 해소하고 하루의 이
로움이 잠시는 좋으나, 수기가 정기를 범하여 종신의 해로움이 크
다.'고 하였다.[66]

「言右補闕 綦母煛 …中略… 終身之害 斯大」에 관한 내용은『日
知錄集釋』이외에도 劉肅의『大唐新語』[67]·蘇頌의『圖經本草』[68]·
李贄의『焚書』5권·屠隆의『考槃餘事』·정약용의 '乞茗疏'에서
그 기록을 찾아 볼 수 있다.

「言右補闕 綦母煛 …中略… 終身之害 斯大」의 내용 중 '終身之害'
는『대당신어』에서 '終身之累'로 나타나고 있다. '綦母煛'은『대당
신어』·『焚書』5권·『고반여사』에서 '綦母旻'으로『圖經本草』에
서는 '母景'으로「도다변증설」에서 인용한『일지록집석』과 '乞茗
疏'에서는 '綦母煛'으로 기록하였다. 이들 기록을 종합해 볼 때 가장
먼저 간행된『大唐新語』를 근거로 하면 '母景'과 '綦母煛'은 '綦母
旻'의 오류로 보여진다.

오주가 언급하지 않은 차의 해로움은『대당신어』에서 또 다른 기
록을 찾아볼 수 있으며『고반여사』에서도 보인다. 그 내용을 간추리
면 다음과 같다.

이득이 되는 것이 차의 효험이라고 공치사를 떠맡으면서 근심을 끼

---

66) 「『大唐新語』言右補闕 綦母煛 性不飲茶著『茶飲』序曰 釋滯消壅 一日之利暫佳 瘠
氣侵精 終身之害 斯大」, 李圭景,『五洲衍文長箋散稿』, 卷五十六,「荼茶辨證說」

67) 「右補闕「綦母旻」…性不飲茶 著『茶飲』序云 釋滯消壅 一日之利暫佳 瘠氣侵精
終身之累斯大」, 劉肅,「大唐新語」(陳祖槼·朱自振 編,『中國茶葉歷史資料選輯』,
弘益齋, 1995), 288쪽.

68) 「故唐母景『茶飲』序云 釋滯消壅 一日之利暫佳 瘠氣侵精 終身之累斯大」, 蘇頌,
「圖經本草」(陳祖槼·朱自振編,『中國茶葉歷史資料選輯』, 弘益齋, 1995), 309쪽.

치는 것을 차의 재앙으로 여기지 않는 것은 어찌 가까운 복은 알기
쉬워도 먼 화는 보기 어려운 것이 아니라 하겠는가.[69]

당나라 무조는 학문이 넓어서 저술에 재능이 있었는데 타고난 천
성이 차를 싫어하여 이를 비난하였다. 그것을 간추리면, 차가 체증
을 내리고 막힌 것을 풀어주니 하루에 얻는 이로움이야 잠시 동안은
좋지만, 기운을 줄이고 정기를 침노하니 終身토록 끼치는 해로움이
크다. 이득이 되는 것이 차의 효험이라고 공치사를 떠맡으면서 근심
을 끼치는 것을 차의 재앙으로 여기지 않는 것은 어찌 가까운 복은
알기 쉬워도 먼 화는 보기 어려운 것이 아니겠는가?『세설신어』[70]

『고반여사』에서는 『世說新語』를 인용하며 측천무후가 타고난
천성이 차를 싫어하여 이를 비난하였음이 나타난다.

측천무후와 기무경은 천성적으로 차를 좋아하지 않은 사람이다.
그들은 차가 잠시는 이로우나 메마른 가운데 정기를 침범해 종신에
는 해롭다고 하였다. 차를 마시면 체증을 내리고 막힌 곳을 풀어 주
는 잠시의 이로움은 있으나 길게는 해롭다고 하며 사람들의 멀리 보
지 못하는 짧은 소견을 질책하고 있다.

측천무후와 기무경이 본디 차를 마시지 않았음을 전제할 때 차의
해로움을 언급한 것은 차생활을 경험해 보지 않은 사람의 愚를 밝히
고자 한 것으로 보여진다.

그러나 차는 정행검덕한 사람만이 마시기 적당하다고 하였던 육
우 또한 『다경』 一之源에서 잘못된 차를 마셨을 때 병에 걸릴 수 있

---

69) 「獲益則歸功茶力 貽患則不謂茶災 豈非福近易知 禍遠難見乎」, 劉肅, 「大唐新語」
(陳祖槼・朱自振 編, 『中國茶葉歷史資料選輯』, 弘益齋, 1995), 288쪽.

70) 「唐武曌博學有著述才 性惡茶 因以詆之 其略曰 釋滯消壅 一日之利暫佳 瘠氣侵
精 終身之害斯大 獲益則收功茶力 貽患則不爲茶災 豈非福近易知禍遠難見『世
說新語』」, 屠隆, 『考槃餘事』

음을 알리고 있다.

> 때가 아닌 때에 찻잎을 따거나, 정성들이지 않고 만들거나, 다른 잎
> 사귀와 섞은 찻잎으로 마구 만든 차를 마시면 병에 걸린다. 차에도
> 累가 있음은 인삼과 마찬가지이다.[71]

이것은 인삼은 여러 가지 질병을 낮게 하지만 모양만 인삼과 비슷한 薺苨는 그렇지 않다는 것이다.

이와 같이 차도 제때에 만들지 않은 것, 다른 잎을 섞어 만든 것 등 나쁜 차를 마시면 몸에 좋지 않음은 당연한 결과라 할 것이다. 차라고 해서 다 몸에 이로운 것은 아니다. 정성들여 찻잎을 따고, 정성껏 만든 차를, 정성껏 잘 우려 마셨을 때, 비로소 차의 효능이 발휘될 수 있는 것이다.

李贄(1527~1602)의 『焚書』와 정약용의 '乞茗疏'에서는 차의 해로움에 대한 기무민의 걱정을 알고는 있으나 개의치 않음이 나타난다. 이지는 『焚書』 '茶夾銘'에서 다음과 같이 기록하고 있다.

> 당나라 우보궐을 지낸 기무민은 그의 저작 「代茶飮序」에서 이렇게
> 썼다. "체증을 내리고 막힌 곳을 풀어주니 하루에 얻는 이로움이야
> 잠시 동안은 훌륭하지만, 기운을 말리고 정력을 소진 시키니 종신
> 토록 끼치는 해악이 지대하구나. 이로움을 얻으면 차의 덕이라 공
> 을 돌리고, 해를 입더라도 차가 끼친 재앙이라고 말하지 말라." 나
> 는 이 문장을 읽고 웃으면서 말했다. "체증을 내리고 막힌 데를 뚫
> 었으면 맑고 쓸쓸한 맛의 차가 실로 많은 효험을 지닌 것이지, 기운
> 을 마르게 하고 정력을 소진시키는 것이야 정욕의 해악이 가장 크
> 지 않은가. 이익을 얻고서도 차의 덕을 고마워 할 줄 모르고, 스스

---

71) 「採不時 造不精 雜以卉莽 飮之成疾 茶爲累也 亦猶人蔘」, 陸羽, 『茶經』 一之源

로 몸을 망가뜨리고선 도리어 차가 끼친 재앙이라고 말하는구나.”
아아! 이는 자신에게만 너그럽고 남에게는 가혹한 이의 논단이로
다. 이리하야 다음과 같은 銘文을 읊게 되었다.

> 나 같은 늙은이 벗이 없으니
> 아침저녁 그대만이 짝 하는구나
> 세상에서 맑고 쓸쓸함으로야
> 누가 그대를 따라갈 수 있으리
> 날마다 자네와 밥을 먹으니
> 그 동안 마신 양이 몇 鍾인지 모르겠고
> 매일 저녁 자네를 찻잔에 부었으니
> 얼마나 마셨는지 물을 수도 없어라.
> 아침에 일어나 한 밤중에 잠들 때까지
> 시종일관 자네와만 더불고 싶구나
> 자네의 성은 湯氏가 아니고
> 나도 李氏성이 아니로다.
> 총괄하건대 언제까지나
> 맑고 떫은맛으로 일관 하거라[72]

李贄는 淸苦한 차를 마심으로써 막힌 것을 풀고 쌓인 것을 제거하
는데 가장 큰 효험을 보고서도 차의 덕을 고마워 할 줄 모름을 지적
한다. 또한 기력과 정력이 소진되는 것은 情慾이 가져다주는 피해인
데 스스로 몸을 망가뜨리고서는 도리어 차가 끼친 재앙이라고 말하
는 것은 옳지 못하다고 하였다. 그는 시종일관 맑고 떫은맛으로 일

---

72) 「唐右補闕 綦母旻著「代茶飮序」云 釋滯消壅 一日之利暫佳 瘠氣耗精 終身之害
斯大 獲益則歸功茶力 貽害則不謂茶災 余讀而笑曰 釋滯消壅 淸苦之益實多 瘠氣
耗精 情慾之害最大 獲益則不謂茶力 自害則反謂茶殃 吁是恕己責人之論也 乃銘
曰 我老無朋 朝夕唯汝 世間淸苦 誰能及子 逐日子飯 不辨幾鍾 每夕子酌 不問幾
許 夙興夜寐 我願與子終始 子不姓湯 我不姓李 總之一味淸苦到底」, 李贄, 김혜
경 옮김, 『분서 II』 권5, 「讀史」 茶夾銘, 한길사, 2004, 514~515쪽.

관하는 차를 계속 마실 것임을 시로 지어 읊고 있다.

정약용 또한 乙丑年 겨울 兒菴禪師에게 보내는 '乞茗疏'에 기무경 즉 기무민에 대해 언급하였는데 그 내용은 다음과 같다.

> 내가 요즘 차만 탐식하는 사람이 되어 차를 약으로 하고 있다오.
> 글 중의 묘함은 육우의 茶經三篇이요,
> 병든 몸은 누에인양 盧仝의 七椀茶를 들이키오.
> 비록 정력이 가라앉고 기력이 없어진다는 기무경의 말 잊지 않았으나
> 막힘을 풀고 흉터를 없어진다고 해서
> 이찬황의 차 마시는 버릇만 생겼소
> …중략…
> 땔감 나무조차 하지 못할 깊은 병이 들어
> 부끄러움 무릅쓰고 乞茗의 정을 비는 바이오.
> 듣건데 고해를 건너는 데는 스님들의 보시가 제일이고
> 명산의 고액인 뭉친 차를 살짝 베풀어 주시는 일이라 하오.
> 목마르게 바라노니 부디 그 은혜를 아끼지 마소서.[73]

정약용은 정력이 가라앉고 기력이 없어진다는 기무민의 말은 잊지 않았다. 그러나 막힘을 풀고 흉터를 없앤다는 이찬황의 말을 더욱 믿고 아암선사가 차를 보내준다면 깊은 병의 苦海를 건널 수 있음을 표현하고 있다.

결국 이지와 정약용은 기무민이 말한 차의 해로움을 개인이 무절제한 탓으로 돌리고 차의 이로움을 더욱 강조하면서, 그동안 차를 계속 마셔왔고 이후로도 계속 마실 것임을 시를 통해 표출하고 있다.

---

73) 「旅人近作茶饕 兼充藥餌 書中妙辟 全通陸羽之三篇 病理雄蠶 遂碼盧仝之七椀 雖侵精瘠氣 不忘綦母煚之言 而消壅破瘢 終有李贊皇之癖…中略…茲有采薪之疾 聊伸乞茗之情 竊聞 苦海津梁最重檀那之施 名山膏液潛輸瑞草之魁 宜念渴希 毋慳波惠」, 丁若鏞, 「乞茗疏」(김대성 엮음, 『초의선사의 東茶頌』, 동아일보사, 2004), 354~355쪽 재인용.

(6) 湯茶法

탕다법에서는 차를 끓이기 좋은 물·물 끓이기·차 달이기·차 달이는 사람 등을 포괄하고 있다.

① 차를 끓이기 좋은 물

오주는 차를 끓이기 좋은 물의 순서와 마셔서 안 될 물과 그 이유를 진감의『호구다경주보』四之水를 인용해 다음과 같이 기록하였다.

> 샘물이 가장 좋고 빗물이 다음이고 우물물이 그 아래이다. 보충하기를 유백추는『수기』에서 육홍점이 이계경에게 "호구검지 석천수가 천하 제3"이라 하였고, 장우신은 "검지 석천수가 제5"라 하였다. 『夷門廣牘』에서 "옛날에 虎丘 石泉은 第三"이라고 했고, 육우는 "第五"라 하였다. 石泉은 웅덩이에 물이 고인 것으로써 모두 빗물이 모여서 구멍으로 물이 스며들어 못을 이룬 것이다. 하물며 吳王 합려의 묘도에 당시의 석공들이 많이 갇혀 죽었고, 승려들이 상류에 거처하여 더럽고 탁한 것이 스며들지 않을 수 없다. 비록 육우천이라 이름 해도 천연수가 아니다. 도가의 服食은 죽은 기운을 금한다.[74]

위의 내용 중 일부는 육우의『다경』과 陸廷燦의『續茶經』'五. 茶之煮'[75]에서도 보인다.

『다경』에서는 차 끓이기 좋은 물에 대해 다음과 같이 밝혔다.

---

74)「泉水上 天雨次 井水下 補「劉伯芻」水記「陸鴻漸」爲「李季卿」品虎丘劍池石泉水第三「張又新」品劍池石泉水第五『夷門廣牘』謂虎丘石泉舊居第三 漸品第五 以石泉渟泓 皆雨澤之積 滲竇之潢也 況「闔閭」墓隧 當時石工多閟死 僧衆上棲 不能無穢濁滲入 雖名陸羽泉 非天然水 道家服食 禁屍氣」, 李圭景,『五洲衍文長箋散稿』, 卷五十六,「茶茶辨證說」(陳鑑,『虎丘茶經注補』(阮浩耕 외2,『中國古代茶叶全書』, 浙江撮影出版社, 2001), 435~436쪽.

75)「『夷門廣牘』謂虎丘石泉舊居第三…中略…道家服食 禁屍氣」, 陸廷燦,『續茶經』(阮浩耕 외2,『中國古代茶叶全書』, 浙江撮影出版社, 2001), 536쪽.

차를 달이는 데 사용하는 물로는 山水가 上이며, 江水는 中이고, 井水는 下이다. 『荈賦』에 퍼내어 써야할 물은 岷山지역에 유유히 흐르는 맑고 깨끗한 강물이어야 한다. 산수는 乳泉과 돌샘에 천천히 흐르는 물이 상품이며, 솟구치고 물살이 빠른 물은 마시지 말아야 한다. 이 물을 오래 먹으면 목병이 생긴다. 또 여러 산골짜기 많은 지류 가운데 맑게 고여 흐르지 않는 물은 여름부터 가을까지 물속에 양기가 너무 쌓여 독이 되기도 한다. 이 물을 마시려면 먼저 나쁜 것을 흘려보내고 새로운 물이 졸졸 흐르게 한 후 사용해야 한다. 강물은 人家에서 멀리 떨어진 것을 취하고, 우물물은 길어가는 사람이 많은 곳을 취한다.[76]

육우는 차 끓이기에 좋은 물은 산의 젖샘이나 돌샘을 천천히 흐르는 물이 가장 좋으며, 강물은 인가에서 멀리 떨어져있어야 하고, 우물물은 사람들이 많이 마시는 물이 좋다고 하였다. 그러나 솟구치는 물과 고여 있는 물은 마시기에 좋지 않다고 밝히고 있다.

張又新은 『煎茶水記』에서 유백추가 물이 차와 알맞고 비교한 물의 일곱 등급을 기록하였다. 그리고 代宗(762~779)朝에 이계경이 육우를 만나 물의 우열을 묻고 대답한 20등급의 물에 대해서도 기록하고 있다.

양자강 남령수가 첫째이며 무석 혜산사 石泉水가 둘째, 소주 호구사 샘물이 셋째, 단양현 관음사 물이 넷째이며, 양주 대명사 물이 다섯째, 오송강 물은 여섯째, 회수는 최하로 일곱째이다. …중략… 여산의 강왕곡 수렴수 제1, 무석 혜산사 석천수 제2, 기주 란계석 아래의 물 제3, 협주 선자산 아래 돌이 있는데 별안간 물이 새어 홀로 맑고

---

76) 「其水 用山水上 江水中 井水下 「荈賦」 所謂 水則岷方之注 揖彼淸流 其山水 揀
   乳泉 石池慢流者上 其瀑涌湍漱 勿食之 久食令人有頸疾 又多別流於山谷者 澄浸
   不洩 自火天至霜郊以前 或潛龍 蓄毒於其間 飮者可決之 以流其惡 使新泉涓涓然
   酌之 其江水取去人遠者 井水取汲多者」, 陸羽, 『茶經』五之煮

차가우며 그 돌의 형상이 거북이 모양 같다. 속칭 두꺼비 입 물이라
이르는데 제4, 소주 호구사 석천수 제5, 려산 초현사 아래 방교담의
물 제6, 양자강 남령수 제7, 홍주 서산의 서동 폭포수 제8, 당주 백암
현 회수의 근원 제9, 려주 용지산령의 물 제10, 단양현 관음사 물 제
11, 양주 대명사의 물 제12, 한강 금주의 상류 중령수 제13, 귀주 옥
허동 아래 향계수 제14, 상주 무관의 서쪽 洛水 제15(일찍이 더럽혀
진 일이 없다), 오송강의 물 제16, 천태산 서남봉 천장폭포수 제17,
郴州 원천수 제18, 동려 엄릉의 여울물이 제19, 설수 제20이다.[77]

장우신은 유백추가 매긴 일곱 등급의 물이 옳다고 하면서도 이계
경이 육우가 불러주는 것을 받아 적게 하였다는 스무 등급의 물을
또다시 기록하고 있다.

또 기록하기를 차의 맛은 차산지의 차와 물이 어울렸을 때 가장
좋으며 산지를 떠나면 물의 공이 절반으로 줄어든다고 하였다. 이것
은 모문석의 『다보』에서 "냉병을 앓던 스님에게 몽산의 중간 정수
리에서 나는 차 한 냥을 얻어서 본고장의 물로 달여 마시면 곧 능히
묵은 병을 물리친다."고 한 것과 일치한다. 차는 산지의 물·토양·
기후 등과 닮아있기 때문에 차 산지에서 그곳의 물로 정성껏 잘 달
인다면 차의 맛과 효능을 최대한 발휘할 수 있을 것이다.

그러나 육우의 견해는 근본적으로 인정하면서 장우신의 『전다수
기』의 내용에 대해서는 부정하는 견해가 여러 문헌에서 발견된다.

---

77) 「揚子江南零水第一 無錫惠山寺石泉水第二 蘇州虎丘寺泉水第三 丹陽縣觀音寺
   水第四 揚州大明寺水第五 吳松江水第六 淮水最下第七…中略…廬山康王谷水
   簾水第一 無錫縣惠山寺石泉水第二 蘄州蘭溪石下水第三 峽州扇子山下有石突
   然 洩水獨淸冷 狀如龜形 俗云蝦蟆口水第四 蘇州虎丘寺石泉水第五 廬山招賢寺
   下方橋潭水第六 揚子江南零水第七 洪州西山西東瀑布水第八 唐州桐柏縣淮水
   源第九 廬州 龍池山嶺水第十 丹陽縣觀音寺水 第十一 揚州大明寺水第十二 漢
   江金州上游中零水第十三 歸州玉虛洞 下香溪水第十四 商州武關西洛水第十五;
   未嘗泥 吳松江水第十六 天台山西南峯千丈瀑布水第十七 郴州 圓泉水第十八 桐
   廬嚴陵灘水第十九 雪水第二十」, 張又新, 『煎茶水記』

歐陽修는『大明水記』와『浮槎山水記』에서『전다수기』에 적혀있는 장우신의 물의 등급에 대한 견해를 부정하고 陸羽의 이론에 동의하였다.『대명수기』에서는 이계경이 적었다는 스무 등급의 물 중 하마구의 물·서산의 폭포수·천태의 천길 폭포수와 같은 것은 모두 육우가 마시면 병이 난다고 경계하였던 것이며, 그 밖에 강물이 山水보다 위에 있거나 우물물이 강물의 위에 있는 것은 모두 육우의『茶經』과 상반된다며 장우신의 견해를 부정했다. 또한 물맛이 좋고 나쁜 것이 있을 뿐, 천하의 물을 등급을 매긴다는 것은 망령된 말이라고 하였다.

『부차산수기』에서는 육우가 "산의 물이 으뜸이요, 강물이 버금가며, 우물물이 하등이다. 산의 물과 젖샘이나 돌못에 게으르게 흐르는 것이 으뜸이다."라고 한 말은 간단하지만 물의 평론을 다한 것이라고 하였다. 또한 장우신의『전다수기』에서 "물 등급은『다경』과 견주어 보니 모두 맞지 않으며, 장우신은 거짓말쟁이요 간악하고 망령된 선비이니 그의 말을 믿기 어렵다. 아마 육우의 말도 아니었을 것"78)이라고 하였다.

趙佶은『大觀茶論』'水'79)에서 물의 선택에 대해 정리하면서 장우신의 물 품평에 대해 언급하였으나 지역의 한계로 취하기 어려우니『다경』의 이론과 같이 산에 있는 맑고 깨끗한 샘물, 항상 긷는 우물물이 좋다고 하였다. 물고기와 자라의 비린내나 진흙탕에 괴어있는 강이나 냇물은 가볍고 달더라도 취하지 말라는 주의사항 또한 고

---

78) 歐陽修,『浮槎山水記』(金明培 譯著,『中國의 茶道』, 明文堂, 2007), 92쪽.

79) 「水以淸輕甘潔爲美 輕甘乃水之自然 獨爲難得 古人品水 雖曰中岑惠山爲上 然人相去之遠近 似不常得 但當取山泉之淸潔者 其次 則井水之常汲者爲可用 若江河之水 則漁鼈之腥 泥濘之汙 雖輕甘無取」, 徽宗 趙佶,『大觀茶論』(金明培 譯著,『中國의 茶道』, 明文堂, 2007), 180쪽.

여 흐르지 않는 물은 여름부터 가을까지 물속에 양기가 너무 쌓여 독이 되기도 한다고 하며 육우의 견해에 동의하였다.

錢椿年은 『製茶新譜』 '煎茶四要' 擇水[80)]에서 샘물이 달지 않으면 차 맛을 손상시킨다며 산의 물이 으뜸, 강물이 버금, 우물물이 하등이라고 하였다. 산의 물은 젖샘과 돌못에 게으르게 흐르는 것이 으뜸이고, 폭포의 물솟음이나 양치질 소리가 나는 여울물은 마시지 말라고 하였다. 이러한 물을 오래 마시면 사람으로 하여금 목병이 난다고 하였는데 이는 육우의 『다경』과 내용이 일치한다.

전예형의 『煮泉小品』[81)]에는 차를 달이기에 알맞은 물을 가리는 방법에 대해 "山水가 어리면 천성이 온전하고 물이 어리면 맛이 온전하다. 돌은 산의 뼈이다. 흐름[流]이란 물이 가는 것이다. 산은 기운을 펴서 만물을 낳는데 이 기운이 펴지면 물줄기가 길다. 그러기에 산의 물이 으뜸이다."라고 하며 육우의 견해에 동의하였다. 그러나 장우신의 『전다수기』는 부정하면서 여산의 발물[82)], 홍주나 천태산의 폭포물은 모두 물의 품격에 들어갔어도 육우의 『다경』과는 상반됨을 지적하고 있다.

도륭의 『고반여사』 '擇水'에서는 天泉·地泉·江水·長流·靈水·丹泉에 대해 서술하였다. "가을물이 으뜸이요 梅雨가 버금간다. 땅의 샘물은 양계의 惠山泉처럼 게으르게 흐르는 젖샘을 받는 것이 가장 뛰어나고, 그 다음은 맑고 차가운 것을 취한다. 다음은 향기롭고 단 샘이요, 다음은 돌에 흐르는 샘을 취함이요, 다음은 산맥이 구

---

80) 錢椿年, 『製茶新譜』(金明培 譯著, 『中國의 茶道』, 明文堂, 2007), 265쪽.

81) 田藝衡, 『煮泉小品』(金明培 譯著, 『中國의 茶道』, 明文堂, 2007), 274~279쪽.

82) 장우신의 『전다수기』에는 첫 번째로 꼽히는 물로 여산(강서성 구강시의 남쪽 20리)의 강왕곡에서 발처럼 쏟아지는 폭포수를 가리킨다. 田藝衡, 『煮泉小品』(金明培 譯著, 『中國의 茶道』, 明文堂, 2007), 278쪽.

불구불한 곳의 샘을 취한다. 유황이 나는 온천과 폭포처럼 급하고 세차게 흐르는 샘물은 먹지 말아라. 강물은 사람이 사는 곳에서 멀리 떨어져 있는 물을 취한다. 양자강 남령의 돌 사이에 끼어 머물러 있는 깊은 물은 첫째 등급에 들어간다. 우물물은 물줄기가 보이지 않고 성미가 엉기어 굳어지며 맛이 짜고 빛깔이 흐린 것은 차의 기운에 방해가 된다. 어쩌다가 평지에 우연히 파여진 우물이 마침 샘의 구멍과 통하여 물맛이 달고도 담박하며 큰 가뭄에도 마르지 않는 것은 산의 샘물과 차이가 없는 것이니 보통 우물물로 보아서는 않된다."[83]라고 했다.

장원의 『다록』 '品泉'에서 "차는 물의 神이요 물은 차의 몸체이다. 참된 물이 아니면 그 신령스러움이 드러나지 않으며, 정갈한 차가 아니면 어찌 그 형체를 엿볼 수 있겠는가?"[84]라고 하였다. 차와 물은 神과 體와 같이 불가분의 관계로 보고 좋은 차와 좋은 물의 결합을 강조하고 있다.

오주가 좋지 않은 물로 언급한 '호구검지 석천수'는 춘추전국시대(기원전 770~476년) 말기에 오나라 왕 夫差가 그의 아버지 闔閭의 묘역으로 조성한 곳이다. 그를 매장한 지 3일째 되는 날에 하얀 호랑이가 나타나서 무덤을 지켰다는 전설 때문에 虎丘라는 이름이 붙여졌다고 한다. 오늘날 제 3泉, 觀音井 또는 陸羽井이라고도 불리는 호구 觀音泉은 소주의 호구 관음전 뒤에 있고 문 위에는 '第三泉'이라는 글자가 새겨져 있는데 이것은 유백추의 견해와 같다. 『蘇州府志』의 기록에 따르면 육우가 일찍이 호구에서 거주했었고 호구의 샘물이 맑고 차고 투명하고 감미로워 입에 맞는 것을 발견하고 호구

---

83) 屠隆, 『考槃餘事』(金明培 譯著, 『中國의 茶道』, 明文堂, 2007), 326~329쪽.
84) 張源, 『茶錄』 品泉(정영선 편역, 『동다송』, 너럭바위, 2005), 104쪽.

산 위에 샘을 팠기 때문에 얻어진 이름이라고 한다. 그러나 이것은 육우가 이계경에게 호구 석천수는 제 5라고 했기에 육우 이후에 붙여진 등급으로 보아야 한다.

호구의 원래 이름은 海通山으로 오왕 합려를 여기에 장사지낼 때 수은을 부어놓고 금·은으로 구덩이를 만들어 매우 사치스럽고 호화스러웠다고 한다. 『五月春秋』에는 "합려를 호구에 장사지낼 때 18만의 사람을 순장했다. 3일이 지나자 金은 정화되어 白虎가 되어 그 위에 쭈그리고 앉았기 때문에 호구라 명했다."라고 되어 있다. 또한 합려가 검을 좋아했기 때문에 매장할 때 魚腸劍 등 칼 300자루를 같이 매장했다. 진시황이 동쪽을 순시하다 호구에 이르렀을 때 합려의 묘를 파헤쳐 그 보검을 얻으려 하였으나 아무것도 얻지 못했고, 그 자리가 못이 되었는데 그곳을 劍池라고 했다고 한다.[85]

명대의 문인 高濂은 '虎跑泉試新茶'에서 호포천, 즉 호구천에 대해 다음과 같이 기록하고 있다.

虎跑의 샘물로 햇차를 시음하며

서호의 샘 중 호포천이 으뜸이라
두 산중의 차 용정차가 좋으니
곡우 전에 차를 따서 이내 덖고
항시 세찬 호포천의 물로 달이면
향은 맑고 맛은 더해 詩想을 돕는다
봄이 되면 늘 성 밖 산에 높이 누워
햇차 맛에 빠져 달포를 지내내[86]

---

85) 왕총런, 김하림·이상호 옮김,『중국의 차문화』, 에디터, 2004, 246~247쪽.

86) 「虎跑泉試新茶 西湖之泉 以虎跑爲最 兩山之茶 以龍井爲佳 穀雨前 採茶旋焙 時激虎跑泉烹享 香淸味冽 涼沁詩脾 每春當高臥山中 沉酣新茗一月」, 高濂, 『四時幽賞錄』,(陳祖槼·朱自振 編,『中國茶葉歷史資料選輯』, 弘益齋, 1995), 376쪽.

이 詩는 서호의 물 중에서 호포천의 물이 최고임을 밝히고 있다.

이와 같이 '호구 석천수'에 대한 평가에서 『전다수기』에는 유백추가 제3, 육우는 제5로 등급을 매겼다. 고렴 또한 '虎跑泉試新茶'에서 용정차를 달이는데 호포천이 최고임을 밝히고 있다. 그러나 지금에 와서는 이것이 웅덩이에 빗물 등이 고여 생긴 것이며, 오왕 합려의 묘역을 조성하면서 석공들이 갇혀 죽었고 그 위에는 승려들이 살고 있어 이미 천연수가 아니기 때문에 좋지 않은 물이라고 평가되고 있다.

결론적으로 「도다변증설」은 물론, 위에서 살펴본 대부분의 문헌들은 『다경』을 근거로 차를 끓이기 좋은 물은 "산의 물이 으뜸이요, 강물이 버금가며, 우물물이 하등이다." 라는 육우의 견해를 따르고 있다. 이것은 구양수의 『부차산수기』에 "'산의 물이 으뜸이요, 강물이 버금가며, 우물물이 하등이다. 산의 물과 젖샘이나 돌못에 게으르게 흐르는 것이 으뜸이다.' 라고 하였다. 그 말은 간단하지만 물의 평론을 다한 것이다." 라는 문장에서 가장 잘 드러나고 있다.

강물을 취하고자 할 때는 인가에서 멀리 떨어져 있어야 하는데, 이것은 인가 가까이에 있는 강물은 생활하수로 인하여 오염될 수 있기 때문이다. 우물물은 사람들이 많이 마시는 물을 취해야 하는데 그 이유는 물이 늘 살아있어 움직이는 물이어야 하기 때문이다.

차를 끓이기 좋은 물이 있으면 좋지 않은 물도 있다. 좋지 않은 물로는 솟구치는 물과 고여 있는 물이다.

張又新은 『煎茶水記』에서 유백추가 차와 알맞을 물로 비교한 일곱 등급과 이계경이 육우에게 물의 우열을 묻고 적었다는 20등급을 기록하였으나, 후대의 저술에서 이는 믿을 만하지 않다고 하였다. 『煎茶水記』에서도 유백추가 매긴 일곱 등급의 물과 이계경이 육우

에게서 받아 적은 물의 등급에서는 순위가 바뀌어 있다. 호구검지
석천수는 유백추가 언급한 물의 등급에서는 제3이었고, 육홍점이
감별하여 이계경에게 말한 물의 등급에서는 제5라고 기록하였다.
이는『夷門廣牘』의 기록과는 일치하나『호구다경주보』에서의 등
급과는 일치하지 않는다.

　그러나 등급과 상관없이 이 물은 여러 가지 역사적 흐름 속에서
천연수가 아니기에 좋은 물이 될 수 없다. 구양수가『대명수기』에서
언급했듯이 물맛이 좋고 나쁜 것이 있을 뿐, 천하의 물을 등급을 매
긴다는 것은 망령된 말일 수밖에 없다. 또한 당시에 그 많은 물들을
직접 찾아가 품평한다는 것 또한 어려운 일이다. 그러나 장우신의
『전다수기』에서 차의 맛은 차산지의 차와 물이 어울렸을 때 가장 좋
으며 산지를 떠나면 물의 공이 절반으로 줄어든다고 한 점, 차는 산
지의 물과 토양에 닮아있다는 내용은 신뢰할 만하다. 산지에서 그곳
의 물로 정성껏 차를 달인다면 차의 맛과 효능이 최대한 발휘되는
것은 당연하기 때문이다.

　② 물 끓이기와 차 달이기

　물 끓이기와 차 달이기에서는『호구다경주보』·『학림옥로』·
『소창청기』를 인용하여 탕을 살피는 과정에서부터 그 모양과 소리,
차 달이는 때의 중요성에 대해 하여 논하였다.

> 탕을 살펴보면 첫째 새우 눈, 둘째 게의 눈, 다음이 물고기 눈, 곧 솔
> 바람 소리가 점차 무성에 이른다. 새우 눈·게 눈·물고기 눈, 이들
> 은 솥 안의 물이 끓는 상태이다. 송도와 같은 소리가 점점 잦아지면
> 火候가 다 된 것이다. 이것은 쓰지 않는다. …중략… 송나라 나대경
> 이 쓴『학림옥로』에서 동년배 이남금이 말하기를『다경』에서는 어

목, 용천연주로써 물을 끓이는 알맞은 정도로 삼았다. 그러나 근세에는 차를 달이는데 솥을 쓰는 일은 드물고 병에 물을 끓이기 때문에 끓는 물의 상태를 살펴보기 어렵게 되었다. 그러기에 소리로서 첫 번째 끓음, 두 번째 끓음, 세 번째 끓음의 맞는 정도를 분간하여야 한다. 또 육우의 법도는 찻가루를 차 솥에 넣는 것이므로 두 번째 끓을 때 분량에 맞추어 가루차를 넣기로 되어 있다. 그러나 만약 지금처럼 끓인 물을 차 사발에 붓고 달이면 마땅히 두 번째 끓음에서 세 번째 끓음으로 건너갈 때 분량에 맞추어야 한다고 하였다. 이에 소리 듣고 분별하는 시를 지어서 말하였다.

섬돌가 벌레는 두런거리며 만 마리의 매미 울음소리 일으키니
문득 열 대의 수레에 짐 가득 싣고 오는 듯
솔바람 소리 산골 물소리 듣고서야
급히 옥색과 녹색 자기 잔을 찾네

그 이론이 진실로 정묘하다. 그러나 나대경은 "차를 끓이는 법은 탕이 연하면서도 쇠지 않게 해야 한다. 탕이 연하면 차 맛이 달고 쇠면 차 맛이 쓰다. 만일 탕이 솔바람 소리와 산골짜기를 흐르는 물소리처럼 들릴 때 급히 차를 끓이면 어찌 쇠고도 쓰지 않겠는가! 오직 병을 옮기고 불을 제거하여 잠시 끓는 것이 식기를 기다린다. 그런 뒤에야 탕이 딱 맞아 차 맛이 달다." 라고 말했다. 이에 「이남금」이 말하지 않은 부분을 시 한수로 보충하기를

솔 바람소리, 전나무 비 듣는 소리 들려오면
구리 병 급히 들어 죽로에서 내려놓고
들리던 소리 다 적막하길 기다려
달여 마시는 한 사발 춘설은 제호보다 좋구나

오종선은 『소창청기』에서 "차 달이기는 신중하지 않으면 안 된다. 모름지기 그 사람과 차의 품격이 잘 어울려야 한다. 그러므로 그 법은 늘 고매한 풍류를 갖춘 사람에게 전해진다. 곧 흉중에 운하·천

석·뢰괴 같은 산수의 정취가 있는 사람이어야 한다."[87]고 하였다.

『다경』에 나타난 물 끓는 모습은 다음과 같다.

물 끓는 모습이 魚目과 같고 어슴푸레하게 물 끓는 소리가 나는 무렵을 가리켜 一沸, 솥의 가장자리에 솟아오르는 샘물처럼 구슬이 이어진 것 같을 것을 二沸, 성난 물결처럼 물거품이 넘실거리고 북치는 소리가 나는 것 같은 형상을 三沸라고 한다. 더 이상 끓이면 물이 쇠하여 마시지 못한다.[88]

육우는 물 끓는 모습을 魚目[첫 번째 끓음] → 湧泉連珠[두 번째 끓음] → 騰派鼓浪[세 번째 끓음]으로 보았다. 차를 끓임에 있어서는 첫 번째 끓음에 물의 비율대로 소금을 넣어 간을 맞추고, 두 번째 끓음에서 한 표주박의 끓는 물을 떠내고 찻가루를 비율에 맞추어 넣는다. 세 번째 끓음에서 이미 떠 놓았던 물을 솥 안에 부어 물의 기세를 가라앉혀 차탕의 정화를 기른다고 하였다.

육우가 『다경』에서 보여준 차 끓이기는 병차를 구워서 식혔다가

---

87)「湯之候 初曰蝦眼 次曰蟹眼 次魚眼 若松風漸至無聲 蝦 蟹 魚眼 鑊內水沸之狀也 聲如松濤漸緩 則火候到矣 此則勿用…中略…宋「羅大經」『鶴林玉露』余同年「李南金」云『茶經』以魚目 湧泉連珠爲煮水之節 然近世瀹茶 鮮以鼎鑊 用瓶煮水 難以候視 則當以聲辨一沸 二沸 三沸之節 又「陸氏」之法 以未就茶鑊 故以第二沸爲合量而下 未若以今湯就茶甌瀹之 則當用背二涉三之際爲合量 乃爲聲辨之詩云 砌蟲唧唧萬蟬催 忽有十車梱載來 聽得松風幷澗水 急呼縹色綠瓷杯 其論固已精矣 然瀹茶之法 湯欲嫩而不欲老 蓋湯嫩則茶味甘 老則過苦矣 若聲如松風澗水而遽瀹之 豈不過於 老而苦哉 惟移瓶去火 少待其沸止而瀹之 然後湯適中而茶味甘 此「南金」之所未講者也 因補以一詩云 松風檜雨到來初 急引銅瓶離竹爐 待得聲聞俱寂後 一甌春雪勝醍醐 「吳從先」『小窓淸紀』煎茶非漫浪 須要其人與茶品相得 故其法每傳于高流隱逸 有雲霞泉石磊磈於胸次間者」, 李圭景,『五洲衍文長箋散稿』, 卷五十六,「荼茶辨證說」

88)「其沸如魚目 微有聲 爲一沸 緣邊如湧泉連珠 爲二沸 騰派鼓浪 爲三沸 已上水老不可食也」, 陸羽,『茶經』五之煮

가루를 내어 물이 두 번째 끓을 때 솥에 넣고 다시 끓인 뒤 茶碗에 따라서 마시는 방법으로 이것은 바로 唐代의 飮茶法이다. 병차 시대의 육우는 두 번째 끓었을 때가 차를 끓이기 좋다고 보고 큰 물결이 일다가 소리가 없어지면 지나친 때로 보았다.

나대경의 『학림옥로』에서 친구인 이남금은 시대가 변해 물을 솥에다 끓이지 않고 병에다 끓이기 때문에 물의 상태를 살펴보기는 어렵지만 소리로서 첫 번째 끓음, 두 번째 끓음, 세 번째 끓음의 맞는 정도를 분간하여야 한다고 하였다. 이남금은 마땅히 두 번째 끓음에서 세 번째 끓음으로 건너갔을 때 차를 點茶해야 한다고 시로서 읊고 있다. 그러나 나대경은 이남금의 견해에 동의하지 않고 차 끓이는 법은 탕이 연하면서도 쇠지 않아야 함을 강조하면서 물이 끓으면 잠시 구리병을 죽로에서 내려놓고 소리가 적막하기를 기다려 차를 우리면 탕이 딱 맞아 차 맛이 제호보다 좋다고 본인의 시를 통해서 피력하고 있다.

이와 같이 『학림옥로』에서는 친구이면서도 찻물의 끓는 상태에 대해 서로 다른 견해를 가지고 있는 두 사람을 볼 수 있다. 이남금은 솔바람과 산골 물소리를 듣고서 즉 두 번째 끓음에서 세 번째 끓음으로 건너갔을 때 차를 點茶하였고, 나대경은 물이 끓으면 불에서 내려놓고 잠시 물이 식기를 기다린 후 點茶하였음을 알 수 있다.

또 다른 문헌인 채양의 『茶錄』에서는 물이 끓는 것을 살피기가 가장 어려운데 물을 덜 익히면 물거품이 뜨고 지나치게 익히면 차가 가라앉는다고 하면서, 前世에 일컬었던 '게눈'이라는 것은 지나치게 익은 물이라고 하였다. 그렇다면 이남금이 말했던 물보다도 덜 익은 물을 쓴 것이다. 이는 같은 연고차를 가지고도 차 끓이는 물에 대해서 다른 인식을 갖고 있음을 알 수 있다.

오주가 밝히고 있지 않은 문헌으로 명나라 때 장원의『다록』과 허차서의『다소』를 살펴보자.

『다록』[89]에서는 끓는 물의 세 가지 큰 분별과 열다섯 가지 작은 분별을 두었다. 큰 분별에는 모양[形]·소리[聲]·김[氣]으로 구분한다. 모양으로 분별하는 것은 蝦眼 → 蟹眼 → 魚眼 → 湧泉連珠 → 騰波鼓浪으로 솥 안의 끓는 모습으로 분별하는 것이다. 소리 분별은 첫소리[初聲] → 구르는 소리[轉聲] → 떠는 소리[振聲] → 빨리 달리는 소리[驟聲] → 無聲으로 겉을 분별하는 것이다. 김 분별하기는 김이 한 가닥[一縷] → 두 가닥[二縷] → 서너 가닥[三四縷] → 가닥이 어지러워 구분이 되지 않게 얽히는 것[縷亂不分] → 김이 곧게 솟아올라 꿰뚫는 것[直至氣直沖貫]이다. 끓는 물을 분별하면서 '五沸純熟湯'이라고 하여 큰 분별에 각기 다섯 가지씩 순서대로 표현하였는데 네 번째까지는 모두 맹탕으로 여겼다. 그리고 다섯 번째인 騰波鼓浪·無聲·直至氣直沖貫일 때 비로소 물이 가장 잘 끓은 純熟이라고 했다.

『다소』[90]에서 냄비에 넣은 물은 곧바로 급히 끓여야 하고 솔바람 소리가 나기를 기다렸다가 곧 뚜껑을 벗기고 쇠하기[老]와 어리기[嫩]를 조절한다고 하였다. 또한 蟹眼 → 微濤 → 大濤 → 無聲에서 두 번째 작은 물결 소리가 날 때를 알맞은 때로 보고 큰 물결이 일다가 끓는 소리가 없어지면 이때는 지나친 때로 삼았다. 때가 지나치면 물이 쇠어서 향기가 흩어지고 결코 사용할 수 없다고 하였다.

중국의 차 역사는 명나라에 들어오면서 일대 전환기를 맞는다. 명 태조가 홍무 24년(1391) 9월 "백성들의 노고를 중히 여겨 …중략…

---

89) 張源,『茶錄』品泉 (정영선 편역,『동다송』, 너럭바위, 2005), 95쪽.
90) 許次紓,『茶疏』(金明培 譯著,『中國의 茶道』, 明文堂, 2007), 373쪽.

용단을 만드는 것을 파하고 차싹을 딴 것을 진상하게 한다.”[91]고 칙령을 내리면서 근 400년 동안 중국 차문화를 이끌어 왔던 연고차의 점다법이 중국의 茶 역사에서 사라지고 잎차의 시대가 열린 것이다.

장원의 『다록』과 허차서의 『다소』가 저술된 明代는 잎차를 우려 마시는 泡茶法시대이다. 그러나 장원과 허차서는 찻물을 끓이는 방법에서 다른 견해를 가지고 있음을 알 수 있다. 장원은 『다록』에서 채군모의 말을 인용해 탕의 嫩水는 쓰고 老水는 쓰지 않는다고 하였고, 옛사람들은 찻가루를 솥에 넣어 끓이니 어린 탕수를 써야 차의 신령스러움이 바로 뜨지만 요즈음 차는 잎차이기 때문에 끓인 물은 순숙이어야 본래의 신령스러움이 일어난다고 하였다. 그러나 『다소』에서는 육우의 차 끓이기와 마찬가지로 두 번째 끓을 때가 좋다고 하였다.

청나라의 유원장은 『茶史』에서 채군모의 말을 인용해 다음과 같이 설명하고 있다.

> 채군모는 끓인 물의 어린 것을 취하고 쇠한 것은 취하지 않았다. 이 때는 대개 단병차 뿐이었다. 지금의 잎차란 물 끓이기가 모자라면 차의 신령스러움이 극도에 달하지를 않고 차의 빛깔이 밝지를 못하다. 그러므로 차 겨루기의 첩경은 다섯 번 끓이기에 있다.[92]

송나라 사람 채군모는 『다록』의 저자로 '上品龍茶'라고 하여 단병차인 연고차에 대해 기록하였다. 채군모가 살던 송나라 때는 단병

---

91) 「太重劳民力…中略…罢造龙团 惟采茶芽以进」, 中国茶叶股份有限公司·中华茶人联谊会 編 著, 『中华茶叶五千年』, 人民出版社, 2001, 92쪽.

92) 「蔡君谟汤取嫩而不取老 盖为团饼茶发耳 今旗芽枪甲 汤候不足 则茶神不透 茶色不明 故茗战之捷 尤在五沸」, 陸廷燦, 『茶史』(阮浩耕외2, 『中国古代茶叶全书』, 浙江撮影出版社, 2001), 467쪽.

차 시대로 차를 끓이려면 차를 구워서, 맷돌에 갈아, 체에 쳐서, 끓는 물을 살피고, 잔을 데워, 點茶를 하였기 때문에 게눈이 지나치게 익은 물이 되었다. 그러나 청나라 유원장이 살던 잎차시대에는 오비순숙이라야 차의 신령스러움을 나타낼 수 있으며 이때에 차의 빛깔이 밝음을 기술하고 있다.

차를 달일 물을 끓이는 데 있어서는 일반적으로는 단병차인 경우 물이 어린것을 취하고, 잎차에 있어서는 장원과 유원장의 견해인 오비순숙을 따랐음을 알 수 있다. 그러나 물을 끓이는 정도에 있어서는 차의 종류에 따라 선호되는 유형은 있을 수 있으나, 이 또한 개인의 기호에 따라 달라질 수 있음을 알 수 있다.

③ 茶有九難

예로부터 차에 관한 이야기는 많으나 『다경』만은 못하다고 하며 茶有九難을 인용하였다.

예로부터 차에 관한 이야기는 매우 많으나 문장의 아름다운 광채나 운치가 육홍점이 지은 『다경』의 淸新한 造語만은 못하다. 그러므로 그 구절을 간략히 기록하면 찻일에는 아홉 가지 어려움이 있으니 첫째는 만들기, 둘째는 감별하기, 셋째는 그릇, 넷째는 불, 다섯째는 물, 여섯째는 굽기, 일곱째는 가루내기, 여덟째는 끓이기, 아홉째는 마시기이다.
날씨가 흐린 날 찻잎을 따거나 밤에 말리는 것은 차를 제대로 만드는 방법이 아니며, 차의 맛을 보고 냄새를 맡아서 감별하는 것은 차의 품질을 올바르게 감별하는 방법이 아니다. 누린내 나는 솥이나 비린내 나는 사발은 적당한 그릇이 아니며, 진이 많이 나오는 나무나 부엌에서 나온 숯은 차 달이는 불로 적당하지 않다. 세차게 흐르는 물이나 막혀서 고인 물은 차 달이는 데 적합한 물이 아니며, 차를 구울 때 밖은 익고 속은 설익는 것은 제대로 굽는 것이 아니다.
차를 가루 낼 때 너무 빻아 푸른색의 가루가 되거나 먼지처럼 날리
는 것은 옳게 빻는 것이 아니며, 차를 끓일 때 서툴게 다루거나 거친
동작으로 함부로 다루는 것은 옳게 끓이는 것이 아니다. 여름에는
많이 마시고 겨울에는 제대로 마시지 않는 것은 차를 올바로 마시
는 것이 아니다. 거기에 풍로를 설치하였다면 매우 아담하니 취할
것이다. 그렇다면 차 끓이기에 여러 기구들이 있는 것은 번거롭고
불필요하다.[93]

위 내용은 茶事의 어려움이다. 찻잎을 따서, 만들고, 가루 내어, 끓
여 마시기까지 그릇·불·물에 대한 주의사항이다.

초의는『동다송』에서『다경』에서 언급한 찻일의 아홉 가지 어려
움과『만보전서』에 나타난 차의 네 가지 향을 다음과 같이 언급하고
있다.

차에는 아홉 가지 어려움과 네 가지 향이 있으니
현묘하게 다루어야 한다네
어찌하면 옥부대에서 좌선하는 스님들에게 이를 일러줄까
아홉 가지 어려움을 그르치지 않고 네 가지 향이 온전하면
지극한 맛, 구중궁궐에 올릴 수 있겠는데[94]

초의선사는『다경』의 찻일의 아홉 가지 어려움과『만보전서』[95]

---

93) 「古今說茶者甚多 而但其文彩風致 總不如「陸鴻漸」『茶經』之造語淸新 故略抄其
句 茶有九難 一曰造 二曰別 三曰器 四曰火 五曰水 六曰炙 七曰末 八曰煮 九曰
飮 陰采夜焙 非造也 嚼味嗅香 非別也 羶鼎腥甌 非器也 膏薪庖炭 非火也 飛湍壅
潦 非水也 外熟內生 非炙也 碧粉縹塵 非末也 操艱攪據 非煮也 夏興冬廢 非飮也
其說風爐 甚雅可取者也 又有煎茶諸器具 而煩不及焉」, 李圭景,『五洲衍文長箋
散稿』, 卷五十六,「茶茶辨證說」

94) 「又有九難四香玄妙用 何以敎汝玉浮臺上坐禪衆 九難不犯四香全 至味可獻九重
供」, 김대성 엮음,『초의선사의 東茶頌』, 동아일보사, 2004, 152~164쪽.

에 기록된 차향의 좋고 나쁨을 잘 다스려야만 궁궐에 올릴 수 있을
정도의 지극한 맛에 이를 수 있다고 하였다.

많은 문헌에서 茶事의 어려움을 언급하였으나 이규경은 차 만들
기에서 마시기까지 아홉 가지 어려움을 체계적으로 정리한『다경』
의 기록을 가장 높이 평가하였음을 알 수 있다.

④ 投茶法

投茶法으로는 일본의 문헌『和漢三才圖會』권89 ‘茶湯’[96]의 내용
을 다음과 같이 인용하였다.

일본 사람 또한 기록한 바가 있어 상고할 만하다. 일본 사도양안(상
순)의『화도회』[97]에 이르기를 무릇 그릇에 차 넣기에는 차례가 있
으니 차를 먼저 넣고 탕을 뒤에 넣으면 하투라 이르고, 탕을 반쯤 넣
고 차를 넣어 다시 차를 채우면 중투, 먼저 탕을 붓고 후에 차를 넣
으면 상투라 이른다. 봄가을에는 중투, 여름에는 상투, 겨울에는 하
투라고 한다.[98]

여기서 문헌『和圖會』는『和漢三才圖會』[99] 또는『倭漢三才圖會』

---

95) 「『萬寶全書』茶有眞香 有蘭香 有淸香 有純香 表裏如一曰純香 不生不熟曰淸香
火候均停曰蘭香 雨前神具曰眞香 此謂四香」, 정영선 편역,『동다송』, 너럭바위,
2005, 60쪽.

96) 寺島良安,『和漢三才圖會』卷第八十九 ‘茶湯’, 吉川弘文館, 明治 三十九年
[1906], 1249쪽.

97)『和圖會』는『和漢三才圖會』또는『倭漢三才圖會』로 기록되고 있다. 당시 이 책
이 많이 읽혀지면서 줄여서 쓴 것으로 보인다.

98) 「日本人亦有所記 可考也 日本良安尙順『和圖會』凡投茶於器有序 先茶後湯 謂
之下投 湯半下茶 復以湯滿者 謂之中投 先湯後茶 謂之上投 春秋中投 夏上投
冬下投 茶之爲書者」, 李圭景,『五洲衍文長箋散稿』, 卷五十六,「茶茶辨證說」

99) 이 책은 17세기 초반 활약한 寺島良安의 저술로 에도[江戶]시대 중기에 간행된
105권의 도설백과사전이다. 明나라 王圻·王思義가 편찬한『三才圖會』를 모방

로도 불렸으며, 18~19세기 우리나라의 실학자들은 이 책을 읽고 크게 감명을 받았던 것으로 보인다. 이 책에는 일본에 관한 다양한 정보와 온갖 박물학적 지식이 집성되어 있는데다 圖說로 표현되어 이해가 쉽기 때문이었다.

이덕무는『화한삼재도회』를 소장하고 있었고 이 책을 주변의 학자들과 돌려 보았으며, 그 유용성에 대해 주위 사람들에게 전파하는데 열성적이었다. 손자 이규경은 물론『임원경제지』의 저자 서유구 등은 그들의 저술에 이 책의 내용을 적극 인용하였음을 알 수 있다.[100]

투다법에 관해서는 장원의『다록』[101], 초의의『다신전』과 그 내용이 동일하다. 차를 맛있게 우리기 위해서 계절에 따라 차와 물을 넣는 순서를 달리하는 차생활의 지혜가 돋보인다.

⑤ 차의 저장법

차의 저장법을 다음과 같이 서술하였다.

차는 부들 잎과 어울리지만 향과 약을 두려워한다. 따뜻하고 마른 것을 좋아하지만 차갑고 축축한 것을 꺼린다. 그러므로 거두어 간직하는 집에서는 부들 잎으로 싸서 봉하여 焙爐에 넣고 2, 3일 마다 한 차례씩 불로써 사람의 몸처럼 훈훈하게 하는 것이 마땅하다. 그

해 만든 책이지만 일본 특유의 지식을 풍부하게 담고 있다. 天地人 三才로 구분해 다양한 사물과 현상을 그림으로 그리고 간단한 설명을 붙인 圖說式 사전이다. 중국의『삼재도회』를 선망해 30여 년 동안 자료를 수집, 백과사전을 만들어 18세기 초반 간행되었다. 조선 후기 실학자들에게 많이 읽혔다고 한다. 안대회,『선비답게 산다는 것』, 푸른역사, 2007, 251쪽.

100) 안대회,『선비답게 산다는 것』, 푸른역사, 2007, 251~255쪽.

101)「投茶有序 毋失其宜 先茶後湯 曰下投 湯半下茶 復以湯滿 曰中投 先湯後茶 曰上投 春秋中投 夏上投 冬下投」, 張源,『茶錄』

렇게 하면 젖는 것을 막지만 만약 불기가 많으면 차는 탄내가 나서
먹을 수가 없게 된다. …중략… 『古今秘苑』 …중략… 차를 저장하
는 방법은 재를 瓶 밑에 깔고 찻잎이 크든 작든 잘 싸서 두드리면 윗
면에 있는 축축한 기운이 자연히 재속으로 스며들어 불을 쓰지 않
아도 되며, 8월 무렵에 따로 재를 바꾸어 주면 된다. 때로는 재 대신
에 볕에 말리기도 하는데 그것도 상관없다.[102]

　　"茶宜箬葉而畏香藥…中略…若火多則茶焦不可食"까지는　蔡襄의
『茶錄』 '藏茶'와 『續茶經』 '三. 茶之造', 전춘년의 『제다신보』에 보
이며 『제다신보』에서는 團黃茶[103]의 저장에 관한 내용으로 기록하
고 있다. 도륭은 『고반여사』에서 "茶宜箬葉而畏香藥 喜溫燥而忌冷
濕"을 인용하였다. 『속다경』에는 '入焙中兩三日'는 '入茶焙中兩三
日'으로, '當如人體溫'은 '當如人體之溫'으로 되어 있다.

　　차는 부들 잎으로 포장하는데 이는 다른 향과 섞이면 본래의 향을
잃기 때문이며, 따뜻하고 건조한 것을 좋아하는 것은 습기는 부패의
원인이 되기 때문이다. 습기를 제거해 줄 수 있는 방법으로 두 가지
가 제시 되었는데 첫째는 부들 잎으로 잘 쌓아 봉한 것을 焙爐에 넣
고 2, 3일에 한 번씩 건조시키는 것이고, 둘째로는 재를 차가 담겨있
는 병 밑에 깔고 건조시키거나 햇볕에 말리는 방법이다.

　　그러나 『대관다론』에서는 차는 자주 불에 쬐어 말리면 표면이 말

---

102) 「『萬寶全書』…中略…茶宜箬葉而畏香藥 喜溫燥而忌冷濕 故收藏家以箬葉封裹
　　　入焙中兩三日　一次用火　當如人體溫　溫則去濕潤　若火多則茶焦不可食…中
　　　略…『古今秘苑』…中略…藏茶法　將便灰放瓶底　將茶葉不拘大小包　好撞在上面
　　　潮氣自然收入灰內　不用烘　至八月間　另換灰　或用曬乾代灰亦可　我人取種於中
　　　國　如法種植　則亦可需用　而無人智心得來」, 李圭景, 『五洲衍文長箋散稿』, 卷五
　　　十六, 「茶茶辨證說」

103) 團黃茶의 團은 덩어리를 가리키고 黃은 덩어리 차를 가루내어 달여 놓았을 때
　　　의 누른 빛깔을 가리킨다. 錢椿年, 『製茶新譜』(金明培 譯著, 『中國의 茶道』, 明
　　　文堂, 2007), 261쪽.

라서 향기가 줄어들고, 말릴 때 실수를 하면 광택이 벗겨져서 맛이 흩어진다고 하였다. 또한 불에 쬐어 말리는 것을 사람 몸의 온도처럼 한다고 하였으나 이 정도로는 차의 외부만을 건조시킬 뿐, 만약 속의 습기를 없애지 못하면 다시 쪄서 말려야 한다는 견해를 피력하고 있다.

"藏茶法 將便灰放瓶底 而無人智心得來"는『고금비원』의 내용으로 日曬茶와 焙茶, 즉 덖음차에 관한 내용으로 보인다. 도륭은『고반여사』에서 차의 잘 마른 상태는 손가락으로 집어 비틀었을 때 곧 가루가 되는 것이라고 하였다. 잘 말려서 간수하였던 차는 夏至 사흘 뒤에 다시 한 차례 불에 쬐어 말리며, 秋分 사흘 뒤에 또다시 불에 쬐어 말리고, 冬至 사흘 뒤에 또 불에 쬐어 말리는데, 산속에서 말린 것까지 모두 다섯 번 말린다고 하였다. 이렇게 하면 햇차로 바꿀 때까지 빛깔과 맛이 한결같다고 하였다. 이렇게 여러 번 불에 쬐어 말려야 했던 것은 당시의 포장 등 저장방법의 한계라고 생각된다.

허차서는『다소』에서 차는 습기를 두려워하고 건조한 것을 좋아하며, 차가운 것을 두려워하고 따뜻한 곳을 좋아하며, 찌는 듯이 무덥고 답답한 것을 꺼리고, 맑고 서늘한 곳을 좋아한다고 하였다. 그래서 차는 板房에 보관하는데 저장하는 곳은 때때로 잿불을 받아서 모아 두어 속에 있는 재가 항상 건조하게 해야 하며 이렇게 하는 이유는 바람과 습기를 피하기 위함이라 하였다. 그러나 불기가 직접 병에 들어가면 차는 누렇게 되니 주의해야 함도 지적하였다.

이규경은 차의 보관에서 차가 좋아하는 조건은 常溫의 건조한 환경이며, 가장 주의할 점은 습기를 피하고 다른 향을 멀리하는 것임을 강조하고 있다.

(7) 우리나라 茶

오주는 차의 역사와 우리나라 차에 대해『동국통감』·『계원필경』 ‘사탐청료전장’·『계림유사』‘방언’ 등을 인용하면서 다음과 같이 자신의 견해를 밝혔다.

> 황차는 매번 우리나라에 많이 유입되는데 일용으로 많이 마신다. 그러나 오직 사대부 집안이나 부호들이 쓰는 것이어서 중원지방에서 항상 쓰는 것과는 다르다.
> 우리나라는 차를 즐겨 마시지는 않았으나 알고는 있었고, 우리나라 사람이 차를 마시기 시작한 것은 신라시대부터이다.『동국통감』에 신라 흥덕왕 삼년 무신년은 당 문종, 태화 이년이다. 대렴을 당에 보내어 차씨를 얻어와 왕명에 의해 지리산에 심었다. 최고운(857~?)이 쓴『계원필경』‘사탐청료전장’에 지금 본국의 사신이 탄 배가 바다를 지나가기로 某는 차와 약을 사서 書信과 함께 보내고자 하는데 등등…, 이 기록은 족히 증거 할 만 한 것이다.
> 송의 손목이 쓴『계림유사』‘방언’에 보면 고려 사람들은 ‘茶를 茶’라 불렀고 고려 사람들 역시 차를 마셨다. 지금 차 중에서 이름난 것은 영남 죽전에서 나는데 죽로차라 한다. 밀양의 아후산 기슭에서 차가 나는데 밀성차라고 하며, 강진현에는 만불사 차가 나온다. 정약용이 유배되었을 때 차 만드는 법을 가르쳤는바, 찌고 말리고 團을 지어 작은 떡 모양으로 만들어 이름을 만불차라고 하였다. 그리고 다른 것은 들은 바가 없다. 우리나라 사람들이 차를 마신 것은 체한 음식을 삭이어 내려가게 하기 위함이다. …중략… 우리나라 사람들이 중국에서 종자를 가져와 법대로 심어 기른다면 수요를 충당할 터인데 아무도 그러한 지혜를 지닌 자가 없다.[104]

---

104)「而黃茶每多流入我東 爲日用所飮 然惟在士大夫家及富豪者所用 而不如中原之以爲恒用也 東之無癖於茶 又可知也 然東人飮茶 亦自新羅爲始『東國通鑑』新羅興德王三年戊申 卽唐文宗太和二年也 遣大廉如唐 得茶子來 王命植于智異山 崔孤雲『桂苑筆耕』‘謝探請料錢狀’ 今有本國使船過海 某欲買茶藥 寄附家信云云 則足可爲證者 宋 孫穆『雞林類事』‘方言’ 高麗人稱茶曰茶 則高麗人

여기에서 기록하고 있는 "『東國通鑑』新羅興德王三年戊申 卽唐 文宗太和二年也 遣大廉如唐 得茶子來 王命植于智異山"은『동국통 감』에서는 "新羅記, 興德王 三年, 冬十二月 遣大廉如唐帝召干麟德 殿 宴賜有差 大廉得茶子來 王命植智異山"로 기록하고 있다.

① 차의 역사

우리나라에 전래되고 있는 차종자의 전파경로에 대한 설은 크게 세 가지이다.

첫째는 차나무가 오래 전부터 우리나라에 자생하고 있었다는 자생 설이다. 예로부터 지리산에는 야생 차나무가 두루 분포되어 있고 화엄 사와 쌍계사를 중심으로 차와 관련된 많은 전설과 기록이 남아있다.

둘째로는 인도로 부터의 전래설이다. 이능화(1869~1943)는『조 선불교통사』에서 "김해의 백월산에는 죽로차가 있다. 세상에서는 수로왕비인 허씨가 인도에서 가져온 차씨라고 전한다."[105] 라고 기 록하고 있다. 그러나 이 기록은 근래에 김병모를 위시한 학자들의 노력으로 인도의 아유타[아요디아]에서 허왕후가 중국 사천의 普 州를 거쳐 가락으로 입국한 경로를 증명함으로서 오류가 있음이 밝혀졌다.

수로왕릉에 대한 기록 모음 책인『崇善殿誌』에 보면 현재 김수로 왕 무덤 앞의 陵碑는 인조 25년(1647)에 세웠다고 기록하고 있다.

亦飲茶矣 今茶之爲名者 出於嶺南竹田 名以竹露茶 出於密陽府衙後山麓産茶 名密城茶 嶠南康津縣 有萬佛寺出茶 丁茶山鏞 謫居時 敎以蒸焙爲團作小餅子 名萬佛茶而已 他無所聞 東人之飲茶 欲消滯也…中略…我人取種於中國 如法 種植 則亦可需用 而無人智心得來」, 李圭景,『五洲衍文長箋散稿』, 卷五十六, 「茶茶辨證說」

105)「金海白月山有竹露茶 世傳首露王妃許氏 自印度持來之茶種云」, 李能和,『朝鮮佛 敎通史』下篇, 慶熙出版社 影印, 1968, 461쪽.

碑에는 '駕洛國首露王妃普州太后許氏陵'이라고 쓰여져 있다. 허황옥의 고향은 아유타국으로 아유타국은 옛날 갠지스강 유역의 도시국가로 본 이름은 '아요디아'이다. 인구 10만의 작은 도시 아요디아는 갠지스강 중류에 자리 잡고 있으며 코살국의 수도였다. 서기전 186년 숭가 왕조가 수도를 아요디아로 정하면서 아요디아는 정치·경제·문화의 중심지로 부상하였다. 그러나 그 후 중국에서 일어났던 漢나라와 흉노의 대립이 인도의 아요디아에까지 영향을 주었으며, 그 결과 아요디아에 살던 상층 계급들은 쿠샨세력에 밀려 내려온 후 쿠샨의 침입경로인 서쪽과 북쪽의 반대쪽으로 피신했다. 기록에 의하면 중국 운남지방 大理國에 서기전 3세기 인도 마우리아 왕조의 아소카 대왕이 자기 아들을 대리국왕으로 임명했다고 하는데 그곳에 그들의 종족들이 살고 있었다.

허황옥의 이동 추정 경로(<그림 1>)와 中國 四川省 普州의 위치(<그림 2>)를 살펴보자.[106]

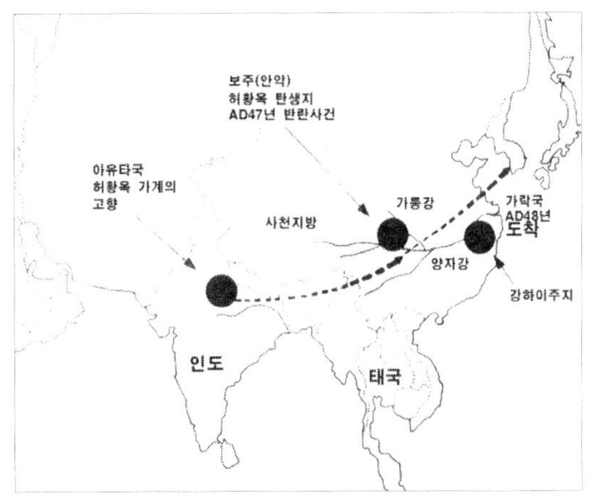

<그림 1> 許黃玉의 移動 추정 경로

---

106) 김병모, 『김수로왕비의 혼인길』, 푸른숲, 1999, 264쪽; 269쪽.

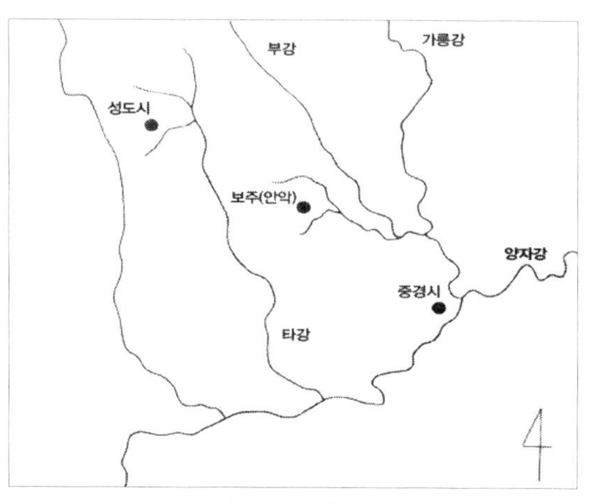

<그림2> 中國 四川省 普州의 위치

    김병모의 관점에 의하면 허황옥은 서기 32년에 태어났다. 서기전 165년 쯤 허황옥의 6대 또는 7대 선조들이 고향인 아요디아, 즉 아유타국을 떠났다. 그리고 이들이 사라유강을 따라 하류로 흘러내려 갔다면 갠지스강 본류를 만났을 것이다. 갠지스강은 동류하여 벵골만으로 들어가는데 동 벵골에 이르면 아삼지방에서 서남쪽으로 흘러온 Jamuna강과 만난다. 이 강의 상류는 중국 서남부인 운남성에서 내려오는 물이다. 2천 년 전 아요디아를 떠난 허황옥의 조상들도 이 강을 따라 배를 타고 벵골 지방을 거쳐 아삼 지방을 통과해서 당시의 大理國인 현재의 운남성으로 갔을 것으로 보았다.

    허황옥이 혼인하기 1년 전인 서기 47년에 촉 땅에서는 토착민족이 한나라 정부에 대항하여 전쟁을 일으킨 사건이 있었고 반란은 漢軍에 의하여 진압되었다. 이때 7천 명이나 되는 반란의 주동자들이 모두 체포되어 江夏지방(지금의 武昌)으로 강제 이주되었다. 촉 땅의 보주에 살고 있던 사람들도 이 봉기에 연루되었고, 무창 지방으로 옮겨간 사람들 중에 허씨를 가진 사람들이 있었다. 허황옥은 반란에 실패 했을 때 강제 이주 당한 지도자급 家系의 한 여인이었고, 정착했던 무창 지방을 거쳐 양자강을 따라 상해 지방인 명주(지금의 寧波)로 간 다음 바다를 건너 김해의 가락국에 도착했던 것이다. 허황옥은 촉 땅, 즉 보주를 떠나 1년만인 서기 48년에 가락국에 도착한 것이다.[107]

왕비의 능비에 새겨진 '보주태후'는 보주 출신인 허황옥이 가락국 왕비로 살다가 죽자, 고향의 이름을 따서 시호를 보주태후라고 붙인 것이다. 오늘날 안악현 내의 民主鄕에는 약 천 명 가량의 허씨들만 모여 사는 집성촌이 있다. 여기서 흥미로운 사실은 허황옥이 거주하였던 사천성 지역이 차의 원산지라는 점이다.

인도는 중국과 함께 차의 원산지로 알려져 있다. 그러나 1823년 로버트 브루스가 인도 아삼 지방에서 자생 차나무를 발견했고 10여 년 후 차 재배가 시작되었다는 기록은 있으나, 48년 당시 차를 마셨다는 기록이 없다. 이러한 내용들을 볼 때 차가 인도로부터의 전래되었다는 설은 중국으로 부터 전래되었다는 설의 한 부분으로 귀속되어야 할 것이다.

셋째는 중국으로 부터의 전래설이다. 신라시대에 대렴이 중국에서 차씨를 가지고 왔음을 기록하고 있는 문헌은 『三國史記』·『東國通鑑』·『東國輿地勝覽』·『新增東國輿地勝覽』·『芝峰類說』 등으로 그 내용을 살펴보면 다음과 같다.

『三國史記』에는 "흥덕왕 3년 겨울 12월 사신을 唐나라에 보내어 朝貢하니 唐 文宗(826~839년)은 인덕전에 불러서 보고 등급을 가려 잔치를 베풀었다. 당나라에 갔던 사신 大廉이 차종자를 가지고 돌아오니 興德王은 地理山에 심게 하였다. 차가 선덕여왕 때부터 있기는

---

107) 김병모, 『김수로왕비의 혼인길』, 푸른숲, 1999, 259~287쪽.

했으나 이에 이르러 성행하였다."108)고 기록하였다. 왕명에 의해 지리산에 심었다는 것은 지리산 지역이 차가 잘 자랄 수 있는 適地임을 알았다는 것으로, 이미 지리산에는 차나무가 자라고 있었다고 추측할 수 있다.

徐居正(1420~1488)은 『東國通鑑』에서 "「신라기」 흥덕왕 3년 겨울 12월 大廉을 당나라에 보내니 임금이 인덕전에 불러서 등급을 가려 잔치를 베풀었다. 大廉이 차종자를 얻어오니 왕이 智異山에 심도록 명하였다."109)고 하였다.

이 기록은 삼국사기의 내용을 간추린 것으로 地理山을 智異山으로 기록했다. 그리고 당나라에 보낸 사신이름을 대렴으로 하고 차종자를 가지고 돌아온 사신 이름도 대렴으로 하여 강조하였다.

盧思愼(1427~1498) 등이 撰한 『동국여지승람』 진주목 토산조 차에는 "신라 흥덕왕 때 당나라에 들어갔다가 돌아 온 사신인 大廉이 차종자를 가지고 와 智異山에 심었다. 성덕왕(또는 신덕왕)때에 이르러 비로소 성행하였다."110)고 기록하고 있다. 이 기록에서는 대렴이 차종자를 가져와 지리산에 심었다고 하였으나, 차가 선덕여왕 때부터 있었다는 말이 빠져 있고 聖德王(?~737, 재위 702~737) 또는 神德王(?~917, 재위 912~917) 때 성행했다고 하였다. 이 기록은 선덕왕에 대한 오류로 보인다.

李荇(1478~1534) 등이 『동국여지승람』을 증보해서 만든 『신증동국여지승람』 진주목 토산조 '차'에는 "신라 흥덕왕 때에 당나라에

---

108) 「興德王 三年 冬十二月 遺使入唐朝貢 唐文宗召對干麟德殿 宴賜有差 入唐廻使 大廉持茶種子來 王使植地理山 茶自善德王時有之 至於此盛焉」, 『三國史記』

109) 「新羅記, 興德王 三年, 冬十二月 遺大廉如唐帝召干麟德殿, 宴賜有差 大廉得茶子來 王命植智異山」, 『東國通鑑』卷之十一 「新羅紀」 興德王, 291쪽.

110) 「晉州牧 土産茶 新羅興德王時 入唐回使大廉持茶種來植智異山 至聖德王[一作 神德王] 始盛焉」, 『東國與地勝覽』

들어갔다가 돌아온 사신 대렴이 차종자를 가지고 와서 智異山에 심었다. 聖德王 때에 이르러 비로소 성행하였다"[111]고 기록하였다. 또한『동국여지승람』의 내용과 마찬가지고 대렴이 차종자를 가지고 와서 지리산에 심었다고 하였는데 聖德王 또는 神德王때 성행했다는 기록은 성덕왕으로 정리되었다.

李睟光의『지봉유설』에서는 "신라 興德王 때 사신이 唐나라에서 돌아오면서 茶의 종자를 얻어 가지고 왔다. 이것을 명하여 智異山에 심게 했다. 지금 남쪽 지방 여러 고을에서 나는 차는 그때에 심은 것이라고 한다."[112]고 하였다.

『지봉유설』에서는 차종자를 가지고 돌아온 년도와 사신의 이름을 기록하지 않았으며, 인덕전에서 잔치를 베풀어 준 것과 선덕여왕 때부터 차가 있었다는 기록도 빠져있다. 다만 남방의 여러 고을에서 나는 차가 그때 심은 것이고 중국으로 부터 차가 전래되었음을 밝히고 있다.

그러나『삼국사기』에서 "차는 선덕여왕 때부터 있었다."는 기록은 주목할 만하다. 이 기록은 이미 지리산에 차나무가 자라고 있었고 대렴이 차씨를 가져오기 약 2백년 전 선덕여왕 때에도 우리 선조들이 차를 마셨음을 밝히는 근거가 된다. 여러 문헌에서 "대렴이 당나라에서 차씨를 가져왔고 이것을 왕명에 의해 지리산에 심었다."고 한 것이 단지 외교적 사실의 기록일 뿐, 이를 근거로 하여 차가 중국으로부터 전래되었다고 하는 것이 지나친 해석임을 알게 한다.

살펴본 바와 같이 여타의 기록들은『삼국사기』의 내용을 근간으

---

111) 「晉州牧 土産茶 新羅興德王時 入唐回使大廉持茶種來植智異山 至聖德王時始盛焉」,『新增東國與地勝覽』
112) 「新羅興德王時 使臣自唐還 得茶子來 命植智異山 今南方諸郡産茶 乃其時所種云」, 李睟光,『芝峰類說』, 卷十九, 食物部 '藥'

로 재인용하였으며, 차 전래설의 중심에는 수로왕비·흥덕왕·선덕왕·대렴이 있고 지역으로는 지리산이 있다. 이 기록들은 우리나라에 차가 오래 전부터 있었다는 자생설의 근거가 되기도 한다. 또한 수로왕비 허씨의 이동 경로를 통해 수로왕비가 살던 곳은 인도가 아닌 촉 땅, 즉 보주지역임을 확인함으로써 차가 인도로부터 전래되었다는 설의 오류를 확인하였다.

위의 내용을 종합해보면 우리나라에 전래되고 있는 차 종자의 전파경로에 대한 설은 크게 자생설과 중국으로부터의 전래설로 귀결지을 수 있겠다.

오주는 우리나라에서 차를 마시기 시작한 한 예로 최치원을 들고 있다. 그러나 수로왕비가 차씨를 가져온 시기를 볼 때 최치원보다 약 800년 앞선 시대에도 차는 마셔져 왔다고 보아야 할 것이다. 이는 孤雲 崔致遠(857~?)이 쓴 『桂苑筆耕集』 「사탐청료전장」에 "지금 본국[신라]의 사신이 탄 배가 바다를 지나가기로 某는 차와 약을 사서 書信과 함께 보내고자 하는데 등등…"113) 이라고 한 것에서 보듯이 신라시대에도 차 마시는 풍속이 계속되었음을 확인할 수 있다.

최치원은 6두품으로 골품제 사회인 신라에서 진골과 성골 다음가는 계급이지만 자신의 이상을 마음껏 펼칠 수 없는 한계를 극복하고자 12살에 중국으로 건너간 조기 유학생이었다. 당시 신라에는 당나라 과거에 급제하고 신라로 돌아와 자신들의 이상을 펼치고자 한 유학생들의 수가 837년 한 해 동안 216명에 이를 정도로 유학 열풍이 불고 있었다. 당시 당나라에 도착한 유학생들은 당시 정치·경제·문화의 중심지이자 외국사절과 유학생들이 몰려드는 국제도시 장안으로 향했다.114) 이들은 유학생활 중에 차와 접하는 기회가 많았

---

113) 「今有本國使船過海 某欲貿茶藥 寄附家信…」, 崔致遠, 『崔文昌候全集』

고 고향으로 가는 배편과 인편으로 차를 보냈을 것이다. 또한 이들이 귀국해서도 차생활은 이어졌을 것이다.

차는 유학생 뿐만 아니라 승려들에 의해서도 전파되었다.

AD 4세기 이후부터 14세기 말엽에 이르기까지 해동에서 입화 구법한 승속들 중 고증할 수 있는 인원은 300여명이며 수나라가 멸망한 589년부터 당나라가 망한 907년 까지 구법승은 모두 185인이며 장안으로 유학하여 법을 구한 이는 54인이었다.[115]

불교의 전래와 함께 인도와 중국으로 떠난 구법승들 중에는 유학한 후에 그곳에 정착한 경우도 있지만 대부분은 교리를 익히고 돌아와 국내에서 활동하였을 것이다. 차는 승려들의 수행과정에서 필수품으로 통한다. 이들은 귀국 후에도 차생활을 계속했을 것이며 차문화가 성행하는데 큰 역할을 하였을 것이다.

② 우리나라의 茶

황차는 매번 우리나라에 많이 유입되는데 일용으로 많이 마시지만, 오직 사대부 집안이나 부호들이 쓰는 것이어서 중원지방에서 항상 쓰는 것과는 다르다고 하였다. 우리는 이 같은 기록을 통해 우리나라에 黃茶가 많이 수입되었음을 알 수 있고, 그것을 마시는 계층은 사대부나 부호라는 사실을 알 수 있다.

『김해읍지』와 이유원의 글 '謝貞隱相公贈密陽黃茶'에서 황차의 위상을 살펴볼 수 있다.『김해읍지』에서는 "이 지방에서 제일 좋은 차는 황차인데 일명 將軍茶"라 하였고, '謝貞隱相公贈密陽黃茶'에

---

114) KBS역사스페셜,『역사스페셜』5, 효형출판, 2004, 150~153쪽.

115) 陳景富, 중국 섬서성 사회과학원,「한국승려의 長安에서의 활동」(한국불교연구원 제17회 국제학술세미나,「한국 求法僧들의 중국 내 활동에 관한 연구」, 사단법인 한국불교연구원, 2005), 113쪽.

서는 "심양 저자에서 사온 차와 사천의 차 상자가 오히려 퇴보하니
이것으로 정은[116] 늙은이가 수명을 늘이는 것을 알겠네"라고 하였
다. 밀양에서 생산되는 황차는 청량하고 맛이 좋아 서로 선물을 하
였고 이를 마시게 되면 심양과 사천의 차, 즉 중국차를 잘 찾지 않을
정도로 고품격이었음이 드러나고 있다.

백과사전류인『계림유사』「방언」[117]에 보면 고려 사람들이 "茶
를 茶"[118]라로 하였음을 기록하고 있고, 徐兢의『高麗圖經』에도 차
에 대한 기록이 다음과 같이 보인다.

> 고려의 토산차는 맛이 쓰고 떫어 입에 댈 수 없을 정도이다. (고려
> 사람들은) 중국의 蠟茶와 용봉단차[119]를 귀중하게 여긴다. 하사해
> 준 것 이외에도 상인들 역시 가져다 팔기 때문에 차 마시기를 매우
> 좋아한다.
> …중략…
> 매일 세 차례 차를 마시는데 뒤이어 또 湯을 내놓는다.[120]

이 기록을 보면 사대부 집안이나 부호들은 입에서 부드럽고 귀한

---

116) 貞隱은 조선후기의 문신인 강노(1809~1887)의 호이다.

117) 宋의 奉使高麗國信書狀官이던 孫穆이 편찬한 견문록이며 어휘집으로 고려
　　 시대의 언어연구에 귀중한 자료이다. 1103년 사신을 수행하여 고려에 온 손목
　　 은 고려의 土風・朝制 등과 함께 고려어 약 360 어휘를 채록하여 편찬했다. 현
　　 재 단행본으로는 전하지 않고 淸나라 세종 때의『古今圖書集成』, 조선 정조 때
　　 한치윤이 지은『海東歷史』등에 실려 전한다.

118)「茶曰茶」, 孫穆,『雞林類事』「方言」, 民國板說郛 所載(原本影印 漢陽大學校附
　　 設 國學硏究院, 1974), 33쪽.

119) 중국 복건성 建州에서 생산되는 차로 蠟面茶로 불린다. 五代이후 발전한 납차
　　 는 차 잎을 갈아서 향료와 섞어 틀에 넣어 찍어낸 차이다. 납차는 12등급으로
　　 나누는데 그중 龍茶와 鳳茶가 최상품이다.

120)「土産茶味苦澀 不可入口 惟貴中國臘茶 幷龍鳳賜團 自錫賚之外 商賈亦通販
　　 故邇來頗喜飮茶…中略…日嘗三供茶 而繼之以湯」, 서긍, 조동원 외4 공역,『고
　　 려도경』, 황소자리, 2005, 383~385쪽.

중국의 차를 다양한 경로로 구해 마셨음을 알 수 있다. 또한 사신을 접대하는 다례에서는 우리나라 토산차를 사용하였음을 알 수 있다. 송나라 때의 납차는 膏를 짜내고 향료를 섞어 만들기 때문에 떫거나 쓰지 않다. 그러므로 송나라 사신들이 우리의 토산차를 마셨을 때 떫은맛을 강하게 느끼는 것은 당연하다.

오주는 당시의 차 생산지로 경상도와 전라도 일부지역을 언급하였다. 그 이름으로 경상도에는 죽로차와 밀성[121]차, 전라도 지역에는 만불차가 있으며, 우리나라 사람들이 차를 마신 것은 체한 음식을 삭이어 내려가게 하기 위함이라고 하였다.

또한 오주는 우리나라가 차 재배의 적지이므로 종자를 심으면 잘 자랄 수 있는데, 관리나 백성들 그 누구도 차를 증산할 수 있는 방법을 연구하지 않는 것에 대해 안타까워하면서 다음과 같이 토로하고 있다.

우리나라 사람들이 중국에서 종자를 가져와 법대로 심어 기른다면
수요를 충당할 터인데 아무도 그러한 지혜를 지닌 자가 없다.[122]

초의도 『동다송』에서 『다경』을 인용하면서 우리나라의 토양과 생육환경이 차나무 재배의 적지임을 지적하고 있다.

『다경』에 이르기를 '차는 난석 가운데서 자란 것을 上, 자갈 섞인
흙에서 자란 것이 다음, 또 이르기를 골짜기에서 자란 것을 上으로
친다.'고 하였으며 화개동 차밭은 모두 골짜기이며 난석이다.[123]

---

121) 『신증동국여지승람』 제 26권, 경상도 밀양도호부.

122) 「我人取種於中國 如法種植 則亦可需用 而無人智心得來」, 李圭景, 『五洲衍文長
箋散稿』, 卷五十六, 「茶茶辨證說」

123) 「茶經云 生爛石中者爲上 礫壤者次之 又曰 谷中者爲上 花開洞茶田 皆谷中兼爛

동시대를 살았던 오주와 초의는 우리나라의 토양·기후·입지조건이 차나무 재배의 적지임을 알았다. 화개동 차밭은 모두 골짜기이며 난석으로 토양과 생육환경이 좋은데 우리나라 사람들이 식물학적 이해가 없어 제대로 심지 않아 수요에 미치지 못했음을 알 수 있다.

(8) 차나무의 栽培

차나무의 栽培에서는 차나무의 모양·차나무 재배에 적당한 토양·차나무 싹의 우열·채엽 시기·찻잎 골라 따기 등을 서술하였고, 차나무의 속성으로 파종방법과 시기·거름·수확시기·차나무 심는 거리를 다음과 같이 밝혔다.

차나무를 심는 방법을 몰라서는 안 된다.『만보전서』에서 차 심기는 2월 사이에 심고 구덩이마다 차씨를 수십 알 씩 묻는다. 자라기를 기다려 옮겨 심고 항상 거름물을 뿌려 준다. 삼년이면 찻잎을 딸 수 있다. 團黃茶에는 일기이창의 이름이 있는데 한 잎에 두 싹이 달린 것을 말한다. 일찍 딴 것을 茶라 하고, 늦게 딴 것을 茆라고 한다. 곡우 전후에 거둔 것이 좋은데 거칠거나 고운 것도 모두 쓸 수가 있다. 다만 딸 때는 날씨가 개이고 맑으며, 덖어서 불에 쬐어 말리는 것이 알맞고, 법도대로 담아서 저장하여야 된다. …중략…
『고금비원』에서 차나무의 속성은 물을 싫어하므로 비스듬한 언덕 음지의 물이 잘 빠지는 곳에 겨와 불에 탄 검은 흙을 함께 써서 심는다고 했다. 한 구덩이 마다 육칠십 알 정도를 써도 되며 흙을 한 치 정도 덮어준다. 싹이 날 때 김을 매줄 필요는 없다. 가물 때에는 米泔水를 부어주고 늘 소변과 거름물을 쓴다. 혹 모래에 막혀 고인 물이 뿌리에 침투하면 반드시 죽으며 3년 후에 딸 수 있다. 차를 심는 거리는 두 자에 한 떨기이다. …중략… 우리나라 사람들이 중국에

石矣」, 草衣,『東茶頌』

서 종자를 가져와 법대로 심어 기른다면 수요를 충당할 터인데 아
무도 그러한 지혜를 지닌 자가 없다.[124)]

이규경은 차나무의 속성에 대해서『다경』一之源에서 기록하고
있는 차나무의 재배에 관한 내용을 바탕으로 하고 있다.
차나무의 재배에 관해서 본 장에서는 간략하게 살펴보고『종다의
이청양변증설』에서 좀 더 자세히 고찰하기로 한다.

① 차나무의 속성

『만보전서』를 인용한 부분은 원전에서 그 내용을 찾을 수 없었다.
"茶有一旗二槍之號 …中略… 天色暗明 炒焙適中 盛貯如法"까지
는 전춘년의『제다신보』에 보인다. 그러나 "茶有一旗二槍之號"는
"團黃有一旗二槍之號"로 "天色暗明"은 "天色清明"으로 기록하고
있다.
『고금비원』을 인용한 "茶性惡水 宜斜陂陰地中走水處 …中略…
凡種茶 相離二尺一叢"은 馮應京의『月令廣義』[125)]와 왕상진의『군
방보』[126)]에서 동일한 내용이 보인다. "宜斜陂陰地中走水處"는 "宜

---

124) 「其種植之方 亦不可不知也『萬寶全書』二月間種 每坑下子數十粒 待長移栽 常
　　以糞水灌之 三年可採 茶有一旗二槍之號 言一葉二芽也 凡早採爲茶 晚爲荈 穀
　　雨前後收者爲佳 粗細皆可 惟在採摘之時 天色暗明 炒焙適中 盛貯如法…中
　　略…『古今秘苑』茶性惡水 宜斜陂陰 地中走水處 用糠與焦土種之 每一圈 可用
　　六七十粒 覆土厚一寸 出時不要耘草 旱以米泔水澆之 常以小便糞水或砂甕之
　　水浸根必死 三年後可採 凡種茶 相離二尺一叢…中略…我人取種於中國 如法
　　種植 則亦可需用 而無人智心得來」, 李圭景,『五洲衍文長箋散稿』, 卷五十
　　六,「荼茶辨證說」

125) 「茶性惡水 宜肥地斜坡 陰地走水處 用糠與焦土種之 每一圈 可用六七十粒 覆土
　　厚一寸 出時勿耘草 旱以米泔水澆 常以小便糞水或蠶沙甕之 水浸根必死 三年
　　後可採茶 凡種 相 離二尺一叢」, 馮應京,『月令廣義』‘種茶’ (陳祖槼 · 朱自振 編,
　　『中國茶葉歷史資料選輯』, 弘益齋, 1995), 388쪽.

126) 「茶性惡水 宜肥地斜陂 陰地走水處 用糠與焦土種之 每一圈 可用六七十粒 覆土

肥地斜陂陰地走水處"로 "出時不要耘草"는 "出時勿耘草"로, "旱以
米泔水澆之 常以小便糞水或砂壅之"는 "旱以米泔水澆 常以小便糞
水或蚕砂壅之"로, "三年後可採 凡種茶"은 "三年後可採茶 凡種"으
로 상이한 점이 보인다.

　오주 이규경은 차나무를 심는 방법을 잘 알아야 한다고 강조하면
서 "『만보전서』에서 차 심기는 2월 사이에 심고 구덩이마다 차씨를
수십 알 씩 묻는다. 자라기를 기다려 옮겨 심고 항상 거름물을 뿌려
준다."고 하였다. 그러나 이러한 내용은『만보전서』에 없을 뿐만 아
니라 "자라기를 기다려 옮겨 심는다."는 내용은 차나무의 속성과는
거리가 멀다.

　『다경』에는 다음과 같이 차나무 재배의 어려움을 지적하고 있다.

> 대개 차라는 것은 심어도 잘 자라지 않고 옮겨 심어도 무성해지지
> 않는다. 심는 법은 오이 심는 것과 같으며 3년쯤 되면 찻잎을 딸 수
> 있다.[127]

'種茶'에 관한 내용은 한악의 『사시찬요』에 보이는데, 거의 동일
한 내용을 왕정의 『농서』에서는 『사시류요』로 기록하고 있다. 또한
이후의 『농상촬요』·『다능비사』에서도 '種茶'에 관한 내용이 나타
난다. 그러나 어느 기록에도 "자라기를 기다려 옮겨 심는다"는 내용
은 보이지 않을 뿐 아니라, 싹이 날 때 김을 매주는 것까지도 금하고
있다. 이러한 내용은 陳繼儒의 『農圃六書』에서도 확인할 수 있다.

厚一寸 出時勿耘草 旱以米泔水澆 常以小便糞水或蚕砂壅之 水浸根必死 三年
後可採茶 凡種 相 離二尺一叢」, 王象晉, 『群芳譜』, 種植 (陳祖槼·朱自振 編,
『中國茶葉歷史資料選輯』, 弘益齋, 1995), 396쪽.

127)「凡藝而不實 植而罕茂 法如種瓜 三年可採」, 陸羽, 『茶經』一之源

2월에 씨를 뿌리는데 매 구덩이마다 여러 알을 심는다. 흙을 한치
두께로 덮고 분뇨를 주거나 누에똥을 뿌려 북돋아 준다. 다만 싹이
나서 다 자라면 옮겨심기 불가하다.[128]

『고금비원』을 인용해서 차의 속성과 파종방법과 거름을 하는 방
법 등을 기록하였는데, 이와 같은 내용은『月令廣義』‘種茶’·『군
방보』‘種植’·「종다의이청양변증설」에서도 동일하게 기록하고
있다.

차나무는 물을 싫어하는 속성을 가지기 때문에 언덕의 음지쪽에
물이 잘 빠지는 곳을 적지라 하였다. 파종방법으로는 한 구덩이에
육 칠십알 정도를 넣고 한 치 정도의 흙은 덮어준다고 하였다.

이를 볼 때 당시에 차나무의 번식방법은 종자 파종 방법임을 알
수 있다. 싹이 날 때 김을 매줄 필요가 없다고 하였는데, 이것은 차나
무가 직근성이므로 김을 매줄 경우 뿌리가 흔들려 나무가 안정적으
로 자리 잡는데 불리하기 때문이다. 또한 모래에 막혀 고인 물이 뿌
리에 침투하면 반드시 죽는다는 것은 거의 모든 나무들에게도 적용
되는 것으로 차나무가 자라기 좋은 토양은 물 빠짐이 좋아야 한다.

심는 거리가 두자인 것은 차밭은 한번 조성하면 30~40년 간 개식
하지 않기 때문이며, 차나무는 연리지 식물로 옆으로 퍼져 나가게
되므로 적당한 거리를 두고 파종하는 것이 필요하다.

---

128) 「茶 宜斜坡走水處 二月下種 每坎數粒 蓋土一寸 糞水常澆 或蚕沙壅之 但可種
成 不可移栽」, 陳繼儒, 『農圃六書』(陳祖槼·朱自振 編, 『中國茶葉歷史資料選輯』,
弘益齋, 1995), 409쪽.

②『다경』에 기록된 차의 재배

『다경』一之源에는 차나무 재배에 적당한 토양, 종자를 파종하는 방법, 찻잎을 따는 시기 등에 대해 기록하고 있다.

차가 자라는 땅으로 제일 좋은 곳은 爛石이고, 중간은 礫壤이며, 하품은 黃土밭에서 자란 것이다. 무릇 차라는 것은 (황토밭에서는) 심어도 잘 자라지 않고 가꾸어도 잘 무성해지지 않는다. 씨앗을 심는 법은 오이 심는 것과 같으며 3년 쯤 되면 딸 수 있다. 차는 야생종이 상품이요, 밭에 가꾸어 나는 것이 그 다음이다. 양지쪽의 벼랑이나 그늘진 숲에서 나는 차가 좋다. 잎의 색깔이 자줏빛 나는 것이 상품이고 초록빛 나는 것은 다음이다. 筍이 으뜸, 芽가 그 다음이다. 둥글게 말린 것이 상품이고 넓게 퍼진 것은 그 다음이다. 그늘진 산이나 비탈진 계곡에서 나는 것은 채취하지 않는다. 이런 곳에서 나는 차는 그 성질이 엉기고 막히어 몸에 병을 일으킨다.[129]

차가 자라기 좋은 땅의 순위는 첫째가 돌이 문드러져서 생긴 자갈밭이고, 둘째는 조약돌이 섞인 흙밭, 세번째는 황토밭이다. 차나무가 황토밭에서는 심어도 잘 자라지 않는데 이것은 배수가 되지 않기 때문이다. 차나무가 자라기에 좋은 토양은 pH 4.5~5.5 정도의 약산성 토양으로 수성암이나 석회암 등의 풍화작용에 인해 돌이 문드러져서 생긴 자갈밭으로, 이러한 토양은 배수가 잘 되면서도 保水力이 강하고 表土가 깊어 차나무가 잘 자랄 수 있다. 차씨를 심는 법은 오이 심는 것과 같이 하는데 3년 쯤 되면 따기 시작한다. 차는 야생종을 가장 좋은 것이라 하고 밭에서 재배한 것은 그 다음으로 쳤다. 양지쪽의 벼랑이나 그늘진 숲에서 나는 차가 좋고 그늘진 산이나 비탈

---

129) 「基地上者生爛石 中者生礫壤 下者生黃土 凡芸而不實 植而罕茂 法如種瓜 三歲可採 野者上 園者次 陽崖陰木 紫者上 綠者次 筍者上 芽者次 葉卷上 葉舒次 陰山坡谷者 不堪採綴 性凝滯 結瘕疾」, 陸羽,『茶經』一之源

진 계곡에서 나는 차는 그 성질이 엉기고 막히어 몸에 병을 일으키기 때문에 채취하지 않는다.

2) 「도다변증설」에 나타난 차의 종류

「도다변증설」에 나타난 차는 크게 한국차와 중국차로 분류할 수 있다.

한국차는 3종을 들었는데 차 중에서 이름난 것으로 竹露茶·密城茶·萬佛茶가 있다고 하였다.

중국차는 모두 19종으로 靈芽茶·北苑茶·紫筍茶·硏膏茶·臘面茶·龍鳳茶·小龍團茶·小團茶·密雲龍茶·瑞雲翔龍茶·白茶·龍園勝雪은 熊蕃『宣和北苑貢茶錄』에 나타난다. 虎丘茶는 南越의 陳鑑이 쓴『虎丘茶經注補』에 기록되어 있는데 근세의 차를 품평하며 龍井과 岕片을 제일로 들었고 당시 연경에서 성행하는 차품으로 普洱茶·白毫茶·靑茶·黃茶가 있음을 밝혔다.

「도다변증설」에 나타난 한국차와 중국차를 구체적으로 살펴보면 다음과 같다.(<표6>)

<표 6> 「도다변증설」에 나타난 茶의 종류

* 는 우리나라 사람

구분	출 처	茶 名
한국차	海海東竹(崔永年 *)·『林下筆記』(李裕元 *)	竹露茶
	嘉梧藁略(李裕元 *)	密城茶
	茶信契節目(丁若鏞 *)	萬佛茶

구분	출처		茶 名
중국차	宣和北苑貢茶錄(熊蕃)·品茶要錄(黃儒)· 書答開天行齊禪師寄茶走筆(李穡 *)		靈芽茶
	宣和北苑貢茶錄(熊蕃)·東溪試茶錄(宋子安)· 北苑別錄(趙汝礪)		北苑茶
	宣和北苑貢茶錄(熊蕃)·茶經(陸羽)·茶譜(毛文錫)· 製茶新譜(錢椿年)·茶疏(許次紓)· 茶偈 '山居'(圓鑑國師 *)·東茶頌(草衣 *)		紫筍茶
	宣和北苑貢茶錄(熊蕃)·畫墁錄(張舜民)·茶譜(毛文錫)		硏膏茶
	宣和北苑貢茶錄(熊蕃)·演繁路 續集 권5(程大昌)· 宣和奉使高麗圖經(徐兢)		臘面茶
	宣和北苑貢茶錄(熊蕃)·宣和奉使高麗圖經(徐兢)· 歸田錄(歐陽修)		龍鳳茶
	宣和北苑貢茶錄(熊蕃)·北苑造茶詩(蔡襄)· 春寒次大虛韻(許琛 *)		小龍團茶
	宣和北苑貢茶錄(熊蕃)·龍茶錄後序(歐陽修)		小團茶
	宣和北苑貢茶錄(熊蕃)·淸波雜志(周輝)·鐵圍山叢談(蔡條)· 益齋亂稿(李齊賢 *)		密雲龍茶
	宣和北苑貢茶錄(熊蕃)		瑞雲翔龍茶
	宣和北苑貢茶錄(熊蕃)·大觀茶論(趙佶)·北苑拾遺(劉異)· 東溪試茶錄(宋子安)·薊山紀程(李海應 *)		白茶
	宣和北苑貢茶錄(熊蕃)		龍園勝雪
	考槃餘事(屠隆)·茶疏(許次紓)·農圃六書(陳繼儒)· 虎丘茶經注補(陳鑑)		虎丘茶
	근세의 차	證俗文(郝懿行)·考槃餘事(屠隆)· 茶疏(許次紓)·薊山紀程(李海應 *)	龍井茶
		證俗文(郝懿行)·考槃餘事(屠隆)· 茶疏(許次紓)	岕片茶
	당시 연경에서 유행하던 차	本草綱目拾遺(趙學敏)· 湛軒書(洪大容 *)·燕行紀(徐浩修 *)· 燕轅直指(金景善 *)·薊山紀程(李海應 *)· 海居齋詩鈔(洪顯周 *)·燕行歌(洪淳學 *)	普洱茶
		大觀茶論(趙佶)	白毫茶
		薊山紀程(李海應 *)·湛軒書(洪大容 *)· 燕轅直指(金景善 *)	靑茶
		龜山集(楊時)·燕轅直指(金景善 *)· 燕行歌(洪淳學 *)·薊山紀程(李海應 *)· 林下筆記(李裕元 *)·松南雜識(趙在三 *)	黃茶

(1) 한국차

한국차의 종류는 竹露茶·密城茶·萬佛茶가 있다고 하였으며, 그 내용은 다음과 같이 소개되고 있다.

> 지금 차중에 이름난 것은 영남 죽전에서 나는데 이름이 죽로차이며 밀양의 아후산 기슭에서 생산되는 차는 밀성차라고 한다. 강진현에는 만불사가 있는데 차가 나온다. … 130)

① 竹露茶

죽로차 산지는 장성의 죽로산 이외에도 김해의 백월산, 밀양의 衙后山, 구례 화엄사의 長竹田, 곡성 등지가 유명하며 대밭에서 나는 차를 말한다. 崔永年(1856~1935)의 『海東竹枝』에서 다음과 같이 보인다.

> 죽로차는 장성군의 죽로산에서 나며, 맛은 담박하고 향기가 맑아 가히 詩品에 견줄 만하다. 조선에서 생산된 황매향편 이후에 제 일 품으로 삼는다.
>
> 죽로산 사람 김건중은
> 벗들에게 차 보내며 시통을 찾네
> 맛은 능히 준영이요, 기운은 맑고도 시원하니
> 봉주 용단차의 영화로움 옛 일이라네131)

---

130) 「今茶之爲名者 出於嶺南竹田 名以竹露茶 出於密陽府衙後山麓産 茶名密城茶 嶠南 康津縣有萬佛寺出茶」, 李圭景,『五洲衍文長箋散稿』, 卷五十六, 「茶茶辨證說」

131) 「竹露茶 出於長城郡之竹露山 味淡香淸可供詩品 朝鮮所産黃梅香片以後爲第一品 ‘竹露山人金建中 眖茶幾處覓詩筒 味能雋永氣瀟洒 鳳味龍團盡下風’」, 崔永年,『海東竹枝』, 中篇, ‘飮食名物’ ‘竹露茶’, 23~24쪽.

嘉梧 李裕元(1814~1888)의『林下筆記』권32에 에는 죽전차가 보이는데 이는 대나무밭에서 나는 차로 볼 수 있으며 곡우 전에 딴 우전차이면서 대나무 차밭에서 나는 죽로차임을 추측해 볼 수 있다.

강진 보림사의 竹田茶는 열수 정약용이 得해 절의 승려에게 아홉 번 찌고 아홉 번 말리는 방법을 가르쳐 주었다. 그 품질은 보이차에 아래하지 않으며 穀雨 전에 딴 것이 더욱 귀하게 여긴다. 이는 雨前茶로도 부를 수 있다.[132]

오주 이규경은 「도다변증설」에서 근세의 차품평에서 당시에 보이차가 제일이라고 하였으나 『林下筆記』 '湖南四種'에서 그 품질이 보이차보다 아래가 아니라고 하였다. 이것은 호남에서 나는 우전차인 죽전차가 중국 보이차보다 비슷하거나 더 나은 上品이라는 의미로 볼 수 있으며 우리 차의 우수성을 나타내는 대목이다.

② 密城茶

밀성차란 밀성 곧 밀양의 아후산 기슭에서 나는 차 이름이라고 하였다.

이유원의 글 '謝貞隱相公贈密陽黃茶'에 밀양 황차에 관한 내용이 있다.

정은상공이 밀양 황차를 준 것에 감사함

<其一>

---

132) 「康津普林寺竹田茶 丁洌水若鏞得之 敎寺僧以九蒸九曝之法 其品不下普洱茶 而 穀雨前所採尤貴 謂之以雨前茶可也」, 李裕元, 『林下筆記』(안정·김동주 역, 국역 『林下筆記』 권32, 「湖南四種」, 민족문화추진회, 2000), 21쪽.

그윽한 대나무의 창 그늘 내 돌아오기 기다리고
洛城의 봄 꿈은 희미해진다
어떻게 한 잎 청량한 맛을 오게 해
흉금을 씻고 어제까지의 생각이 틀렸음을 알게 할까

<其二>
키 작은 아이가 분주히 이름난 샘을 길으니
세로 다관 가로 솥 앞뒤로 섞이고
심양 저자에서 사온 차와 사천의 차 상자가 오히려 퇴보하니
이것으로 정은 늙은이가 수명을 늘이는 것을 알겠네[133]

밀양의 황차를 선물 받고 다동이 떠온 좋은 물에 우려 마시면서
그 청량한 우리 차맛에 취해 隱居하는 선비의 모습을 느낄 수 있다.
『동국여지승람』의 밀양도호부 토산조에 밀양에 차가 난다고 하였
음과 일치되는 내용이다.

③ 萬佛茶

'嶠南 康津縣有萬佛寺出茶'라 하였는데 '嶠南'은 鳥嶺의 남쪽, 곧
경상도 지방을 이르는 말이다. 강진현은 경상도 지역이 아닌 전라도
지역에 위치하므로 '嶠南 康津縣'은 '湖南 康津縣'의 오류로 보인
다. '萬佛寺'의 기록 또한 조선후기에는 만덕사로 불리어졌던 다산
초당 능선 너머 만덕산에 위치한 백련사를 만불사라 한 것으로 추측
된다. 「도다변증설」에서는 강진현 만불사에서 나는 차를 만불차라
고 하였다.

---

133) 「其一 幽竹窓陰待我歸 洛城春夢轉依微 何來一葉淸凉味 滌了胸襟悟昨非/ 其二
　　短童奔走汲名泉 堅罐橫鐺錯後前 瀋肆川箱猶退步 從知貞老以延年」, 李裕元,
　　『嘉梧藁略』冊5, 謝貞隱相公贈密陽黃茶, 183쪽.

정약용이 유배되었을 때 차 만드는 법을 가르쳤는바, 찌고 말리고
단을 지어 작은 떡 모양으로 만들어 이름을 만불차라 하였다.[134]

다산 정약용의 「다신계절목」에 떡차에 관한 내용이 보인다.

곡우날 어린 차를 따서 덖어 한 근을 만들고, 입하 전에 늦차를 따서
떡차 두 근을 만든다. 이 잎차 한 근과 떡차 두 근을 詩札과 함께 부
친다.[135]

이 절목을 통하여 당시의 차 만드는 시기와 제다방법·차의 모양
을 이해 할 수 있다. 제자들이 어린잎으로는 散茶를 만들고 큰 찻잎
으로는 떡차를 만들어 스승인 다산에게 보냈음이 나타난다.

다산이 강진에서 찻잎을 쪄서 말려 작은 병차로 만드는 법을 가르
쳤는데 그 차가 만불사의 찻잎으로 만들어졌기 때문에 만불차라고
하였고, 병차 뿐 아니라 잎차를 만드는 법도 함께 가르쳤음을 알 수
있다.

(2) 중국차

「도다변증설」에 나타나 있는 중국차의 종류는 靈芽茶·北苑茶·
紫筍茶·硏膏茶·臘面茶·龍鳳茶·小龍團茶·小團茶·密雲龍茶
·瑞雲翔龍茶·白茶·龍園勝雪·虎丘茶·龍井茶·岕片茶·普洱
茶·白毫茶·靑茶·黃茶로 모두 19종이 나타나고 있다. 이들 차에
관한 내용은 다음과 같다.

---

134) 「丁茶山鏞 謫居時 敎以蒸焙爲團 作小餅子 名萬佛茶而已」, 李圭景, 『五洲衍文
長箋散稿』, 卷五十六, 「荼茶辨證說」

135) 「穀雨之日 取嫩茶 焙作一斤 立夏之前 取晩茶 作餠二斤 右葉茶一斤 餠茶二 斤
與詩札同封」, 丁若鏞, 「茶信契節目」

송나라 웅번이 지은『선화북원공다록』에는 육우의『다경』과 배문의『다술』에 모두 건안차의 품격이 정해져 있지를 않다. 해설하는 사람들은 다만 두 사람이 일찍이 민지방에 가본일이 없었기 때문이라고만 한다. 그러나 그것은 사물의 발원에는 처음부터 저절로 때가 있다는 것을 모르는 탓이다. 그 옛날 건안의 산천은 오히려 닫혀 있어서 영아차도 드러나지 않은 채 당나라 말기에 이르렀고, 그런 뒤에 나온 북원차가 으뜸으로 꼽히게 되었다. 그때 오대 전촉의 詞臣(문학 시종 대신)인 모문석이『다보』를 지었는데 여기에도 '건안에는 자순차가 있고 납면차는 복주에서 난다'고 적혀 있을 뿐이었다. 오대의 말년, 건안은 남당에 속해 있었는데 남당에서는 해마다 여러 고을의 백성을 거느리고 북원에서 차를 따게 하여 처음으로 연고차를 만들었고 뒤이어 납면차를 만들었다. 또 납면차 중에서 잘 만들어진 것을 경정이라 불렀다.

성군이 다스리는 조정인 개보 말년에는 남당을 항복시켰고, 태평흥국의 초년에는 용과 봉황새 무늬의 거푸집을 특별히 갖추어 놓고 북원에 사신을 보내 덩어리 차[團茶]를 만들어서 서민들이 마시는 차와 구분 지었다. 용·봉차는 이때부터 시작되었다. 대개 용·봉차 등은 모두 太宗 때에 만들어져 함평(998~1003) 초년에 이르렀고, 복건 전운사인 정위[136]가 처음으로『다록』[137]에 저술하였던 것이다.

경력(1041~1048)인종 때에 채군모를 전운사로 삼았을 때 작은 용단차를 배로 실어 진상하였는데 그것이 천자의 명에 의해 해마다 바치게 되었다. 작은 덩어리 차[小團]가 나온 다음부터 龍·鳳茶는 마침내 버금가게 되었다. 원풍연간에 왕명으로 密雲龍茶가 만들어졌는데 그 품수(등급)가 작은 덩어리차[小龍團]의 위에 들게(첨가)

---

136) 丁晉公 :『宋史』의 藝文志에 丁謂『北苑茶錄』3권이라 적혀 있고, 남송 사람인 晁公武의『群齋讀書志』에는 정위가 진종의 함평 연간(998~1003)에 복건 전운사로서 북원(건안의 동쪽 30리, 봉황산의 기슭에 있던 어용차밭)을 맡고 차공장의 수효, 제다기구의 그림 등을 적은『建安茶錄』3권을 지었다고 적혀 있다. 그러나 그의 다록은 전하지 않고 '북원에서 만든 햇차 北苑焙新茶'라는 시가 전할 뿐이다.

137)「丁晉公 漕閩 始載之於茶錄」, 熊蕃,『宣和北苑貢茶錄』(金明培 譯著,『中國의 茶道』, 明文堂, 2007), 214쪽.

되었다. 소성연간에는 (차 이름을)고쳐서 瑞雲翔龍이 되었다. 대관
초년에 금상께서 친히『茶論』二十篇을 지었다. (다론에서) 흰 차는
보통 차와는 달라서 우연히 생겨나는 것이지 인력으로 되는 것은
아니라고 하였고, 이에 흰 차가 첫째가 되었다.
…중략…
선화 경자년에 전운사인 정가간 공이 처음으로 은선수아를 만들었
다. 이것은 이미 가려낸 익은 싹을 다시 거죽을 발라내고 다만 심의
한 가닥만 남기어 (진기한 그릇에 담은 맑은 물에 담아서 밝게 윤이
나고 깨끗한 은실처럼 만드는 것으로, 이것으로 사방 한 치의 새로
운 고형차를 만들어 그 위에 꿈틀거리는 작은 용무늬를 새겼다.) 용
원승설차라고 일컬었다. 차의 오묘함은 승설에 이르러 윗자리에 오
르게 되었다. 그러나 지금도 흰 차의 次等品으로 놓여 있는 것은 휘
종께서 좋아하시기 때문이다. …중략…
호구차는 다경 속에 있는데 찾아 낸 사람이 없을 뿐이다. …중략…
근세의 차의 품평을 하면 '용정개편'을 제일로 삼는다. …중략…
보이차를 제1, 백호차를 제2, 청차는 제3, 황차 제4이다. …하략…138)

① 靈芽茶

우리나라 고려시대의 문인 이색(1328~1396)의 '개천사의 행제선

---

138)「宋 熊蕃『宣和北苑貢茶錄』陸羽『茶經』裴汶『茶述』者皆不第建品 說者但謂二
子未嘗至建 而不知物之發也固自有時 蓋昔者山川尚閟 靈芽未露 至于唐末 然
後北苑出爲之最 是時僞蜀時詞臣 毛文錫 作『茶譜』亦第言建 有紫筍而臘面 乃
産于福 五代之季 屬建南唐 歲率諸縣民 采茶北苑 初造研膏 繼造臘面 旣又製其
佳者 號曰京鋌 聖祖 開寶末下南唐 太平興國初 特置龍鳳模 遣使卽北苑 造團茶
以別庶飮 龍鳳茶蓋始于此 蓋龍鳳等茶 皆「太宗」廟所製 至咸平初「丁晉公」始
載茶錄 慶曆中「蔡君謨」將漕小龍團以進 被旨仍歲之 自小團出 而龍鳳遂爲次
矣 元豐間 有旨造密雲龍 其品又加于小龍團之上 紹聖間 改爲瑞雲翔龍 至大觀
初 今上親製『茶論』二十篇 以白茶者與常茶不同 偶然出 非人力可致 于是白茶
爲第一…中略…宣和庚子歲 鄭公可簡始創爲銀線水芽 蓋將已揀熟芽再剔去 祇
取其心一縷 號龍園勝雪 茶之妙 至勝雪極矣 然猶在白茶之次者 以上之所好
也…中略…虎丘茶自在經中 無人拈出耳…中略…以近世茶品言之 有龍井岕片
爲第一…中略…普洱茶爲第一 白毫茶爲第二 靑茶爲第三 黃茶爲第四」, 李圭
景,『五洲衍文長箋散稿』, 卷五十六,「荼茶辨證說」

사가 부친 차에 대하여 붓을 움직여 글로 써서 대신 답하다.[代書答
開天行齊禪師寄茶走筆]'에도 영아차가 나타난다.

> 동갑네 늙은이라 더욱 보고 싶고
> 영아차의 맛은 절로 참되어
> 양쪽 겨드랑이에 맑은 바람 일어나니
> 바로 고인을 찾아뵙고 싶네.[139]

『선화북원공다록』에는 黃儒의『品茶要錄』을 인용하였다.

> 웅번의 고향사람인 황유의『품다요록』에서 당시에 영아차의 풍부
> 한 것을 매우 칭찬하여 육우와 약간의 사람들에게 이것을 보여주면
> 반드시 실의하여 멍하게 얼빠진 상태가 되리라.[140]

영아차의 풍부한 맛에 대해 극찬하고 있다.

② 北苑茶

북원차의 기록은 熊蕃의『선화북원공다록』과 趙汝礪의『북원별
록』·송자안의『동계시다록』에서 찾아볼 수 있는데 다음과 같다.

> 五代말년, 건안은 남당에 속해 있었는데 해마다 여러 고을 백성을
> 거느리고 북원에서 차를 따게 하여 처음으로 연고차를 만들고 뒤이
> 어 납면차를 만들었다.[141]

---

139) 「同甲老彌親 靈芽味自眞 淸風生兩腋 直欲訪高人」, 金明培,『韓國의 茶詩鑑賞』,
　　大光文化社, 1999, 63쪽 재인용

140) 「郡人黃儒撰品茶要錄 極稱當時靈芽之富 謂使陸羽數子見之 必爽然自失」, 熊蕃,
　　『宣和北苑貢茶錄』(金明培 譯著,『中國의 茶道』, 明文堂, 2007), 216쪽.

141) 「五代之季 建屬南唐 歲率諸縣民 採茶北苑 初造硏膏 繼造臘面」, 熊蕃,『宣和北

건안의 동쪽 30리에 봉황이라는 산이 있는데 그 기슭이 바로 북원
으로 곁에는 여러 차 공장들이 잇닿았다. …중략… 오늘날의 차로
는 북원으로부터 진상되는 것이 천하에서 홀로 으뜸가는 것이라 항
간에서는 얻을 수 있는 것이 못된다.…[142]

북원에 관영·민영의 차 공장이 1,336개나 된다.[143]

여기서 북원은 송나라 때부터 황실의 御苑으로 태평흥국 時 건안
지방의 북원에서 나는 찻잎으로 만든 차를 총칭한다. 또한 관영·민
영의 차공장이 1,336개나 된다는 것은 당시 북원이 차나무 재배의
적지였으며 공차로 진상한다는 것은 북원에서 만든 차 품질의 우수
성을 짐작하게 한다.

③ 紫筍茶

자순차는 당나라 湖州 顧渚에서 산출되던 차로 陸羽가 『茶經』에
서 으뜸으로 분류한 차이다.

자주빛 나는 것이 으뜸이요, 초록빛 나는 것이 버금간다. 筍이 으뜸
이요, 芽가 버금간다.[144]

이 글에서 으뜸가는 글자만 결합하면 '紫筍'이 되며, 버금가는 글

苑貢茶錄』(金明培 譯著, 『中國의 茶道』, 明文堂, 2007), 214쪽.

142) 「建安之東三十里 有山曰鳳凰 其下直北苑 旁聯諸焙…中略…厥今茶自北苑上者
獨冠天下 非人間所可得也」, 趙汝礪, 『北苑別錄』(金明培 譯著, 『中國의 茶道』,
明文堂, 2007), 220쪽.

143) 「止云北苑墾源岭, 及總記官私諸焙千三百三十六耳」, 宋子安, 「東溪試茶錄」(阮浩
耕 외2, 『中國古代茶叶全書』, 浙江撮影出版社, 2001), 72쪽.

144) 「紫者上 綠者次 筍者上 芽者次」, 陸羽, 『茶經』, 一之源

자만 결합하면 '綠芽'가 된다.

毛文錫의 『茶譜』에 약용으로서의 자순차가 보인다.

> 건주 방산의 露芽茶와 자순차는 조각이 크고 매우 단단하여 모름지
> 기 끓는 물에 담갔다가 맷돌에 갈아야하고, 두통을 다스릴 수 있다.
> 이는 강동의 노인들이 많이 마신다.[145]

여기서 노아차와 자순차는 병차로 맷돌에 갈아서 마셨으며 약용
으로 두통을 낫게 할 수 있음을 밝히고 있다.

錢椿年의 『製茶新譜』에서는 자순차의 산지와 품평을 언급하고
있다.

> 천하에 생산되는 차가 많다. 검남에는 몽정의 석화, 호주에는 고저
> 의 자순 …중략… 이것들을 품평하여 차례를 매긴다면 석화가 가장
> 으뜸이고 자순이 버금이며…[146]

許次紓의 『茶疏』에는 다음과 같은 내용이 보인다.

> 근자에 좋아하는 것은 장흥의 나개차 인데 의심할 나위 없이 이것
> 이 곧 옛 사람들이 말하던 고저의 자순차인 것이다.[147]

---

145) 「建州方山之露芽及紫筍 片大極硬 須湯浸之 方可碾 治頭痛 江東老人多味之」,
　　　毛文錫, 『茶譜』(金明培 譯著, 『中國의 茶道』, 明文堂, 2007), 115쪽.
146) 「茶之産於天下多矣 若劍南有蒙頂石花 湖州有顧渚紫筍…中略…其名皆箸 品第
　　　之 則石花最上 紫筍次之」, 錢椿年, 『製茶新譜』(金明培 譯著, 『中國의 茶道』, 明
　　　文堂, 2007), 270쪽.
147) 「近日所尙者 爲長興之羅岕 疑卽古人顧渚紫笋也」, 許次紓, 『茶疏』(쟝유화 編
　　　纂, 『中國古代茶書精華』, 남탑산방, 2000), 474쪽.

우리나라의 승려인 고려시대 圓鑑國師(沖止, 1226~1292)가 읊은
茶偈 '山居 二首'에 역시 '자순차'가 보인다.

굶주림에는 한 바리때의 나물밥을 먹고
목마름에는 세사발의 자순차를 마시네[148]
…하략….'

초의선사는 『동다송』에 녹아와 자순에 대한 내용이 보인다.

녹아와 자순은 구름 속에서 자란다.[149]

여기서 녹아와 자순은 찻잎의 색, 또는 녹아와 자순으로 만든 차
를 의미 할 수 있다. 이때 녹아와 자순이 차라면 당시에 즐겨 마시던
잎차 형태라고도 생각할 수 있다.

④ 研膏茶

연고차라는 것은 시루에서 쪄낸 찻잎을 갈아서 만든 차를 뜻한다.
북송의 張舜民『畫墁錄』・모문석의『다보』에 연고차에 대한 기록
이 보인다.

당나라 차의 품종에는 양선차로서 상공품으로 삼았고, 건계의 북원
은 아직도 드러나지를 않았었다. 정원 년간(785~805)에 建州刺史
인 常衮이 비로소 찻잎을 찌고 불에 쬐어 말리고 갈아서 연고차라
고 하였다.[150]

---

148) 「飢湌一鉢靑蔬飯 渴飮三甌紫筍茶」, 沖止, 秦星圭譯, 『圓鑑國師集』, 亞細亞文
化社, 1988, 116쪽.
149) 「綠芽紫筍穿雲根」, 草衣, 『東茶頌』

 백과사전류로 본 조선시대 茶 문화

형주의 형산과 봉주의 西鄕에서는 차를 연고하여 만드는데 모두가
달처럼 둥근 조각이다. …중략… 몽정에는 연고차가 있는데 편차로
만들어 진상한다. 또한 자순차도 만든다.[151]

연고차는 형주의 형산, 봉주의 서쪽지역, 몽정에서 편차 형태로
만들어졌음을 알 수 있다.

⑤ 臘面茶

납면차는 남송 사람인 程大昌이 지은『演繁路 續集』의 '蠟茶'조
에는 다음과 같은 설명이 있다.

건안차를 납차라고 이름하는 것은 찻물의 표면에 젖 같은 액이 뜬
것이 녹아난 밀랍을 닮았기 때문에 '납면차'라고 이름붙인 것이
다.[152]

남당에서는 해마다 연고차를 만들었고 뒤에 납면차를 만들었는
데 납면차가 잘 만들어진 것을 경정이라 했다. 그러나 후에 용봉차
가 석유·적유·백유차 등과 함께 나오면서 납면차의 품격이 떨어
져 하등품이 되고 말았다고 한다.
『선화봉사고려도경』 제32권, 器皿三 '茶俎'에서는 다음과 같이

---

150) 「有唐茶品 以陽羨爲上供 建溪北苑未著也 貞元中 常袞爲建州刺史 始蒸焙而研之
　　　謂研膏茶」, 張舜民, 「畫墁錄」(陳祖槼·朱自振 編,『中國茶葉歷史資料選輯』, 弘益
　　　齋, 1995), 319쪽.

151) 「衡州之衡山 封州之西鄕 茶研膏爲之 皆片團如月 …中略… 蒙頂有研膏茶 作片
　　　進之 亦作紫笋」, 毛文錫,『茶譜』(陳祖槼·朱自振 編,『中國茶葉歷史資料選輯』,
　　　弘益齋, 1995), 103쪽.

152) 「建茶名蠟茶 爲其乳泛湯面 與鎔蠟相似 故名蠟面茶也」, 程大昌,『演繁路 續集』
　　　(陳祖槼·朱自振 編,『中國茶葉歷史資料選輯』, 弘益齋, 1995), 348쪽.

기록하고 있다.

> 고려에서 생산되는 토산차는 쓰고 떫어 입에 넣을 수 없을 정도이
> 다. (고려 사람들은)오직 중국의 납차와 용봉단을 귀하게 여긴다. 하
> 사해 준 것 이외에 상인들 역시 가져다 팔기 때문에 근래에는 차 마
> 시기를 매우 좋아한다.[153]

납면차는 연고차를 만든 후에 만들어 졌는데 초기에는 귀한 차였으
나 후에 더 좋은 차들이 만들어지게 되면서 하등품으로 밀리게 된다.

⑥ 龍鳳茶

『대관다론』·『선화북원공다록』·歐陽修(1007~1072)의 『歸田錄』
에 용봉차에 관한 내용이 다음과 같이 보인다.

> 송나라가 일어나자 해마다 건계[154]의 차를 바치게 하여 용단·봉병
> 차의 이름은 천하에 으뜸이 되었다.[155]

> 聖朝 開寶(宋太祖, 968~975)말년에 南唐을 항복시키고 태평흥국
> 초년에 용과 봉황의 문양들을 특별히 만들어 사신을 북원에 보내
> 단차를 만들게 해서 서민이 마시는 것과 다르게 하였다. 용봉차는
> 대개 이로부터 시작되었다.[156]

> 차의 품수로서 용봉차보다 귀한 것은 없다. …중략… 이것을 작은

---

153) 「土産茶 味苦澁 不可入口 惟貴中國臘茶 幷龍鳳賜團 自錫賚之外 商賈亦通販
故邇來 頗喜飲茶」, 徐兢, 『宣和奉使高麗圖經』, 제32권, 器皿三, '茶俎'

154) 건계는 건안(지금의 복건성 건구현)를 가리킨다.

155) 「本朝之興 歲修建溪之貢 龍團鳳餅 名冠天下」, 徽宗皇帝, 『大觀茶論』

156) 「聖朝開寶末 下南唐 太平興國初 特置龍鳳模 遣使卽北苑造團茶 以別庶飲 龍鳳
茶蓋始於此」, 熊蕃, 『宣和北苑貢茶錄』

덩어리 차라고 하는데 28조각으로 무게는 한 근에 값은 꾸미지 아
니한 금 두 냥이다. 그러나 금이 있다고 하더라도 차는 얻을 수 없
다.157)

용봉차는 龍團과 鳳團을 말하며 크고 작은 용봉단이 있다. 徽宗
(재위1101~1125)이 쓴『대관다론』에는 '용단과 봉단'으로 되어있
고, 徐兢이 쓴『선화봉사고려도경』에는 '龍鳳團'으로,『고려사』에
는 '용봉차'로 쓰고 있다.

용단봉병은 북송 太宗(재위 976~997)의 태평흥국 초년(976~983)
에 복건성 건구현에 설치되었던 어용다원인 北苑에서 만들어 궁중
에 진상하던 덩어리 차로 표면에 용이나 봉의 문양을 새겨 금으로
장식하였다. 용단은 용의 무늬를 새긴 것을 말하고 봉단이나 봉병은
봉의 무늬를 새긴 것을 말한다. 龍과 鳳은 황실을 상징하는 것으로
일반 서민들은 쓸 수가 없었다.

⑦ 小龍團茶

소용단차에 관해서는 웅번의『선화북원공다록』과 蔡襄(君謨,
1012~1067)의 '北苑造茶詩' 自序에 보인다.

경력 년간(1041~1048)에 채군모를 전운사로 삼았을 때 작은 용단
차를 만들어 진상하였다. 그 맛이 뛰어나 해마다 공물로 바치게 되
었다.158)

---

157)「茶之品莫貴于龍鳳 …中略…謂之小團 凡二十八片 重一斤 其價直金二兩 然金
可有 而茶不可得」, 歐陽修,『歸田錄』(陳祖槼・朱自振 編,『中國茶葉歷史資料選
輯』, 弘益齋, 1995), 310쪽.

158)「慶曆中 蔡君謨將漕 創造小龍團以進 被旨仍歲貢之」, 熊蕃,『宣和北苑貢茶錄』

그 해에 따로 상급품의 용차 28조각을 만들었다. 겨우 한 근인데 매
우 정묘하였다. 그 맛이 뛰어나 해마다 공물로 바치게 되었다.[159]

조선시대 성종과 연산군 때에 전라도와 경상도의 관찰사와 이조
판서, 좌의정 등을 역임한 許琛(1444~1505)은 그의 시 '봄추위에 하
늘의 운을 잇다 [春寒次大虛韻]'에 소용단에 대해 기록하고 있다.

구리병에 물방울 떨어지고 부처 등불 남았는데
첩첩이 깊고 큰 골짜기 소나무 스치는 바람소리에 밤빛은 차갑네
속세의 십년 꿈을 불러 일으켜
화로 안고 새로 소용단차를 시험 하네[160]

이때의 소용단은 중국으로부터 수입했거나 사신이 선물로 가져
온 것을 신하에게 하사한 것으로 보여 진다.

⑧ 小團茶

소단차는 북송의 歐陽修가 쓴 『龍茶錄後序』에 나타난다.

차는 식물의 지극히 아름다운 것이다. 소단은 또한 아름다운 것으
로서 서문에 적힌 소위 상품 용차가 그것이다. 이것은 채군모가 처
음 만든 이래로 해마다 바치게 된 것으로서 인종은 더욱이 귀하게
여기고 아끼시어 보정재상의 신하일지라도 일찍이 하사된 일이 없
었다. 오직 남교에서 대례 치제를 올리던 날 저녁에 중서성과 추밀
원의 각 4명에게 떡차 한 개씩이 하사된 일이 있을 뿐이었다.

---

159) 「君謨 '北苑造茶詩' 自序云 其年改造上品龍茶二十八片 纔一斤 尤極精妙 被旨
　　 仍歲貢之」, 熊蕃, 『宣和北苑貢茶錄』

160) 「銅壺滴瀝佛燈殘 萬壑松濤夜色寒 喚起十年塵土夢 擁爐新試小龍團」, 申用漑
　　 등, 『續東文選』, 제10권

…중략… 이제 군모의 저록을 인연으로 문득 뒤에 붙여 소단차가
군모로부터 비롯되어 이처럼 귀하게 되었다는 내력이 알려지기를
바라는 것이다.[161]

소단차가 귀하게 된 내력을 기록하고 있다.

⑨ 密雲龍茶

『선화북원공다록』의 내용을 보면 밀운룡차는 元豊에서 만들어졌
는데 그 품수가 작은 덩어리 차의 위에 들었고, 옛사람의 시에 이르
기를 '작고 둥근 옥' 같은 운룡차는 향을 넣지 않았다고 하였다.
　남송의 周輝가 지은『淸波雜志』에 보면 밀운룡차를 일명 雙角龍
茶라고 하였음을 알 수 있다.

> 熙寧에 福建路轉運使인 賈靑이 작은 덩어리 차[小團]의 면밀한 것
> 을 밀운룡차로 삼았다고 하였고, 스무 덩어리를 한 근으로 하여 쌍
> 둥이 자루에 담았기 때문에 쌍각이다.[162]

한편 밀운룡차의 생김새에 대해서는 남송 사람인 蔡條의『鐵圍山
叢談』(6권)에 기록하고 있다.

> 밀운룡은 그 구름무늬[雲紋]가 세밀하고 또 작은 용단차보다도 면
> 밀하고 뛰어났다.[163]

---

161) 「茶爲物之至精 而小團又其精者 錄序所謂上品龍茶者是也 蓋自君謨始造而歲
　　 貢焉 仁宗尤所珍惜 雖輔相之臣 未嘗輒賜 惟南郊大禮 致齋之夕 中書 樞密院各
　　 四人共賜一餠 …中略… 因君謨著錄輒附於後 庶知小團自君謨始而可貴如此」, 歐
　　 陽修, 『龍茶錄後序』

162) 「熙寧中 賈靑爲福建轉運使 取小團之精者爲密雲龍 以二十餠爲斤而雙袋 謂之雙角」,
　　 周輝, 「淸波雜志」(陳祖槼·朱自振 編,『中國茶葉歷史資料選輯』, 弘益齋, 1995), 348쪽.

고려의 李齊賢(1287~1367)이 읊은 '송광화상이 보내준 햇차에 대하여 붓 가는대로 적어 방장 밑에 부쳐드리다[164]'라는 시에 "山谷이 운룡을 자랑할 수 있겠는가?[肯容山谷託雲龍]"의 운룡차, 郭輿가 읊은 '청연각에서 친히 하사 하옵신 쌍각룡차[淸讌閣親賜雙角龍茶]'에 보이는 쌍각룡차는 밀운룡차와 같은 것으로 볼 수 있다.

⑩ 瑞雲翔龍茶

서운상룡차는 『선화북원공다록』에서는 紹聖(철종의 연호 : 1094~1097) 2년에 만들어졌으나 三色細芽, 즉 御苑玉芽·萬壽龍芽·無比壽芽가 나오면서 그 순위가 아래로 되었음을 기록하고 있다.

⑪ 白茶

『선화북원공다록』에 보면 白茶는 정화 3년에 만들었다고 하였다. 오직 흰차와 승설차만은 경칩 이전에 차 만드는 일을 일으켜서 열흘 사이에 완성해 날랜 기병을 빨리 달리게 하여 仲春을 벗어나지 않도록 반드시 서울에 이르게 하기에 頭綱이라고 일컫는데, 두강은 그해에 첫머리에 진상되는 차를 말한다.

백차에 대해서는 『선화북원공다록』에서 『대관다론』·『북원습유』·『동계시다록』을 인용하고 있다.

    백차는 자연히 만들어진 것으로 보통 차와 같지 않다. 가지는 넓고 무성히 번지며 그 잎은 밝고 얇다. 벼랑 숲 사이에서 우연히 생겨나

---

163) 「密雲龍者 其雲紋細密 更精絶於小龍團也」, 蔡絛, 『鐵圍山叢談』(陳祖槼·朱自振 編, 『中國茶葉歷史資料選輯』, 弘益齋, 1995), 331쪽.

164) 「松廣和尙寄惠新茗 順筆亂道 寄呈丈下」, 李齊賢, 『益齋亂稿』, 卷第四, 한국고전번역원

는 것이지 사람의 힘으로 만들게 할 수는 없다. 정배에 이 종자가 있
는 곳은 너덧 집에 불과하고 나무는 한두 그루에 지나지 않아서, 만
들면 두 세 덩이에 그칠 뿐이다. 그리고 질이 좋은 차 싹이 많지 않
고 찻잎찌기와 불에 쬐어 말리기가 어려워 탕과 불 중의 하나만 실
수해도 그만 변질되어 보통 품질이 된다. 그러니 모름지기 차 만들
기는 정밀하고 자세하게, 말리는 정도는 알맞게 하여야 한다.[165]

관가의 차밭에는 대여섯 그루의 흰 차가 있는데 북돋우기가 시원치
못하다. 차 농사꾼으로서는 오직 왕면이라는 사람의 집에 한 그루
가 있는데 이른 봄에는 늘 들썽한 집으로 향하는 바람과 햇살을 막
고 있다.[166]

백차를 민간에서 대단히 중히 여기게 된 것은 근년에 생겨난 것으
로서 싹과 잎이 종이와 같아서 민간에서 상서로운 차로 여기고 있
다.[167]

『대관다론』·『북원습유』·『동계시다록』에서 말하는 백차는 차
나무 품종에 관계된다. 그러나 오늘날의 백차는 위조와 건조 과정
등 제다 방법에 따른 분류를 따르고 있다.

⑫ 龍園勝雪

『선화북원공다록』에 보면 용원승설은 선화 2년에 만들어졌다고

---

165) 「白茶自爲一種 與常茶不同 其條敷闡 其葉瑩薄 崖林之間 偶然生出 蓋非人力所
可致 正焙之有者不過四五家 生者不過一二株 所造止於二 三勝而已 芽英不多
尤難蒸焙 湯火一失 則已變而爲常品 須製造精微 運度得宜」, 趙佶, 『大觀茶論』
(陳祖槼·朱自振 編, 『中國茶葉歷史資料選輯』, 弘益齋, 1995), 121쪽.

166) 「官園中有 白茶五六株 而壅焙不甚至 茶戶唯有王免者 家一巨株 向春常造浮屋
以障風日」, 劉異, 『北苑拾遺』(熊蕃, 『宣和北苑貢茶錄』, 金明培 譯著, 『中國의
茶道』, 明文堂, 2007), 215쪽.

167) 「白葉茶 民間大重 出於近歲 …中略…芽葉如紙 民間以爲茶瑞」, 宋子安, 『東溪
試茶錄』(陳祖槼·朱自振 編, 『中國茶葉歷史資料選輯』, 弘益齋, 1995), 113쪽.

전한다. 매우 부드러운 싹의 거죽을 발라내고 한 가닥 심만 남겨 맑은 물에 담아서 밝게 윤이 나고 깨끗한 은실 만을 취한다. 이것으로 사방 한 치의 새로운 고형차를 만들어 그 위에 꿈틀거리는 작은 용무늬를 하여 일촌의 네모난 茶餠 위에 꿈틀거리며 움직이는 용이 찍혀있었기 때문에 용원승설이라 하였다. 이러한 차는 "매 편의 가치가 사만 냥"이었다니 그 높은 비용이 사람들을 정말 놀라게 했다.

⑬ 虎丘茶

호구차에 관한 기록은『고반여사』·『다소』·『농포육서』·『호구다경주보』에 보인다.

> 호구차[168]는 가장 묘하고도 뛰어난 것으로 불리며 천하에 으뜸이지만 아깝게도 많이 나지를 않는다. 모두 그 고장에서 세력을 떨치는 사람들이 차지하는 바가 되어 적막한 산집에서는 사들일 길이 없다.[169]

> 협주의 송라차, 오현의 호구차, 전당의 용정차는 향기가 더욱 깊어 모두 차례를 지어 날아가는 기러기처럼 조금씩 차이는 있어도 개차와 서로 우열을 다투는 것이다.[170]

> 호구차는 오현지방이 제일이다. 그런데 아깝게도 많이 생산되지 못

---

168) 강소성 서북에 호구산이 있고, 산 위에는 호구사가 있는데 차와 물이 고루 유명하다.(『죽창야화』) 호구차의 품질에 대해서는『品茗記』에 '호구차는 저절로 참맛이 있어서 맑은 향기는 입에 댈 만하다'고 적혀있다. 金明培 譯著,『中國의 茶道』, 明文堂, 2007, 319~320쪽.

169)「虎丘 最號精絶 爲天下冠 惜不多産 皆爲豪右所据 寂寞山家 無繇獲購矣」, 屠隆,『考槃餘事』(金明培 譯著,『中國의 茶道』, 明文堂, 2007), 344쪽.

170)「若歙之松蘿 吳之虎丘 錢塘之龍井 香氣穠郁 並可雁行與岕頡頏」, 許次紓,『茶疏』(쨩유화 編纂,『中國古代茶書精華』, 2000), 474쪽.

한다.[171]

과로는 광주에서 나며 잎의 모양은 호구차와 다르지 않으나 맛이
쓰고 꽃은 백장미와 비슷하게 생겼다. 호구차의 꽃이 피면 백장미
보다 작고 차씨는 탄알과 같다.[172]

『고반여사』에서는 호구차의 품질이 좋고 귀함을 시사하고 있
고,『다소』와『농포육서』에서는 이와 아울러 호구차의 산지가 오현
지방임을 밝히고 있다.『호구다경주보』에서는 호구차의 식물학적
특징으로 꽃이 백장미보다 작고 차씨는 탄알과 같다고 하였다.

⑭ 龍井茶

용정차와 개편차에 관한 내용은『證俗文』에 다음과 같이 보인다.

차에는 이름난 것이 있는데 절강에는 용정 강남의 개편이다. 여종
옥의『언정』에 이르기를, 차 중에서 뛰어난 것은 절강의 용정을 제
일로 삼으며, 강남의 개편을 제일로 삼는다.[173]

절강에서 제일로 삼는 용정차에 대해서는『고반여사』와『다소』
에서 그 내용을 찾아볼 수 있다.

---

171)「虎丘爲吳中第一 惜不多産」, 陳繼儒撰,『農圃六書』(陳祖槼・朱自振 編,『中國
    茶葉歷史資料選輯』, 弘益齋, 1995), 409쪽.

172)「一之源, 廣州有之 葉與虎丘茶無異 但瓜蘆苦耳 花如白薔薇 虎丘茶花開 比白
    薔薇而小 茶子如小彈」, 陳鑒,『虎丘茶經注補』(陳祖槼・朱自振 編,『中國茶葉
    歷史資料選輯』, 弘益齋, 1995), 266쪽.

173)「茶之名者 有浙之龍井 江南之岕片 呂種玉言鯖云 茶之精者 浙以龍井爲第一 江
    南以岕片爲第一」, 郝懿行,『證俗文』,(陳祖槼・朱自振 編,『中國茶葉歷史資料
    選輯』, 弘益齋, 1995), 499~500쪽.

용정차는 十數 이랑에 지나지 않는다. 이밖에도 차가 있으나 모두 미치지 못하는 것 같다. 대저 하늘이 용홍[174)]의 맛있는 샘을 열었기에 산신령도 특히 좋은 차를 나게 하여 이에 따르게 한 것이다.[175)]

협주의 송라차, 오현의 호구차, 전당의 용정차는 향기가 더욱 깊어 모두 차례를 지어 날아가는 기러기처럼 조금씩 차이는 있어도 개차와 서로 우열을 다투는 것이다.…중략…오송강 지방의 사람들은 나의 고향인 용정차를 매우 귀하게 여겨서 비싼 값을 수긍하고 어린 잎의 우전차를 사들인다. [176)]

李海應의 『薊山紀程』 제5권 飮食에 용정차에 대한 기록이 보인다.

차에는 갖가지 종류가 있어 그 이름은 하나만이 아니다. 용정차같은 것이 상품인데 오직 항주에 1畝의 밭이 있어 씨를 받는다. 또 은창차·송라·벽라춘차·기창·식이·대엽·향편·상담·노군미·감람차·보이차·백호차·청차·황차 따위가 이것이다.
황차는 연경 사람 중에는 마시는 자가 없고 오직 요동과 심양의 시장에서만 팔며 동팔참은 차가 귀한 곳이라 혹 쌀을 볶아 차를 대신하니 그것을 노미차라 한다.[177)]

조선 순조 때 동지사 서장관으로 중국 연경에 갔던 이해응은 그의

---

174) 항주의 名泉인 龍井을 말한다.

175) 「龍井 不過十數畝 外此有茶 似皆不及 大抵天開龍泓美泉 山靈特生佳茗 以副之耳」, 屠隆, 『考槃餘事』(金明培 譯著, 『中國의 茶道』, 明文堂, 2007), 344쪽.

176) 「若歙之松蘿 吳之虎丘 錢塘之龍井 香氣穠郁 並可雁行與岕頡頏…中略…吳淞人極貴吾鄕龍井 肯以重價購雨前細者」, 許次紓, 『茶疏』(쨩유화 編纂, 『中國古代茶書精華』, 2000), 474~478쪽.

177) 「茶有各種 其名不一 如龍井茶是上品 只杭州有一畝田取種 又銀鎗茶 松蘿 碧蘿春茶 旗鎗 式彝 大葉 香片 湘潭 老君眉 橄欖茶 普洱茶 白毫茶 靑茶 黃茶之屬是也 黃茶則燕人無吸者 只賣於遼瀋市上 又東八站茶貴處 或以炒米代之 謂之老味茶」, 未詳, 『薊山紀程』 제5권 飮食, 한국고전번역원.

 백과사전류로 본 조선시대 茶 문화

사행록 『계산기정』에서 여러 종류의 차를 언급하면서 용정차가 상품임을 밝히고 있다.

절강성의 용정차는 당시뿐 아니라 오늘날에도 상품으로 인정받고 있다.

⑮ 芥片茶

개편차는 용정차와 함께 여종옥에 의해 근세의 제일로 칭송받은 차이다.

『고반여사』와『다소』에 개편차에 대한 내용을 기록하고 있다.

> 양선차의 속된 이름은 나개차인데 절강의 장흥 것이 좋고 형계는 조금 떨어진다. (찻잎이) 어린 것은 그 값이 천지차의 두 곱이나 되어서 아깝게도 얻기가 어려우니 모름지기 몸소 따서 거두어 가지는 것이 신기하다.[178)]

> 강남의 차에서 당나라 사람들이 으뜸으로 칭찬한 것은 양선차이다.[179)]

당시에 용정차와 더불어 제일로 품평되었던 개편차는 나개차 또는 양선차라고도 하는데 산지는 강남이며 편으로 만들어진 것으로 추측된다.

---

178) 「陽羨 俗名羅岕 浙之長興者佳 荊溪秒下 細者其價兩倍天地 惜乎難得 須親自採收 方妙」, 屠隆, 『考槃餘事』(金明培 譯著, 『中國의 茶道』, 明文堂, 2007), 344쪽.

179) 「江南之茶 唐人首稱 陽羨」, 許次紓, 『茶疏』(金明培 譯著, 『中國의 茶道』, 明文堂, 2007), 392쪽.

⑯ 普洱茶

보이차는 명대부터 시작되었다. 청나라 順治 18년(1661년) 청나라 정부는 달라이라마의 요구에 의해 지금의 永勝인 北勝州에 차 시장을 세웠다. 청나라 건륭 13년(1748년) 麗江에 차 시장을 세우고 상인으로 하여금 허가권을 가지고 보이부로 가서 차를 사 鶴慶州의 이민족에게 팔게 하였다. 이후 100여년의 발전을 거치면서 1825년 전후에 이미 보이차의 명성이 세상에 널리 알려지게 된다.[180]

조학민의 『본초강목습유』에는 다음과 같은 내용이 보인다.

> 보이차는 운남 보이부에서 나온다. 덩어리로 만드는데 대·중·소의 3등급이 있다. …중략… 큰것은 한 덩어리에 5근으로 사람 머리만하여 이름하기를 인두차라 한다. …중략… 보이차는 검은 것이 옻칠과 같은데 술을 깨는 데는 제일이다. 녹색을 띠는 것은 더욱 좋은 것으로 음식을 소화시키고, 담을 삭혀주며, 위를 맑게 하여 진액을 잘 나오게 하니, 그 효능은 참으로 크다. 『물리소지』에 보이차는 쪄서 덩어리로 만드는데 서번에 내다팔면 물건으로 바꾸기에 가장 수월하다.[181]

청대의 名醫 조학민은 보이차의 생산지로 운남 보이부를 들었고, 덩어리로 만들어 사람 머리모양과 같고 큰 것은 5근이 된다고 하였다. 또한 보이차가 술을 깨고 소화를 잘되게 하며 담을 삭혀 주는 등 약효가 있음을 밝히고 있다. 『물리소지』의 기록 중 普雨茶는 普洱茶임을 주석으로 달아 설명하고 있다.

---

180) 周紅杰, 朴鎔模 옮김, 『운남 보이차』, 한솜미디어, 2005, 26~28쪽.

181) 「普洱茶 出雲南普洱府 成團 有大中小三等 …中略… 大者一團五斤 如人頭式 名人頭茶 …中略… 普洱茶膏黑如漆 醒酒第一 綠色者更佳 消食化痰 淸胃生津 功力尤大也 物理小識 普雨茶 蒸之成團 西番市之 最能化物」, 趙學敏, 『本草綱目拾遺』(陳祖槼·朱自振 編, 『中國茶葉歷史資料選輯』, 弘益齋, 1995), 450쪽.

우리나라에서는 중국에 서장관으로 다녀온 이들에 의해 보이차
가 소개되었다.

洪大容(1731~1783)의 『湛軒書』 內集 卷二. '桂坊日記'와 外集
卷十. '燕紀'에 동궁과 질의 응답한 내용 중에서 차에 관한 내용이
다음과 같이 보인다.

> 「'계방일기', 을미년(영조 51, 1775) 4월 9일 기록」
> 북경에서는 茶를 어떤 것으로 上品을 삼던가요?
> 普洱茶로 상품을 삼는데 보이는 雲南 지방에서 나는 까닭에 얻기가
> 힘들다 하며 신도 또한 보지 못했습니다. 茶珠는 온전히 龍腦 기운
> 인데 藥性이 차서 기를 조화시키는 데는 알맞지 않습니다. 또 茶란
> 쓴 것을 귀하게 여기므로, 단것은 비록 입에는 알맞다 하더라도 뒷
> 맛이 쓴 것만 못합니다.[182]
>
> 「'燕紀' 飮食」
> 茶는 품종이 여러 가지가 있는데 靑茶를 가장 하품으로 친다. 普洱
> 茶를 시중에서는 가장 귀한 것으로 여기는데 역시 가짜가 많다.[183]

북경에서는 보이차를 가장 상품으로 치는데 이것은 운남 지역에
서 생산되기에 구하기가 어렵기 때문이며 시중에서는 귀한만큼 가
짜가 많다고 하였다. 또한 차의 맛에 대해서도 쓴 것을 귀하게 여긴
다고 밝히고 있다.

---

182) 「北京茶以何品爲上 臣曰以普洱茶爲上品 普洱茶在雲南地得之頗貴 臣亦未之見
也 茶珠全是 龍腦氣性寒不宜於調氣 且茶以苦爲貴甘者 雖悅口後味不如喫苦之
餘」, 洪大容, 『湛軒書』 內集 卷二, 桂坊日記, 을미년(영조 51, 1775) 4월 9일 기
록, 한국고전번역원.

183) 「茶品多種 靑茶爲最下常品 普洱茶 都下最所珍賞 亦多假品」 洪大容, 『湛軒書』
外集 卷十 飮食, 한국고전번역원.

徐浩修(1736~1799)가 청나라에 다녀온 일을 기록한 『燕行紀』
권3. '8월 1일·2일' 기록에서 보이차에 대한 내용이 보인다.

(1일) 연희를 마치기 전에 軍機大臣 和珅이 내려 주신 각종 물품을
갖고 와서 연회에 참석한 모든 신하들에게 나누어 주었다. 나는 正
使와 함께 각각 蘋果 1접과 普洱茶 1병, 茶膏 1갑을 그리고 서장관
은 빈과 1접과 보이차 1병을 공경히 받았다. 班列에 나아간 뒤에 태
감이 황제의 뜻을 전하여 말하기를
"늦더위가 이와 같아 연회에 참석한 여러 신하 중에는 반드시 목이
말라 마실 것을 찾는 이가 있을 것이니 수박이나 淸茶를 원하는 대
로 주도록 하라."184)

(2일) 연희를 그치기 전에 和珅(?~1799)이 欽賜한 각종 식품을 여러
신하에게 나눠 주었다. 나와 정사는 각각 蘋果 1접, 普洱茶 1병, 茶
膏 1匣을 받고 서장관은 빈과 1접, 보이차 1병을 받았다.185)

보이차는 황제가 신하와 사신들에게 내리는 하사품임을 알 수
있다.

金景善(1788~?)이 書狀官으로 북경에 갔다가 이듬해 3월 귀국할
때까지의 견문을 기록한 『燕轅直指』에 보면 '권6. 음식'조에 황차·
청차·보이차에 대해 다음과 같이 기록하고 있다.

차의 질도 한가지가 아니다. 황차와 청차를 항상 마시며, 그 다음은

---

184) 「止戱前 軍器大臣和珅 領欽賜各種頒于參宴諸臣 余與正使 各蘋果一楪 普洱茶
    一壺 茶膏一匣 書狀官蘋果一楪 普洱茶一壺 祇受就班後 太監傳皇旨曰 晩暑如
    此 參宴諸臣 必有渴而求飮者 可與西瓜或淸茶」, 徐浩修, 『燕行紀』卷三, 경술
    년 8월 1일, 한국고전번역원.
185) 「止戱前 和珅領欽賜各種頒于諸臣 余與正使 各蘋果一楪 普洱茶一壺 茶膏一匣
    書狀官蘋果一楪 普洱茶一壺」, 徐浩修, 『燕行紀』卷三, 경술년 8월 2일. 한국고
    전번역원.

향편차요, 가장 진귀한 것으로 보이차가 있다. 그렇지만 가짜도 많
다.[186]

보이차는 『연행기』에서도 보이듯이 가장 귀한 차이지만 그만큼
가짜가 많았음이 나타나고 있다.

洪顯周(1793~1865)의 『海居齋詩鈔』 '섣달 눈물로 차 달이기[臘
雪水烹茶]'에도 보이차가 보인다.

흰 비단으로 봉한 묵은 상자 풀어보니
둥근 달과 같은 보이차가 보이네[187]

당시의 보이차는 우리나라와 중국에서 상류층이 마실 수 있는 고
급차였음을 추측할 수 있다.

고종 3년(1866) 왕비의 嘉禮冊封奏請使에 書狀官으로 청나라를
다녀온 洪淳學(1842~?)의 '연행가'에 보이차가 나온다.

뭉치뭉치 보의茶며 동글동글 萬寶茶요
香片茶와 雀舌茶와 고아 만든 香茶膏며[188]

이는 북경 正陽門 밖에 있는 골동품시장 琉璃廠에 진열된 상품을
보고 지은 것이다.

---

186) 「茶品不一而黃茶靑茶爲恒用其次杏片茶而普洱最珎貴然而亦多假品」, 金景善,
『燕轅直指』卷之六 「留舘別錄」(국역 연행록 선집 XI, 민족문화추진회, 1982),
65쪽.

187) 「拈取舊篋白絹封 普洱茶膏月團揭」, 金明培, 『韓國의 茶詩鑑賞』, 大光文化社,
1999, 41쪽.

188) 「뭉치뭉치 보의다며 동골동골 만보다오 향편다와 작설다와 고아묻든 향다고
며」, 심재완, 『日東壯遊歌, 萬言詞, 燕行歌, 北遷歌』(한국고전문학전집10, 진
성문화사, 1978), 520~521쪽.

⑰ 白毫茶

백호차에 관한 기록은 王從仁의『중국의 차문화』에 다음과 같이 기록하고 있다.

> 백차는 송대에 기원한다. 송 휘종의『대관다론』에 "백차는 오직 한 종류가 있는데 일상적인 차와 다르다"라고 하였다. 이는 하얀 잔털이 가득한 부드러운 찻잎으로 제작된 백호차를 가리킨다.
> 청대에는 白毫·銀針·老君眉등이 유명하고 진귀한 품종으로 발전했다.[189]

이를 볼 때 王從仁은 찻잎 자체가 흰빛에 가까운 것으로 만든 백차와 어린잎으로 나올 때 흰 잔털이 가득해 부드러운 찻잎으로 만든 백호차를 모두 백차의 일종이라고 보았음을 알 수 있다.

⑱ 靑茶

洪大容의『湛軒書』와 金景善의『燕轅直指』에서는 청차에 관해 다음과 같이 기록하고 있다.

> 茶는 품종이 여러 가지가 있는데 靑茶를 가장 하품으로 친다.[190]

> 차의 질도 한 가지가 아니다. 황차와 청차를 항상 마시며…[191]

이와 같은 기록들로 보아 청차는 평소에 많이 마시는 하품의 차였

---

189) 王從仁, 김하림·이상호 옮김,『중국의 차문화』, 에디터, 2004, 79쪽.

190)「茶品多種 靑茶爲最下常品」洪大容,『湛軒書』外集 卷十 飮食, 한국고전번역원.

191)「茶品不一而黃茶靑茶爲恒用…」, 金景善,『燕轅直指』卷之六「留舘別錄」

음을 알 수 있다.

⑲ 黃茶

이규경은 "황차가 매번 우리나라에 많이 유입되는데 일용으로 많이 마신다. 그러나 오직 사대부 집안이나 부호들이 쓰는 것이어서 중원지방에서 항상 쓰는 것과는 다르다."[192]고 하였다.

그러나 기록에 보면 황차는 하등품으로 취급되어 차 심사에도 참가할 수 없었다고 한다.

楊時(1053~1135)는『龜山集』에서 다음과 같이 기록하고 있다.

> 양절의 궁핍한 백성들은 한해가 가도록 소금은 먹지 않아도, 차는 하루라도 없으면 안되었으니 없으면 병이 날 정도이다. 예전에 늦은 봄에 찻잎을 따 만든 차를 황차라 하였는데 매근 20~30전에 불과하였다. 따라서 영세민도 차를 마실 수 있었다.[193]

이 내용에서 황차는 늦게 따 만든 低價의 거친 차로 아무리 가난한 백성이라도 원하는 만큼 충분히 마실 수 있음을 알 수 있다.

홍순학의 「연행가」 중에서도 황차가 보인다.

> 츳푸리을 볼작시면 匣의 너흔 황다봉과
> 뭉치뭉치 보의다며 동골동골 만보다오

---

192) 「而黃茶每多流入我東　爲日用所飮　然惟在士大夫家及富豪者所用　而不如中原之以爲恒用也」, 李圭景,『五洲衍文長箋散稿』, 卷五十六, 「茶茶辨證說」

193) 「二浙窮荒之民有經歲不食鹽者　茶則不可一日無無之則病矣　昔時晚春採造謂之黃茶　每觔不過三二十錢　故細民得以厭食」, 楊時,『龜山集』, 徐銀美,『北宋 茶 專賣 硏究』, 國學資料院, 1999, 82쪽.

향편다와 작셜다와 고아문든 향다고며[194)

그러나 김명배의 『韓國의 茶詩鑑賞』에서는 다음과 같이 기록하
고 있다.

> 츠푸리을 볼작시면 匣의 너흔 황다봉과
> 향편다와 작셜다와 고아믄든 향다고며
> 뭉치뭉치 보의다며 동골동골 만보다오[195)

이것은 원문을 옮기는 과정에서의 오류로 보인다. 『日東壯遊歌,
萬言詞, 燕行歌, 北遷歌』에 근거하여 수정되어야 할 것이다.

우리나라에서 만들어지던 황차는 이유원의 『林下筆記』 권32에
'湖南四種'과 趙在三(1808~1866)의 『松南雜識』에서 보인다.

> 또 황차를 취하는데, 연경에서 나는 것보다는 못하지만 상당히 괜
> 찮다.[196)

> 신라 흥덕왕 때 재상 대렴이 당나라에서 차씨를 얻어 지리산에 심
> 었는데 향과 맛이 당나라 것보다 낫다고 한다. 또 해남에는 옛날에
> 황차가 있었는데 세상에 아는 자 없고 오직 정약용이 알기에 丁茶
> 라 이름하고 또 南茶라 이름 한다.[197)

---

194) 심재완『日東壯遊歌, 萬言詞, 燕行歌, 北遷歌』(한국고전문학전집 10, 진성문화
   사, 1978), 520~521쪽

195) 金明培,『韓國의 茶詩鑑賞』, 大光文化社, 1999, 338쪽.

196)「又所黃茶 遜於燕種而頗近可」, 李裕元,『林下筆記』(안정·김동주 역, 국역
   『林下筆記』, 卷三十二,「湖南四種」, 민족문화추진회, 2000), 21쪽.

197)「羅史興德王時 宰相大廉 得種於唐 種智異山 香味優於唐云 海南古有黃茶 世無
   知者 惟丁若鏞知之 故名丁茶又南茶趙在三」, 趙在三,『松南雜識』(韓國古辭典
   叢書, 亞細亞文化社, 1983), 340쪽.

‘湖南四種’에서 호남지역에서 황차가 나는데 그 맛이 상당히 좋았음을 밝히고 있다. 『松南雜識』에서는 해남에서 황차가 생산되고 있음을 알 수 있으며 다른 사람은 모르고 정약용이 알기에 ‘丁茶’ 또는 ‘南茶’라고 한다고 하였다.

이를 볼 때 황차는 우리나라에서 만들어지고 있었으며 중국에서도 수입되어 마셨음을 알 수 있다.

「도다변증설」에 나타나 있는 차의 종류는 21가지로 한국차가 3종(竹露茶·密城茶·萬佛茶), 중국차는 19종이다. 중국차 19종 중에서 문헌을 인용한 것이 15종(靈芽茶·北苑茶·紫筍茶·研膏茶·臘面茶·龍鳳茶·小龍團茶·小團茶·密雲龍茶·瑞雲翔龍茶·白茶·龍團勝雪·虎丘茶·龍井茶·岕片茶)으로 『선화북원공다록』을 주로 인용하였으며 4종(普洱茶·白毫茶·靑茶·黃茶)은 당시에 마시던 차의 품평이다.

우리나라 차와 중국차의 관계는 茶名의 출처를 통해 볼 수 있다. 문헌을 통한 차 이름 중에 자순차·소용단차·밀운용차·보이차·황차 등은 초의·원감국사·허침·이제현·서호수·김경선·홍현주·홍순학 등의 글에서도 나타나고 있다. 특히 청나라에 서장관으로 다녀오면서 기록한 연행기에 중국의 차와 차생활을 상세히 서술하고 있다. 그 당시에 여러 경로를 통해 우리나라와 중국의 차문화가 서로 긴밀하게 교류하였음을 알 수 있다.

여러 기록들을 볼 때 조선후기에 우리나라에서 마시던 차는 죽로차·밀성차·만불차·보이차·백차·청차·황차 등이 주류였으리라고 유추해 볼 수 있다.

3) 「도다변증설」의 인용 문헌

오주는 25권의 다서와 저자를 소개하였고 「도다변증설」을 저술함에 있어 다수의 문헌과 시를 인용하였다.

이러한 다서 소개와 인용 문헌은 차에 관한 오주의 해박한 지식의 넓이와 깊이를 유추할 수 있게 한다. 또한 말미에 논한 바와 같이 이들 많은 다서를 통한 鬪茶와 品水 등에 대한 깊이 있는 이해와 고찰이 선행되어야 할 필요성을 강하게 역설하고 있다.

(1) 「도다변증설」에 소개된 茶書

「도다변증설」에서 소개된 다서와 그 내용은 다음과 같다.

> 차의 책에는 육우『다경』· 채양『다록』· 자안『시다록』· 송 휘종 『대관다론』· 웅번『북원다록』·『북원별록』· 황유『품다요록』· 심괄『본조다법』· 장우신『전다수기』· 소이『십륙탕품』· 섭청신 『술자다소품』· 온정균『채다록』· 당경『투다기』· 서헌충『수품』· 전예형『자천소품』· 고원경『다보』· 풍시가『다록』· 허차서『다소』· 문룡『다전』· 라름『다해』· 웅명우『라개다기』· 풍가빈『개다전』· 류수성『다료기』· 진감『호구다경』· 모소민『개다휘초』 등이 있다. 이렇게 다서가 매우 많은데 지금 또 다시 투다와 품수 같은 것을 하필 억지로 기록할 필요가 있겠는가. [198]

---

198) 「茶之爲書者 陸翁『茶經』· 蔡襄『茶錄』· 子安『試茶錄』· 宋 徽宗『大觀茶論』· 熊蕃『北苑茶錄』·『北苑別錄』· 黃儒『品茶要錄』· 沈括『本朝茶法』· 張又新 『煎茶水記』· 蘇廙『十六湯品』· 葉淸臣『述煮茶小品』· 溫庭筠『採茶錄』· 唐 庚『鬪茶記』· 徐獻忠『水品』· 田藝蘅『煮泉小品』· 顧元慶『茶譜』· 馮時可 『茶錄』· 許次紓『茶疏』· 聞龍『茶箋』· 羅廩『茶解』· 熊明遇『羅岕茶記』· 憑可賓『岕茶箋』· 陸樹聲『茶寮記』· 陳鑑『虎丘茶經』· 冒巢民『岕茶彙抄』 以茶爲書者甚多 今何必强記若鬪茶品水者乎」, 李圭景, 『五洲衍文長箋散稿』, 卷五十六, 「荼茶辨證說」

25권의 다서 중 자안의『시다록』은 송자안의『東溪試茶錄』을, 웅번의『북원다록』은『선화북원공다록』을, 진감의『호구다경』은『호구다경주보』를 줄여서 기록한 것으로 보여진다.

'웅번『북원별록』'은 조여려가『선화북원공다록』을 증보한 것으로 '조여려『북원별록』'으로 정정되어야 할 것이다.

소개된 다서의 내용을 살펴보면 다음과 같다.(<표7>)

<표 7>『도다변증설』에서 소개된 문헌

구분	서 명	저 자	찬술연대	비고
1	茶經	陸羽	唐 (765경)	
2	茶錄	蔡襄	宋 (1049~1053)	
3	東溪試茶錄	宋子安	宋 (1064전후)	
4	大觀茶論	徽宗	宋 (1107)	
5	宣和北苑貢茶錄	熊蕃	宋 (1121~1125)	
6	北苑別錄	趙汝礪	宋 (1186)	
7	品茶要錄	黃儒	宋 (1075전후)	
8	本朝茶法	沈括	宋 (1091전후)	
9	煎茶水記	張又新	唐 (825전후)	
10	十六湯品	蘇廙	唐과 五代사이	
11	述煮茶小品	葉淸臣	宋 (1040전후)	
12	採茶錄	溫庭筠	後唐 (860전후)	
13	鬪茶記	唐庚	宋 (1112)	
14	水品	徐獻忠	明 (1554)	
15	煮泉小品	田藝蘅	明 (1554)	
16	茶譜	錢椿年 編 顧元慶 刪校	明 (1539) 明 (1541)	

구분	서 명	저 자	찬술연대	비고
17	茶錄	馮時可	明 (1609 전후)	
18	茶疏	許次紆	明 (1597)	
19	茶箋	聞龍	明 (1630 전후)	
20	茶解	羅廩	明 (1609)	
21	羅岕茶記	熊明遇	明 (1608 전후)	
22	岕茶箋	馮可賓	明 (1642 전후)	
23	茶寮記	陸樹聲	明 (1570 전후)	
24	虎丘茶經注補	陳鑑	淸 (1655)	
25	岕茶彙抄	冒巢民	淸 (1683 전후)	

『茶經』은 765년경 陸羽의 저술로 상·중·하 3권으로 나뉘어 있다. 상권은 차의 기원·차의 도구·차를 만드는 법을, 중권은 차의 그릇을, 하권은 차 달이기·차 마시기·당나라 이전의 차의 역사·차의 산지·찻일의 생략·찻일의 그림으로 차에 관한 전반적 내용을 기록하고 있다.

『茶錄』은 蔡襄(1012~1067)의 저술로 상편 論茶, 하편 論茶器의 두 편으로 떡차의 빛깔과 향·맛·차 굽기·차 갈기·잔 데우기·茶焙·茶碾·茶羅 등 茶事 전반에 관한 茶書이다.

『試茶錄』은 『東溪試茶錄』을 줄여서 쓴 것으로 보이며 송자안이 저술하였다. 前文·製茶工場·壑源·佛嶺·沙溪·採茶·茶病 등으로 구성하고 있다.

『大觀茶論』은 북송의 8대 황제인 휘종의 저술로 모두 20편으로 구성되어 있다. 大觀이란 휘종황제의 연호(1107~1110)로 대관 초년에 지은 다서라고 해서『대관다론』이다. 차나무 심는 방법·채다의 시기·蒸茶·搾茶·硏茶·造茶·차 품질을 감별하는 방법 등이 수록되었다. 특히 송나라의 飮茶法인 點茶法의 세 가지 방법의 기술이 뛰어나며 역사상 황제의 신분으로서 저술된 최초의 茶書이다.

『北苑貢茶錄』은『宣和北苑貢茶錄』을 줄여 쓴 것으로 보이며 선화 연간에 북원에서 조공으로 받친 차에 대한 기록이다. 1121~1125년에 웅번이 완성하였고, 1182년 아들 熊克이 공차의 모양을 그려 보완하였다. 御園으로 지정된 北苑 茶園의 역사와 내력·찻잎의 종류와 등급·貢茶의 종류·규격·제조 연도·조공해야 할 시기 등을 수록하였으며 책 뒷부분에서는 차 따는 노래 10곡 및 38가지 貢茶의 형태를 그림으로 그려 넣었다.

『北苑別錄』은『宣和北苑貢茶錄』을 증보한 것으로 부록이라는 뜻을 가진 별록이라 하였고, 저자는 웅번이 아닌 조여려이다. 순희 13년 1186년에 저술되었고 그 내용은 어원·차의 제다과정·공물로서의 차 포장방법·차밭 일구기 등이다.

『品茶要錄』은 黃儒에 의해 쓰여진 것으로 송대의 제다법을 이해하는데 있어 중요한 자료이다. 채다·제다·飮茶에 관한 내용으로 산지의 품목 및 烹茶의 기구에 대한 내용이 있다.

『本朝茶法』은 북송시대 沈括에 의해 쓰여진 것으로 茶事와 茶法에 관한 내용이다.

『煎茶水記』는 張又新의 저술로 앞부분은 유백추가 매긴 일곱 등급의 물에 대한 평가이고 뒷부분은 육우가 구술한 것을 이계경이 받아 기록하였다는 스무 등급의 물에 대한 기록이 있다. 차탕을 준비하기 위해 좋은 물을 선택하는 방법에 대한 내용이다.

『十六湯品』은 당말·오대 사람인 蘇廙의 저술로 "끓인 물이란 차의 목숨을 맡는 것이다. 아무리 이름난 차라도 끓인 물을 함부로 한다면 평범한 가루차와 다를 바가 없다[199]"고 하여 물 끓이기 3종류, 차 따르기의 느리기와 빠르기 3종류, 찻그릇 5종류, 차를 끓일 때의 땔나무 5종류 등 16가지 탕의 종류를 자세히 논하였다.

『述煮茶小品』은 葉淸臣이 저술하였다. 행다 과정과 탕후·화후·주탕·탕기·연료·환경오염 등을 상세히 서술하고 있으며『자천소품』에도 인용되고 있다.

『探茶錄』은 溫庭筠의 저술로 차 물 끓이는 법 등 茶事에 관한 내용이다.

『鬪茶記』는 唐庚의 저술로 당송시기에 유행했던 '鬪茶'에 대한 비교와 그 세부 사항 등이 잘 기재되어 있다.

『水品』은 徐獻忠이 차탕을 준비하기 위해 좋은 물을 선택하는 요결에 대해 썼다.

『煮泉小品』은 田藝蘅의 저술로 차를 달이기에 알맞은 물을 가리는 방법과 차에 관한 내용이다.

『茶譜』는 명나라 중엽 전춘년이 엮고 顧元慶이 수정한 것으로 차 심기·찻잎 따기·차 저장하기·제다제법·煎茶四要·點茶三要·차의 효능 등에 관한 내용이다. 제다제법에서는 등자차와 연꽃차 만드는 방법 등을 상세하게 기록하고 있다.

『茶錄』은 1609년을 전후해서 馮時可가 저술하였으며 차의 명칭, 차의 성질에 관한 짧은 기록이다.

『茶疏』는 허차서의 저술로 차 산지·옛날과 지금의 차 만드는 법·

---

199)「湯者 茶之司命 若名茶而濫湯 則與凡末同調矣」, 蘇廙,『十六湯品』

찻잎 가려 따기·차 덖기·산골짜기에서 차 만드는 법·저장·덜
어 쓰기·차의 포장·일용차의 두는 곳·물 가리기·물의 저장·
퍼내기·물 끓이는 그릇·그릇 씻기·불 살피기·차 마시기·찻일
을 처리하는 곳·차 마시는 때·차의 근본 등 茶事에 관한 전반적인
내용을 상세히 기록하고 있다.

『茶箋』은 聞龍의 저서로 찻잎 따기와 제다방법에 관한 내용이다.

『茶解』는 羅廩의 저술로 다경을 인용하였으며 차 산지·차의
품질·찻잎 따는 시기·제다·저장·차 우리기·물·그릇에 관
한 내용이다.

『羅岕茶記』는 熊明遇의 저술로 차 재배하기 좋은 곳·차의 저장·
차 우리기 좋은 물·차의 色香味에 관해 기록하고 있다.

『岕茶箋』은 馮可賓의 저술로 採茶·蒸茶·焙茶·藏茶·烹茶·
品泉水·茶具 등 茶事에 관한 내용으로 구성되어 있다.

『茶寮記』는 陸樹聲의 저술로 煎茶 七類라 하여 人品·品泉·烹
點·嘗茶·茶候·茶侶·茶勳 등에 관한 기록이다.

『虎丘茶經』은 『虎丘茶經注補』를 말하며 陳鑑의 저술로 『다경』
에 주를 달아 보충한 것이다. 그 구성은 一之源·二之具·三之造
·四之水·五之煮·六之飮·七之出·八之事·九之撰·十之圖
이다.

『岕茶彙抄』는 冒襄(1611~1693)의 저술로 巢民은 그의 호이다. 岕
茶에 관련한 내용을 기록하고 있다.

(2) 「도다변증설」에 인용된 문헌과 시

본고에서 인용된 문헌과 시를 내용 순서대로 원전에 따라 정리하
면 다음과 같다.(<표8>)

<표 8> 「도다변증설」에 인용된 문헌과 시

구분	原 典	인용된 문헌과 시	저 자	시 대
1	日知錄集釋 (顧炎武)	唐韻正	顧炎武	淸
		困學紀聞	王應麟	南宋末
		爾雅 '釋草' '釋木'	未詳 周公?	
		詩經 '國風·邶風·谷風' '國風·豳風·七月' '雅·大雅·緜' '國風·豳風·鴟鴞' '國風·鄭風·出其東門' '頌·閔予小子之什·良耜'	孔子 編輯	(BC551 ~479)
		周禮 '地官' '掌茶'		周
		詩	王肅	魏
		夏小正		先秦
		儀禮 '旣夕'		前漢
		國語	左丘明	春秋
		僮約	王褒	西韓
		登成都白菟樓詩	張載	晉
		詩	孫楚	晉
		本草衍義	寇宗奭	宋
		唐書		唐
		茶經	陸羽	唐
		大唐新語	劉肅	唐
		茶飮	綦母㬏	
2	物理小識 (方以智)	神農食經	神農?	
		漢·志		
		通雅	方以智	明
		謝茶啓	韓翊	

구분	原　典	인용된 문헌과 시	저 자	시 대
3	茶經 (陸羽)	神農食經	神農?	
		爾雅	?	?
		晏子春秋	?	?
		爾雅注	郭璞	晉
		本草・木部		
4	宣和北苑貢茶錄 (熊蕃)	茶經	陸羽	唐
		茶述	裴汶	宋
		茶譜	毛文錫	五代
		茶錄	丁謂	宋
		大觀茶論	徽宗	北宋
5	茶錄(蔡襄)			北宋
6	虎丘茶經 注補 (陳鑑)	茶經	陸羽	唐
		夷門廣牘	周履靖	明
7	證俗文(郝懿行)			清
8	岕茶牋(馮可賓)			明
9	羅岕茶記(熊明遇)			明
10	岕茶彙抄(冒巢民)			清
11	鶴林玉露(羅大經)			宋
12	小窓淸紀(吳從先)			明
13	東國通鑑(徐居正)			朝鮮
14	桂苑筆耕集 ‘謝探請料錢狀’(崔致遠)			新羅
15	雞林類事 ‘方言’(孫穆)			宋
16	述煮茶小品(葉淸臣)			宋
17	新唐書(歐陽修)			北宋
18	月令廣義(馮應京)・群芳譜(王象晉)			明
19	製茶新譜(錢椿年)			明

구분	原 典[저 자]	시 대
20	萬寶全書(毛煥文)	淸
21	古今秘苑(未詳)	淸
22	和漢三才圖會(寺島良安)	日本

「도다변증설」에서는 이와 같이 원전의 내용 속에 다양한 문헌과 시가 등장하고 있다. 인용된 내용을 상세히 살펴보면 다음과 같다.

「茶字 自中唐始變作茶 …中略… 終身之害 斯大」[200]까지는 顧炎武의『日知錄集釋』에서 인용하였다.

「茶 解答載『神農食經』…中略… 惟桑苧以製顯耳」[201]까지와 「揚子宜荈 謂揚子江中冷泉」은 方以智의『物理小識』이다.

「一曰茶 二曰檟 …中略… 去痰渴熱 令人小睡」까지와 「茶有九難 …中略… 夏興冬廢 非飮也」[202]는 陸羽의『茶經』이다.

「陸羽茶經裴汶茶述者 …中略… 以上之所好也」[203]는 熊蕃의『宣和北苑貢茶錄』을 발췌, 인용하였다.

「茶色貴白 …中略… 以靑白勝黃白」[204]은 蔡襄의『茶錄』이다.

「陸桑苧翁 『茶經』漏虎丘 …中略… 則火候到矣 此則勿用」[205]까

---

200) 顧炎武,『日知錄集釋』(陳祖槼·朱自振 編,『中國茶葉歷史資料選輯』, 弘益齋, 1995), 423~425쪽.

201) 方以智,『物理小識』(陳祖槼·朱自振 編,『中國茶葉歷史資料選輯』, 弘益齋, 1995), 419쪽.

202) 陸羽,『茶經』

203) 熊蕃,『宣和北苑貢茶錄』(쨩유화 編纂,『中國古代茶書精華』, 남탑산방, 2000), 258~262쪽.

204) 蔡襄,『茶錄』(쨩유화 編纂,『中國古代茶書精華』, 남탑산방, 2000), 188쪽.

205) 陳鑑,『虎丘茶經注補』(阮浩耕 외2,『中國古代茶叶全書』, 浙江撮影出版社, 2001), 434~436쪽.

지는 陳鑑의『虎丘茶經注補』이다.

「有龍井岕片爲第一 …中略… 浙以龍井爲第一 江南以岕片爲第一」[206]
은 원전을 밝히지 않았으나 郝懿行(1757~1825)의『證俗文』에 기록
되어 있다.

「環長興境産茶者 …中略… 又復點之以鹽」까지를 冒巢民의『岕
茶彙鈔』라 하였으나,「環長興境産茶者 …中略… 曰顧渚 曰篠浦」[207]
까지는 馮可賓의『岕茶牋』,「虎丘茶 作嬰兒肉香」[208]은 熊明遇의
『羅岕茶記』,「吳人柯姓者 …中略… 又復點之以鹽」[209]까지는 冒巢
民의『岕茶彙鈔』를 인용하였다.

「余同年李南金云 …中略… 一甌春雪勝醍醐」[210]는 羅大經의
『鶴林玉露』卷3의 내용이다.

「煎茶非漫浪 …中略… 有煙霞泉石磊魂於胸次間者」[211]는 吳從先
의『小窓淸紀』에 있다.

「新羅 興德王 三年戊申 …中略… 得茶子來 王命植于智異山」[212]은
徐居正의『東國通鑑』이다.

「今有本國使船過海 某欲買茶藥 寄附家信」[213]은 崔致遠의『桂苑

---

206) 郝懿行,『證俗文』(陳祖槼・朱自振 編,『中國茶葉歷史資料選輯』, 弘益齋, 1995),
　　499~500쪽.

207) 馮可賓,『岕茶牋』(陳祖槼・朱自振 編,『中國茶葉歷史資料選輯』, 弘益齋,
　　1995), 254쪽.

208) 熊明遇,『羅岕茶記』(陳祖槼・朱自振 編,『中國茶葉歷史資料選輯』, 弘益齋,
　　1995), 237쪽.

209) 冒襄,『岕茶彙鈔』(陳祖槼・朱自振 編,『中國茶葉歷史資料選輯』, 弘益齋,
　　1995), 268~269쪽.

210) 羅大經,『鶴林玉露』卷3 (陳祖槼・朱自振 編,『中國茶葉歷史資料選輯』, 弘益
　　齋, 1995), 355~356쪽.

211) 吳從先,『小窓淸紀』卷二, 中國; 五濤園所藏, 46쪽.

212) 徐居正,『東國通鑑』卷之十一「新羅紀」興德王, 291쪽.

213) 崔致遠,『桂苑筆耕集』卷十八

筆耕集』‘謝探請料錢狀’이다.

「茶曰茶」214)는 孫穆의『雞林類事』‘方言’이다.

「粉槍末旗 蘇蘭薪桂」215)는 葉淸臣의『述煮茶小品』216)에 기록하고 있다.

「初唐德宗 納戶部侍郎 …中略… 以茶稅皆歸鹽鐵」217)은 원전을 밝히지는 않았으나 歐陽修의『新唐書』에 그 대강이 보인다.

「二月間種 每坑下子數十粒 …中略… 若火多則茶焦不可食」은 인용서를『萬寶全書』로 하였으나,「三年可採 茶有一旗二槍之號 …中略… 天色暗明 炒焙適中 盛貯如法」218)까지가 錢椿年의『製茶新譜』에,「茶宜箬葉而畏香藥 …中略… 若火多則茶焦不可食」219) 은 蔡襄의『茶錄』에서 보인다.

「茶性惡水 宜斜陂陰地中走水處 …中略… 或用曬乾代灰亦可」까지는 작자미상의『古今秘苑』으로 밝혔으나,「茶性惡水 宜斜陂陰地中走水處 …中略… 凡種茶 相離二尺一叢」220)는 馮應京의『月令廣義』와 王象晉의『群芳譜』에 동일한 내용이 보이고,「藏茶法 將便灰放瓶底 …中略… 或用曬乾代灰亦可」221)까지가『古今秘苑』의 내용

---

214) 孫穆,『雞林類事』「方言」, 民國板說郛 所載(原本影印 漢陽大學校附設 國學硏究院, 1974), 33쪽.

215) 葉淸臣,『述煮茶小品』(阮浩耕 외2,『中國古代茶叶全書』, 浙江撮影出版社, 2001), 59쪽.

216)「古今圖書集成本」에서는「述煮茶小品」,『宛委山堂說郛本』은『述煮茶水品』,『涵芬樓說郛本』과『四庫全書本』은『述煮茶泉品』, 陸廷燦의『續茶經』「茶之出」에서는『煮茶泉品』, 으로 기록하고 있다.

217) 歐陽修,『新唐書』(陳祖槼·朱自振 編,『中國茶葉歷史資料選輯』, 弘益齋, 1995), 541쪽.

218) 錢椿年,『製茶新譜』(金明培 譯著,『中國의 茶道』, 明文堂, 2007), 270쪽.

219) 蔡襄,『茶錄』(金明培 譯著,『中國의 茶道』, 明文堂, 2007), 149쪽.

220) 馮應京,『月令廣義』·王象晉,『群芳譜』(陳祖槼·朱自振 編,『中國茶葉歷史資料選輯』, 弘益齋, 1995), 388쪽.

이다.

「凡投茶於器有序 …中略… 春秋中投 夏上投 冬下投」222)는 寺島
良安의『和漢三才圖會』에 보인다.

「도다변증설」에서 인용된 원전 중 張又新의『煎茶水記』는 葉淸
臣의『述煮茶小品』의 내용이다. 「二月間種 每坑下子數十粒 …中
略… 若火多則茶焦不可食」까지는『萬寶全書』에서 그 내용을 확인
할 수 없었고 그 일부를『製茶新譜』와『茶錄』에서 확인하였다.

살펴본 바와 같이 이규경은 우리나라는 물론 중국과 일본의 백과
사전류와 茶書, 農書 등 다양한 서적을 탐독하였고 이를 바탕으로
하여「도다변증설」을 저술하였음을 알 수 있다.

2.「種茶薏苡靑蘘辨證說」의 차나무 재배방법

「종다의이청양변증설」은『오주연문장전산고』의 60권 60책 권19
의 내용으로 차·율무·생강의 파종방법과 수확에 대한 내용이다.

차씨의 보관방법과 차씨를 심는 방법·차밭관리·수확시기·삼
년 뒤의 수확량 등 이규경의 차 재배방법이 잘 나타나고 있다.

1)「종다의이청양변증설」의 구성

차·율무·생강에 관한 변증설이다. 차에 관한 내용은 차씨의 보
관방법·심는 방법·차밭관리·수확시기·삼년 뒤의 수확량 등을

---

221) 未詳,『古今秘苑』卷二,(上海校經山房印行, 民國10(1921)); 서유구 지음, 안대회
    엮어 옮김,『산수간에 집을 짓고』, 돌베개, 2005, 397쪽.

222) 寺島良安,『和漢三才圖會』卷第八十九, 吉川弘文館, 明治 三十九年[1906],
    1249쪽.

상세히 기록하였다. 이들은 『오주종수서보』·『거가필용』·『종의이법』·『의종오곡법』 등에 상세한 내용이 논술되어 있다고 하며 그 출처를 밝혔다. 그 외에도 「도다변증설」에서 인용하였던 『사시찬요』·『고금비원』에서도 그 내용을 찾아볼 수 있다.

2) 차나무의 재배방법

차밭은 한번 조성하면 30~40년간은 改植하지 않기 때문에 차를 파종할 경우 위치 선정에 대해 숙고하여야 한다. 차씨를 심는 방법과 차씨의 보관방법, 차나무의 재배방법에 대한 내용은 다음과 같다.

(1) 차씨의 보관방법

차씨를 받는 법과 보관방법에 대해 다음과 같이 언급하고 있다.

> 차 종자를 받는 법은, 차씨가 여물었을 때 받아서 습기있는 모래흙과 휘저어 섞어서 대롱에 보관한다. 담 모퉁이에 쌓아 두는데 좋은 볏짚으로 덮어야 하며 2월이 되면 꺼내어 심는다. 마르거나 얼어버리면 싹이 나지 않는다.[223]

수확한 차 종자는 파종하기까지 실온에 보관 또는 방치하게 되면 마르거나 얼어버릴 수 있으며 그럴 경우 차 싹은 나올 수가 없다. 차씨를 안전하게 보관할 수 있는 방법은 습기 있는 모래흙에 종자를 반쯤 섞어 대바구니에 넣고 볏짚으로 덮어 파종할 때까지 보관해야

---

[223] 「收茶子法 茶熟時 收取子和濕沙土 半於筐籠之中盛之 着牆角堆亦得 仍須以好穰草蓋覆 至二月出種之 不爾卽乾 仍凍不生」, 李圭景, 『五洲衍文長箋散稿』, 卷十九, 「種茶薏苡靑蘘辨證說」

함을 主旨시키고 있다.

다음은 『四時纂要』·『四時類要』·『農桑撮要』·『多能鄙事』·『群芳譜』에서 밝힌 차씨를 받아 보관하는 방법이다.

차씨가 여물었을 때 종자를 받는다. 축축한 모래에 골고루 휘저어 섞어서 대바구니 속에 저장하고 풀로 덮는다. 얼면 싹이 나지 않는다. 2월에 꺼내어 심는다.[224]

차씨가 여물면 씨를 받아 습기 있는 모래에 섞어서 대광주리에 넣어 볏짚을 그 위에 덮는다. 그렇게 하지 않으면 얼어서 싹이 트지 않는다. 2월 중 꺼내어 심는다.[225]

구월 한로에 차씨를 거둔다. 차씨가 여물었을 때 씨를 거두어 햇볕에 말린다. 이것을 축축한 모래에 골고루 휘저어 섞어 대바구니 속에 저장하고 풀로 뚜껑을 덮는다. 얼면 싹이 나지 않게 된다. 매년 2월 사이에 파종법에 의해 심는다.[226]

차씨가 여물면 취해서 습기 있는 모래흙을 종자와 섞어 대롱에 넣어 담 모퉁이에 쌓아 두는데 좋은 볏짚으로 덮어야 한다. 2월이 되면 꺼내어 심는데 말랐거나 얼어버리면 싹이 나지 않는다.[227]

---

224) 「收茶子熟時收取子 和濕沙土拌 筐籠盛之 穰草蓋 不爾卽乃凍不生 至二月出種之」, 韓鄂, 『四時纂要』(陳祖槼·朱自振 編, 『中國茶葉歷史資料選輯』, 弘益齋, 1995), 297쪽.

225) 「熟時 收取子和濕沙土 拌匀筐籠盛之穰草蓋覆 不爾卽凍死不生 二月種茶」, 未詳, 『四時類要』, 『林園十六志』卷一 재인용

226) 「九月寒露收茶子 熟時收子曬乾 以濕沙拌均 筐內盛貯籠 用草蓋覆 凍損則不生 候來年二月間 依法種之」, 魯明善 撰, 『農桑撮要』(陳祖槼·朱自振 編, 『中國茶葉歷史資料選輯』, 弘益齋, 1995), 361쪽.

227) 「收茶子法 取老實熟子 和濕沙土拌盛筐籠中 着牆角堆亦得 須用好穰草蓋之 至二月出種 否則乾 凍不生」, 舊題明·劉基 撰, 「多能鄙事」(陳祖槼·朱自振 編, 『中國茶葉歷史資料選輯』, 弘益齋, 1995), 367쪽.

차 종자는 寒露에 거두어 볕에 말렸다가 젖은 모래로 버무려 광주
리 안에 담아둔다.[228]

차씨의 껍질은 견고하기 때문에 살펴본 바와 같이 젖은 모래와 함
께 혼합해서 대광주리 안에 보관하여야 한다. 이러한 과정에서 자연
스럽게 싹이 트고 이것을 2월 중에 꺼내어 심는 것이다. 이와 같이
차 종자는 음력 9월, 즉 양력 10월에서 11월 사이에 수확하고 파종은
음력 2월 중에 하게 된다.

(2) 차씨를 심는 방법

차씨를 심는 방법은 나무그늘이나 陰地가 좋다고 하고 구체적으
로 기록하였다.

차씨를 심는 방법으로는 2월 중에 나무그늘이나 음지에다 모가 나
게 땅을 파는데 둘레는 석 자, 깊이는 한 자로 하여 잘 썩은 분뇨를
흙과 섞어 구덩이 마다 집어넣고 매 구덩이 마다 5, 60개의 종자를
뿌려 한 치 이상의 두께로 흙을 덮는다. 풀이 나는 대로 김을 매지
않고 그대로 둔다. 구덩이는 두 자 간격으로 씨를 뿌린다.[229]

위 내용은 『사시찬요』에서도 거의 동일하나 구덩이에 넣는 종자
의 수를 60~70개로 하였다.

차는 2월에 나무 아래나 북쪽 음지에 구덩이를 파고 심는다. 둘레를

---

228) 「寒露收茶子 晒乾和濕沙土拌勻 成筐內」, 王象晉 撰, 「群芳譜」(陳祖槼·朱自振
    編, 『中國茶葉歷史資料選輯』, 弘益齋, 1995), 396쪽.

229) 「種茶法 二月中 於樹陰下或背陰之地 開坎方圓三尺 深一尺 熟劚着糞壤 每方下
    五六十顆子 蓋土厚一寸以上 任和草生不得芸 相去二尺種一方」, 李圭景, 『五洲
    衍文長箋散稿』, 卷十九, 「種茶薏苡靑蘘辨證說」

석 자로 하고 깊이를 한 자 정도로 파서, 거름과 흙을 섞어 매 구덩
이 마다 60~70개의 씨를 넣고 한 치 이상의 두께로 흙을 덮어둔다.
풀이 자라는 대로 김을 매지 않고 그냥 둔다. 거리는 서로 두 자 정
도로 간격을 두고 씨를 뿌린다.[230]

젖은 모래와 함께 혼합해서 대광주리 안에 보관해 두었던 씨앗에
싹이 나면 2월에 심게 되는데 구덩이의 둘레는 세 자, 깊이는 한 자
로 판 구덩이에 거름을 넣고 한 치의 흙을 덮고 두 자 간격으로 씨를
뿌려 심는다고 하였다.

싹이 돋을 때 김을 매지 않고 그냥 두는 것은 땅 속 깊이 뿌리 내리
는 차나무의 속성상 안정적인 성장을 위한 것이다. 씨앗을 심을 때
충분한 거리를 유지하는 것은 차나무가 다년생 식물이며 연리지 식
물이기 때문이다.

「종다의이청양변증설」에서 파종할 때 한 구덩이에 넣을 차씨를
50~60개로 한 것은 그만큼 싹이 틀 확률이 적었기 때문이다. 이것
은 또한 당시의 차나무 재배방법이 종자 파종이었음을 알 수 있는
근거이기도 하다. 그러나 이렇게 차씨를 파종하는 방법은 심는 방법
이 비교적 간편하고 한 번에 많은 묘목을 얻을 수 있는 이로운 점이
있는 반면, 생육이 일정하지 않아 균일한 차싹을 얻기가 어려워 양
질의 차를 만들기 어려운 단점이 있다.

살펴본 바와 같이 과거 차나무의 재배가 종자 파종방법을 주로 한
반면, 오늘날에는 이와 아울러 휘묻이법·접목법·꺾꽂이법 등 다
양화 되고 있다. 그 중에서도 꺾꽂이법을 가장 선호하는데, 이것은
우량품종을 꺾꽂이법으로 재배할 경우 원하는 上品의 차싹을 동시

---

230) 「種茶二月中於樹下 或北陰地之 開坎圓三尺 深一尺 熟斸著糞和土 每坑種六七
十顆子 蓋土厚一寸强 任生草不得耘 相去二尺種一方」, 韓鄂 撰, 「四時纂要」(陳
祖槼・朱自振 編, 『中國茶葉歷史資料選輯』, 弘益齋, 1995), 297쪽.

에 수확할 수 있어 차산업적인 측면에서도 유리하고 기계화된 영농을 계획할 수 있는 이로움이 있기 때문이다.

(3) 차밭 관리

차나무를 잘 자라게 하기 위해서는 다음과 같이 적절한 관리가 필요함을 기록하고 있다.

심은 뒤에는 쌀뜨물을 주나 쌀뜨물이 없으면 물을 준다. 뽕나무 밑에서도 잘 견디며 대나무 밑에도 심는데 2년 뒤에는 물에다 분뇨를 희석하여 누에똥을 섞어서 준다. 3년 후에는 쇠똥에다 누에 똥 및 잡분을 흙과 함께 섞어 준다. 주로 산중의 비탈에 심는데 평지에 심을 때는 반드시 깊게 배수로를 만들어 물이 잘 빠지도록 하여 침수를 예방해야 한다. 만약 침수되면 바로 죽게 된다.…중략…차가 자랄 때에는 사면에 麻나 모시, 잡속류 등의 방해가 없도록 해야 한다.[231]

차나무를 심은 뒤에 쌀뜨물을 주라고 하였는데 여기에는 비타민 B1·B2·지질·전분질 등이 녹아 있어 물과 거름의 이중효과를 누릴 수 있다. 거름을 주는 것은 차나무에 영양분을 보충해 주는 것으로 오늘날에도 유기질 비료인 魚粉·鷄糞·豚糞·牛糞 등을 사용한다. 차나무를 산비탈에 심게 되면 자연스럽게 배수가 이루어지지만 평지에 심는 경우에는 침수가 될 경우 바로 죽기 때문에 배수로의 설치는 필수적이다. 차나무는 적당한 그늘을 필요로 하기에 뽕나

---

231) 「旱則以米泔澆之 無泔則以水 桑顆樹下盡堪 種竹陰下亦得 只是怕日 二年後即耕耘 治以水和稀糞蠶砂澆之 不得令滋厚 爲根尙嫩 恐傷根也 三年後即得多着糞澆 牛糞蠶砂雜糞壤蓋 大都宜山中陰坡 若於平地 即須當深掘溝畎 水深爲溝 隴洩水 不得令水浸 水浸即死…中略…茶未成開四面 不妨種雄麻苧及雜粟黍稷等」, 李圭景, 『五洲衍文長箋散稿』, 卷十九, 「種茶薏苡靑蘘辨證說」

무나 대나무 밑에서는 잘 자라지만 麻나 모시 등이 사면에 있는 것
은 좋지 않다.

3) 차의 수확

차의 수확은 3년 후부터 시작할 수 있고 그 구체적인 수량을 제시
하였다.

삼년 뒤면 매 그루당 8량을 취득하는데 수확은 매 畝를 140그루로
계산하면 120근이 된다.[232]

여기에서 삼년 뒤의 수확량에는 오류가 보인다. 삼년 뒤면 매 그루
당 8량을 취득할 수 있는데 수확은 매 이랑을 140그루로 계산하면 120
근이 된다고 하였다. 그러나 당시의 도량형에서 1량은 37.3g이고 매
그루당 8량이면 298.4g이다. 매 이랑을 140그루로 계산하면 41,776g으
로 약 70근이 된다. 이 오류를 뒷받침하는 내용은『사시찬요』에서 찾
아 볼 수 있다.

차는 심은 후 3년 뒤에 수확할 수 있으며 매 그루당 차 8량을 수확
할 수 있다. 매 이랑 당 240그루를 심을 수 있고 120근을 수확할 수
있다.[233]

『사시찬요』의 저자 한악은 당말 오대시대의 사람이다. 이때의 도
량형은 淸代와 같이 1兩은 37.3g, 1근은 596.82g으로 무게의 단위는

---

232) 「三年後每科取得八兩 每畝計一百四十科 計得茶一百二十斤」, 李圭景, 『五洲衍
文長箋散稿』, 卷十九, 「種茶薏苡靑蘘辨證說」

233) 「三年後每科收茶八兩 每畝計二百四十科 計收茶一百二十斤」, 韓鄂 撰, 「四時
纂要」(陳祖槼·朱自振 編, 『中國茶葉歷史資料選輯』, 弘益齋, 1995), 297쪽.

같다. 이 내용대로 계산을 하였을 때 한 이랑에서 자라는 나무를 240 그루로 계산하면 약 120근이 나온다. 결과적으로 매 이랑에 자랄 수 있는 나무는 140그루가 아닌 240그루일 때 120근을 수확할 수 있다.

오주 이규경은 「種茶薑苧靑蘘辨證說」에 차에 관해 기록하면서 「도다변증설」에서 인용하였던 『고금비원』·『사시찬요』·『군방보』 는 물론 『임원십육지』·『농정회요』 등 여러 문헌들을 참고하여 우리나라의 실정에 맞는 차 재배법에 대해 기록하였다.

차 종자의 수확은 10월에서 11월 사이에 하고 파종은 음력 2월 중에 하며, 차씨는 산중 비탈에 심는데 나무그늘이나 陰地가 좋으며 침수가 되지 않도록 주의해야 한다. 심은 후에는 쌀뜨물이나 물을 주고 2년 후부터는 거름을 해야 하며, 3년 후부터는 수확을 시작할 수 있음을 밝히는 등 차씨의 보관방법과 심는 방법·차밭관리·수확시기·삼년 뒤의 수확량 등을 상세히 기록하였다.

3. 「四時十二時淸趣辨證說」의 茶事

이규경은 耳順이 지나면서 자연과 함께 살며 몸을 수양하는데 치중하였다.

「사시십이시청취변증설」에는 소일할 방도가 없기에 古今의 淸趣를 모으다가 평소 하고 싶은 일에 대해 논설하고 아울러 옛사람들이 이미 실험한 節目을 일년 사계절과 하루 十二時로 나누어 기록한다고 하였다. 이 기록은 당시 선비들이 살고자 하는 이상적인 삶의 모습으로 일상의 차생활 모습을 추측해 볼 수 있게 한다.

1) 四時의 淸趣

이규경은 일년 사계절의 맑은 취미를 상세히 기록하고 있다. 그 중 차에 관한 내용이 다음과 같이 나타나고 있다.

> 봄철에는 새벽에 일어나 말린 梅花를 끓여 茶를 만들며 下人에게 日課를 부여하여 주위를 掃灑하고 계단의 이끼를 보호하게 한다. 巳時에 장미 이슬로 손을 씻고 옥유향을 피운 다음 글을 읽는다. 정오에 죽순과 고사리를 따고 깨를 볶으며 샘물을 길어다가 새 차[茗]를 달인다.
> 가을철에는 새벽에 일어나 휘장을 내린 뒤에 장서의 표지를 점검하고, 이슬에 硃砂를 개어 문자를 點勘한다. 사시에는 거문고를 뜯고 학을 길들이며, 금석이나 도기로 만든 그릇을 관상한다. 정오에 蓮房 위의 이슬로 벼루를 씻으며, 茶具를 정리하고 梧竹을 씻는다.
> …중략…
> 겨울철에는 새벽에 일어나 막걸리를 마시고 양지쪽에 앉아 머리를 빗는다. 巳時에 전방석을 깔고 숯을 구입한 뒤에 名士들을 모아 黑金社를 만든다. 정오에 붓을 들고서 묵은 원고를 정리하다가 해 그림자가 층계에서 옮겨가는 것을 보아 발을 씻는다. 오후에 도통롱을 메고 묵은 소나무와 깍아지른 듯한 낭떠러지 사이에 가서 물을 길어다가 建茗(建安에서 생산되는 차)을 달인다.[234]

봄에는 새벽에 말린 매화를 끓여 매화차를 마셨고 정오에 샘물을 길어 햇차를 달여 마셨다. 가을에는 정오에 다구를 씻는다고 하였으니 이때 차를 마셨음을 알 수 있고, 겨울에는 정오에 묵은 원고를 정

---

234) 「四時淸趣者 春 晨起 點梅花湯 課奚奴灑掃護階苔 巳中 取薔薇露浣手 薰玉蕤香 讀赤文 綠字書 晌午 採筍蕨 供胡麻 汲泉試新茗…中略…秋 晨起下帷撿牙籤 挹露硏硃點校 巳中 操琴調鶴 玩金石鼎彝 晌午 用蓮房洗硯 理茶具 拭梧竹 …中略… 冬 晨起飮醇醪 負暄盥櫛 巳中 置氈褥 市烏薪 會名士作黑金社 晌午 挾筴理舊稿 看晷影移階灌足 午後 攜都統籠向古松懸崖間 敲氷煮建茗」, 李圭景, 『五洲衍文長箋散稿』, 卷三十六, 「四時十二時淸趣辨證說」

리하다가 오후에 물을 길어다가 建茗을 달인다고 하였다.

이와 같이 오주는 샘물을 길어 차를 달이는 것을 일상의 맑은 취미로 중요하게 다루었음을 알 수 있으며, 당시 선비들이 봄에는 매화차와 햇차를 마셨고 겨울에는 건안차 등을 즐겼음을 짐작할 수 있다.

2) 十二時 淸趣

十二時 맑은 취미에서는 하루 24시간의 생활상이 드러난다. 기록은 辰時부터 시작하여 卯時까지 순서대로 언급하였다. 그에게 茶事가 행해지는 시간은 卯時와 午時이며 辰時에는 백탕을 마시되 차는 마시지 말 것을 기록하고 있다.

辰時에 일찍 일어나 옷깃을 여미고 앉아 마음을 명랑하게 한 뒤에 호흡을 조절하고 天氣를 흡수하여 백탕 한 사발을 마시고 차는 마시지 말며 머리를 백여 번 빗어서 氣가 소통하고 火가 맑아지며 눈이 밝아지고 뇌 속의 열기가 제거되게 하며 양치질을 마치고 아침식사를 하되 멀건 죽이어야 하고 量이 적어야 하며 식사가 끝난 뒤에 천천히 1백 보쯤 걸으면서 손으로 배를 문질러 쉽게 소화되도록 한다. …중략…
午時에는 선향 한 개비를 피우고 일정한 곳을 맴돌아 氣와 神을 안정시키고 나서 비로소 식사, 소탕을 들며 배가 고픈 뒤에 식사하되 배부르기 전에 그만두며 차는 입안을 먼저 씻어낸 뒤에 마시고 약간의 걸음을 걸으며 앉았을 적에는 등을 구부리지 말고 가슴이 답답해질 적에는 氣를 두세 차례 조용히 불러낸다. 대저 음식에는 滿을 버리고 虛를 취해야 하므로 식사하는 시각을 규정하는 것이 원칙이다. …중략…
卯時 첫새벽에 일어나 옷을 걸치고 평상 위에 앉아 이를 3백번 딱딱거린 뒤에 양쪽 어깨를 轉動하여 筋骨을 조절, 음양을 조화시키며 옷을 입고 자리에 앉아서는 十使에 침투되지 않도록 하여 의리에

관한 글을 읽고 법첩에 대한 글자를 익히며 맑은 마음으로 조용히
앉았는가 하면 자기에게 유익한 벗와 함께 淸談을 나누고 적게 마
셔 반절쯤 취하며 꽃에 물주고 대나무를 심으며 거문고 소리를 듣
고 학을 관상하며 향을 피우고 차나 달이며 城에 올라 산을 관망하
고 뜻을 바둑에 붙이기도 한다. ···하략···235)

하루 24시간을 규칙적으로 생활하면서 도교의 양생술을 실행하
고자 하였음이 보인다. 차를 마시는 시간은 卯時와 午時이며, 辰時
에는 백탕을 마시되 차는 마시지 말라고 하였다. 묘시는 오전 5시에
서 7시 사이이다. 이때 일어나 가볍게 운동하고, 글을 읽은 후 벗과
청담을 나누고, 꽃에 물주고 대나무를 심으며, 거문고 소리를 듣고,
학을 관상하며, 향 피우고 차를 달인다고 하였다. 오시에는 향을 피
우고 氣와 神을 안정시킨 후 배가 고프면 식사하되 배부르기 전에
그만두었다. 차는 입안을 씻어낸 뒤 마시는데 이것은 차의 맛과 향
을 훼손시키지 않기 위함이다. 하루 중 차를 마시는 시간은 묘시와
오시로 아침 식사 전과 점심식사 이후였음을 알 수 있다.

이와 같이 오주 이규경은 仙道的 수련법과 아울러 올바른 攝生으
로 몸과 마음에 사소한 장애도 발생하지 않도록 修身하고자 노력하
였다. 호흡과 자세의 단련 등 심신을 수련하고 규칙적인 식사는 물
론 과식을 하지 않으며, 꽃에 물주고 대나무를 심고 향 피우고 차를

---

235) 「辰 凤興整衣襟 坐明窓中調息受天氣 進白湯一甌勿飲茶 櫛髮百餘遍 使疏風淸
火明目 去腦中熱 盥 漱畢 早飡 宜粥宜淡小飽 徐行百步 以手摩腹 令速下食 天
氣者 亥 子以來眞氣也 静以淸 喧以濁 故天氣 至巳 午而微矣 ···中略··· 午 坐香
一線畢 經行使氣神安頓 始飯用素湯 當飢而食 未飽先止 茶 滌口膩漱去乃飲 行
步多少 坐勿偏胸 中悶 則點呵氣二三口 凡飲食之節 減滿受虛 故當飯而節其滿
未飽 留其虛 ···中略··· 卯 醒見晨光 披衣坐牀 叩齒三百 轉動兩肩 調其筋骨 以
和陰陽 振衣下榻 俾勿濫觴 十供 讀義理書 學法帖字 澄心静坐 盆友淸談 小酌
半醺 澆花種竹 聽琴玩鶴 焚香煎茶 登城觀山 寓意奕棋···下略···」, 李圭景, 『五
洲衍文長箋散稿』, 卷三十六, 「四時十二時淸趣辨證說」

달이는 등 가벼운 일상의 일은 스스로 하는 등 규칙적인 생활과 체력단련으로 감정을 조절하고 스트레스를 조기에 예방하였다.

이와 같은 선비들의 일상을 엿볼 수 있는 기록은 서거정(1420~1488)의 「書蘭坡先生詩卷後」에서도 찾아볼 수 있다.

> 청천 이상국은 나의 부집이니 난파는 그의 호이며 수보는 그의 자이다. …중략… 손이 오면 반드시 물 뿌려 쓸고 향불을 피우고는 술상을 베풀고 차를 달여 놓고 시를 지으며 서로 부르고 수답하였으며, 술자리가 한창 즐겁게 어울리면 계집종으로 하여금 거문고도 뜯고 시도 짓게 하여 환락을 흡족히 한 연후에 파하였으나 난잡한 데에 이르지는 않았다.[236]

옛 선비들은 손님이 왔을 때에도 물 뿌려 쓸고 향불 피우고 술과 차를 대접하였으며 시와 음악 등으로 흡족하게 즐겼다.

「사시십이시청취변증설」은 이규경 본인이 耳順이 지나 소일할 방도를 찾으면서 평소에 하고 싶던 일, 그리고 옛 사람들이 이미 실험했던 절목들을 기록한 것이다.

그들은 차를 달일 좋은 물을 구하기 위해 위험을 마다하지 않았고, 직접 물을 길어 차를 달이고 다구를 정리하였음이 나타난다. 차를 마시는 계절은 봄·가을·겨울이며 하루 중에는 묘시와 오시, 겨울에는 해 그림자가 지는 申時 末에서 酉時 初이다

옛사람들과 이규경은 하루 24시간의 일상생활을 규칙적으로 생활하면서 도교의 양생술을 실행하고자 노력하였으며, 그 과정에서 차 생활이 깊이 자리하고 있음을 알 수 있다.

---

236) 「淸川李相國 吾父執也 蘭坡其號 壽父其字…中略…客至 必洒掃焚香 設酒煎茶 吟哦唱酬 酒 酣 或令女奴絃歌 懽洽而罷 不至亂」, 徐居正, 『東文選』, 卷之一百三, 跋, 한국고전번역원.

4. 오주의 차문화관 특징

오주의 차문화관은 그의 학문적인 경향인 實事求是 학풍 속에서
전개되고 있다. 청조 고증학은 그의 학문형성, 특히『오주연문장전
산고』의 성립에 크게 영향을 미치고 있다.

고증학은 18세기 중반부터 19세기 초반 청나라의 학문을 대표하
는 것으로 송·명 시대의 성리학이 공리공론과 독단해석에 치우쳐
유학의 본래의 사명을 벗어난 것에 반하여, 오주는 어떤 논제에 대하
여 옛 문헌에서 확실한 증거를 찾아 실사구시의 방법론에 입각하여
정확한 고증에 의한 연구를 하고자 하였다. 그 대상은 經學·史學·
地理學·金石學·音韻學·文字學·天文曆學 등 여러 분야를 광범
위하게 연구하였다. 이러한 연구 방법은 명나라 말 陳第(1541~1617)
·方以智에서 시작하여 청나라 초기 顧炎武·黃宗羲(1610~1695)
등에 의해 經史學의 학문적 도구로 성행하였다. 고증학은 원래 독자
적 학문 분야로 의식되지 않았으나 점차 고전에서 실사구시를 추구
하는 문헌학적 실증 귀납에 몰두하는 특징을 갖게 되었다.

이러한 고증학이 조선에는 연행사의 왕래와 함께 소개되었고 유
형원, 이익에 의하여 실학으로 발전하였다. 청나라의 고증학은 경서
의 고증 등 순수학문으로서 연구되었지만, 조선의 실학은 경서의 고
증 뿐 아니라 현실을 깊이 고민하는 가운데 사회모순을 해결하고자
하는 '溫故而知新의 實踐學文'으로 그 성격을 변화, 발전시켰다.

실학의 특성은 종래의 권위적인 주자학의 세계에 매몰되지 않고
새로운 차원을 지향하여 자유로운 학문탐구의 기풍을 추구하였다.
또한 학문의 중심을 윤리, 도덕적이고 관념적인 것으로부터 현실적
이고 구체적인 것으로 전환하여 經世致用이나 利用厚生 등에 집중
적인 관심을 보였는데 이는 당면한 현실문제와 직결되는 것으로서

실제생활에 유용한 것이었다. 실학은 조선 후기 사회의 제반 현실문제가 시급하고 절실하게 제기되었던 상황에서 대두되었기 때문에 자기 반성적이고 자기 발전적인 노력과 주체적 입장이 강하였다.[237]

이 시기 고증학의 영향을 받은 실학적인 저술에는 柳馨遠(1622~1673)의『磻溪隨錄』·朴世堂(1629~1703)의『穡經』·李瀷(1681~1763)의『星湖僿說』·安鼎福의『東史綱目』·朴趾源(1737~1805)의『燕巖集』·李德懋의『靑莊館全書』·柳得恭(1748~1807)의『渤海考』·丁若鏞의『牧民心書』·『經世遺表』·『欽欽新書』·『麻科會通』, 徐有榘의『林園十六志』·李圭景의『五洲衍文長箋散稿』등이 있다.

이와 같은 사회적 분위기 속에서 실학이 개화사상으로 연결된 인적 계보를 살펴보면 정약용 → 최한기·김정희 → 박규수·강위·신헌 등으로 이어졌다. 또한 실학이 가지는 통상개국론이 개화사상에 계승 발전되었는데, 박제가(1750~1805)가『북학의』에서 주장한 ‘통상무역론’이나 오주의 ‘통상개국론’은 최한기·오경석·강위·박규수에 계승되었다.[238] 최한기는 개화사상으로 연결된 인적 계보에서 정약용·김정희와 연결되었고 오주의 ‘통상개국론’을 계승하였다.

이러한 ‘통상개국론’과 실학적 저술 등의 실학운동은 시대적 요청에는 민감하였지만 근본적인 한계를 지니고 있었다. 박제가·이덕무·서이수(1749~1802) 등은 명문에서 태어났으나 庶子란 이유로 출세하기 어려운 상황에 있었고 유형원·이익과 같은 선구자들도 정권다툼에서 패배하거나 싫증이 나서 서울을 떠난 경력을 가진

---

237) 한국철학사연구회,『한국실학사상사』, 다운샘, 2002, 26~27쪽.
238) 장동익 외2 공저,『한국사 강론』, 홍진출판사, 1999, 250~251쪽.

자들이었다. 또는 在京 명문 양반 출신이면서도 정권의 핵심에 참여하지 못한 사람들이 대부분이었다. 이들은 현실정치에 참여하는 데는 한계가 있었지만 그렇기 때문에 사상은 풍요로워질 수 있었다. 여기에 실학의 한계와 의의가 있다.[239]

이규경 또한 이덕무의 庶孫으로서의 사회적 활동에 한계가 있었다. 그는 이러한 현실에 悲憤慷慨하기보다는 학문에 전념하였고, 그 결과물이라고 할 수 있는 백과사전적인 저술『오주연문장전산고』에서 방대한 주제들을 각각 변증설이라 명명하고 고증학적으로 논술하였다. 변증설이라는 명명은 그의 학문의 폭, 동양과 서양철학에 대한 깊이 있는 이해를 전제로 할 때 가능하다.

선조말년 서양의 지도가 들어오면서 우리나라는 중국 이외의 광대한 세계를 의식하고 있었고 西學이라는 이름의 서구과학이 소개되기 시작하였다.

西學은 西勢東漸에 따라 1601년 중국에서는 선교사들에 의해 北京開敎와 함께 布敎를 위한 방법으로『천주실의』등의 천주교 교리서와『幾何原本』등의 서구 과학서를 번역하여 전파하면서 중국에 유입되었다.

1631년 7월 鄭斗源(1581~?)은 명나라에서 千里鏡·西砲·自鳴鐘·焰硝花·萬國地圖·天文書·西洋風俗記·천주교 서적 등을 가져왔다. 1645년 청나라에서 볼모생활을 마치고 돌아온 昭顯世子가 아담 샬에게서 天文·算學·서양종교에 관한 책·地球儀·天主像도 가져 왔다.

17세기 후반부터 18세기 후반 사이에는 徐命膺(1716~1787)·洪

---

239) 기시모토 미오·미야지마 히로시 지음, 김현영·문순실 옮김.『조선과 중국 근세 오백년을 가다』, 역사비평사, 2003, 308쪽.

大容・朴趾源・朴齊家・李德懋・柳得恭・金正喜 등 많은 학자들이 연행사 또는 자제군관으로 청에 가서 康熙・乾隆시대의 새로운 학술 및 학풍을 도입하고 천주교와 서양학문에 관한 서적을 들여오면서 서학은 천주교와 서구과학을 겸한 두 방면으로 발전하였다.

이러한 서적의 도입은 선진화 된 서양 과학기술의 가치를 인식하게 되었다. 특히 임진왜란과 병자호란을 통한 피해가 확대되어가는 상황에서 서양문물과 과학기술은 사회적・경제적 변화를 요구하는 조선사회에 큰 영향을 끼치게 되었고, 당시 의식 있는 학자들 사이에는 합리적 실용과학을 수용하려는 노력이 생기게 되었다.

이러한 시대적 상황에서 서학은 이익에 의해 서구과학 방면으로 크게 발전하였고 그 문하에서 홍대용・신경준・정약용・최한기・김정호 등 실제 응용자를 만남으로서 서학은 실용과학으로서 더욱 발전하게 된다.

이규경과 교류하였던 최한기는 서구과학에 대한 이해가 매우 깊었고 뉴튼의 물리학・미적분・引力의 개념 등 서구 근대 과학을 수용 이해하고 있었다.[240]또한『人政』에서 "스승과 친구를 찾아 방문한 것은 천리를 멀다하지 않았고, 서책을 연구하는 데에는 천금을 아끼지 않았다. 그러다가 나이가 30에 이르면 조용히 과거에 배운 바를 비교 참고한다."[241]고 하였듯이 최한기는 많은 서책을 보유하고 있었고 학문에 깊이가 있었음을 알 수 있다.

이규경은『오주연문장전산고』집필 과정에서 조부로부터 대를 이어서 내려온 많은 책을 보유하고 있었지만, 본인이 가지고 있지 않은 奇書와 西學에 대한 부분은 최한기의 書家에서 도움을 받았을

---

240) 한국철학사연구회,『한국실학사상사』, 다운샘, 2002, 309쪽.

241)「求訪師友 則不遠千里 研究書冊 則不惜千金 年至三十 安居靜養 參考前日所學」, 崔漢綺,『人政』卷十三, 敎人門 六,「博略始終」

것이다.

『오주연문장전산고』는 각 항목을 변증설이라 명명하였고 그 내용은 중국과 일본, 국내의 다양한 문헌을 인용하여 註를 달고 본인의 論旨를 펼쳤다. 그의 차문화관은「荼茶辨證說」·「種茶薏苡靑蘘辨證說」·「四時十二時淸趣辨證說」을 통해 이해해 볼 수 있으며 각 변증설에서는 문헌학적으로 자기의 주장을 고증·변증하고자 노력하였음을 알 수 있다.

오주 茶文化觀의 특징은「荼茶辨證說」에서 나타는 바와 같이 '荼'자가 '茶'자로 변화되는 과정의 변증에서 출발한다. 그는 변증의 방법으로 다양한 국내외의 문헌을 참고로 하였고 차에 대한 해박한 지식으로 차의 역사는 물론 茶事 전반을 아우르며 고증하고 논증하고자 하였다.

그는 '荼'자가 '茶'자로 변화되는 과정 속에서 原義를 찾고자 하였다.

'荼'자는 중당 때부터 茶로 바뀌어 쓰이기 시작하였는데 육우가 『다경』을 저술한 이후임을 논증하고 있다. 이를 논증하기 위해 顧炎武의『日知錄集釋』을 인용하면서 그 내용 중에서『唐韻正』·『困學紀聞』·『이아』·『시경』·王肅 '詩'·『하소정』·『주례』·『의례』·『국어』·『시경』·『唐書』·『物理小識』·『신농식경』·『漢書·地理志』·『通雅』등을 통하여 중당 이전에 '荼'字의 여러 가지 쓰임에 대해 고증하였다.

'荼'는 여러 문헌에서 고채·모수·육초·시든 잎으로 쓰였으며 장재가 성도의 樓에 올라 읊은 시에서 "芳茶는 六淸의 으뜸"이라 하며 마시는 음료인 향기로운 차로서 '荼'의 쓰임을 언급하였다.

'茶'의 산지가 촉지방임을 손초의 시에 '생강·계피·茶는 파촉 지방에서 난다'는 기록과 『본초연의』에서 공물로 '茶'와 '茗'을 바쳤고 秦人이 촉을 취한 후에 '茗'을 마시는 일이 시작되었다는 기록을 근거로 하여 밝히고 있다. 또한 『당서』에서 '茶'자는 한 획을 감해 '荼'로 하였음을 알 수 있다.

『다경』 저술 이후 천하가 차 마시기의 이로움을 알게 되었다고 하였으나 그와 반대로 기무민의 『茶飮』에서는 차는 막힌 곳을 풀어 해소하고 하루의 이로움이 잠시는 좋으나 瘠氣가 精氣를 범하여 終身의 해로움이 크다고도 하였다.

'茶'자의 가장 오래 된 것은 『식경』에 겨우 보인다고 하면서 당 이전과 이후의 茶史에 대해 주석하였다.

또한 근세의 차의 품평을 하면 '용정개편'을 제일로 삼는다고 하였다. 차 종자를 심는 방법을 몰라서는 안 된다고 하면서 『만보전서』·『고금비원』를 인용해 차씨를 심는 방법을 상세히 기술하고, 우리나라 사람들이 중국에서 종자를 가져와 법대로 심어 기른다면 수요를 충당할 터인데 아무도 그러한 지혜를 지닌 자가 없음을 안타까워하였다.

일본 양안화상의 『화한삼재도회』의 투다법을 살피고 다서를 소개하면서, 다서가 매우 많으니 지금 투다와 품수 같은 것을 억지로 기록할 필요가 있겠는가 하고 역설하였다.

「種茶薏苡靑蘘辨證說」에서는 우리나라의 실정에 맞는 차나무 재배방법에 대해 기록하였다. 차 종자의 수확은 10월에서 11월 사이에 하고 파종은 음력 2월 중에 하며, 차씨는 산중 비탈에 심는데 나무그늘이나 陰地가 좋으며 침수가 되지 않도록 주의해야 함을 강조하였다.

심은 후에는 쌀뜨물이나 물을 주고 2년 후부터는 거름을 해야 하며 3년 후 부터는 수확을 시작할 수 있음을 상세히 서술하는 등 차씨

의 보관방법과 심는 방법·차밭관리·수확시기·삼년 뒤의 수확량
등을 상세히 밝히고 있다.

「四時十二時淸趣辨證說」에서는 당시 선비들의 차생활이 드러난
다. 그들은 차를 달일 좋은 물을 구하기 위해 위험을 마다하지 않았
다. 직접 차를 달이고 다구를 정리하였음이 나타난다.

옛사람들과 이규경은 하루 24시간의 일상생활을 규칙적으로 생
활하면서 도교의 양생술을 실행하고자 노력하였으며 그 과정에서
차 생활이 깊이 자리하고 있음을 알 수 있다.

3장

조선시대 백과사전류를 통해 본 차문화

3장 조선시대 백과사전류를 통해 본 차문화

조선시대의 차문화를 이해하기 위해서는 우리나라는 물론 중국과 일본의 차와 관련된 문헌들에 대한 이해가 선행되어야 한다.

본 편에서는 조선시대에 저술된 백과사전류를 중심으로 그 내용을 개략적으로 이해하고 이를 통해 조선시대 차문화의 위치를 알아보고자 한다.

백과사전을 뜻하는 영어 'encyclopedia'는 그리스어 'enkyklopaideia'에서 유래되었으며 완벽한 학습체계나 방법을 뜻하는 포괄적인 교육을 의미한다. 백과사전은 수세기 동안 당 시대의 지식과 학문을 포괄적으로 기록해 놓음으로써 학문 발달에 있어서 이정표 역할을 하며 역사와 함께 그 성격도 변화, 발전한다.

조선시대 실학자들은 실용적인 학문 탐구를 통해 나라를 부강하게 하고 백성들의 생활을 풍족하게 하고자 노력하였다. 이러한 움직임은 중국에 사신으로 다녀온 사람들을 통해 중국의 다양한 문헌들과 선진문물들이 유입되면서 더욱 자극받게 된다.

우리나라에 중국의 類書가 처음 들어 온 것은 1334년 원나라 陰時夫가 찬한 『韻府群玉』으로 이 책은 시를 짓는 문인들에게 환영 받았다. 초기에는 유서를 정리하여 재간행이나 부분개편 함으로써 그 수

요를 충족시켰다. 그러나 『四庫全書』의 간행을 전후로 해서 백과사
전류가 쏟아져 들어오면서 의식 있는 학자들은 우리 실정에 맞는 백
과사전류 편찬의 필요성을 느끼게 되었고 權文海(1534~1591)의
『大東韻府郡玉』을 시작으로 지식의 寶庫라 할 수 있는 백과사전류
의 편찬 작업이 이어지게 되었던 것이다.

조선시대의 백과사전류는 주로 개인 편찬으로 이루어졌는데
1589년 權文海(1534~1591)의 『大東韻府郡玉』을 효시로 1614년 李
睟光(1563~1628)의 『芝峰類說』・1644년 金堉(1580~1658)의 『類苑
叢寶』・1740년 李瀷(1681~1763)의 『星湖僿說』・安鼎福(1712~1791)
의 『雜同散異』・1827년경 徐有榘(1764~1845)의 『林園十六志』・1830
년경 崔漢綺(1803~1879)의 『農政會要』・1884년경 李裕元(1814~1888)
의 『林下筆記』・저술연대 未詳인 李圭景의 『五洲衍文長箋散稿』・
趙在三(1808~1866)의 『松南雜識』 등이 대표적이다.

이들 백과사전류에서는 내용의 多少는 있으나 한결같이 차에 대
해 기록하고 있음을 볼 수 있다. 이들을 일괄 정리하면 <표9>과
같다.

<표9> 百科事典類에 나타난 茶 관련 書目

서 명	저 자	저술연대	출 처
大東韻府群玉	權文海 (1534~1591)	1589년 1798년 간행	권6 「麻字韻」
芝峰類說	李睟光 (1563~1628)	1614년	권19 「植物部」
類苑叢寶	金 堉 (1580~1658)	1643년	권37 「飮食門」

서 명	저 자	저술연대	출 처
星湖僿說	李瀷 (1681~1763)	1740년	권6 「茶食」 권12 「茶時」
雜同散異	安鼎福 (1712~1791)	연대미상	53책
林園十六志	徐有榘 (1764~1845)	1827년경	「晩學志」 권 제5 雜植 「怡雲志」 권 제1 衡泌鋪置 茶寮 권 제2 山齋淸供 上
農政會要	崔漢綺 (1803~1879)	1830년경	6책 권13 「農餘」 雜植
五洲衍文長箋散稿	李圭景 (1788~1856)	연대미상	권56 「茶茶辨證說」 권19 「種茶薏苡靑蘘辨證說」 권36 「四時十二時淸趣辨證說」
松南雜識	趙在三 (1808~1866)	연대미상	花藥類
林下筆記	李裕元 (1814~1888)	1884년경	권32 湖南四種

　　본 장에서는 조선시대 백과사전류에서 기록하고 있는 차에 관한 내용을 채록의 특성을 중심으로 살펴보고자 한다. 다만 시대 흐름에 따라 찬술 성격도 달라지므로 이들을 16~18세기와 19세기로 나누어서 다루기로 한다.

1. 16~18세기 撰述書에 나타난 차문화

　　16~18세기 찬술된 조선의 대표적인 백과사전류로는 권문해의

『大東韻府郡玉』·이수광의『芝峰類說』·金堉의『類苑叢寶』·李瀷의『星湖僿說』·安鼎福의『雜同散異』가 있다. 찬술서에 나타난 차에 관한 내용을 살펴보면 다음과 같다.

1) 權文海의『大東韻府群玉』

『大東韻府群玉』은 1589년(선조 22) 權文海가 편찬하였다. 권문해는 조선중기의 문신이며 학자로 李滉(1501~1570)의 문하에서 수학하였으며 金誠一(1538~1593)·柳成龍(1542~1607)·金宇顒(1540~1603) 등 당대의 명사들과 교유하였다.

그는『대동운부군옥』에서 단군 이래 선조까지의 史實·인물·문학·예술·지리·국명·성씨·山名·木名·花名·동물명 등을 총망라하였으며 元나라 陰時夫의『韻府群玉』예에 따라 韻字를 차례로 배열하여 서술하고 있다. 20권 20책으로 편찬 직후 선조에게 바쳐 나라에서 간행하려고 하였으나 임진왜란으로 중단되고 말았다. 그 후 210년 뒤인 1798년(정조 22)에 이르러 권문해의 7대손인 進洛이 丁範祖의 서문을 받아 초판을 펴냈다.

초판에는 내용의 가감이 없기 때문에 권문해의 저술 당시의 내용을 그대로 담고 있으며 임진왜란 이전의 여러 상황을 이해하는데 중요한 문헌이다.

권6 麻字韻 '茶'에 孺茶·山茶·智異茶·少睡茶·曹溪茶·添水茶·喜啜茶·腦原茶·口焦求茶·雙角龍茶·鐵瓶煎茶·重葉山茶 등 12종을 거론하고 있다.

이들 12종의 차에 대한 기록을 정리해 보면 <표10>와 같다.

<표 10> 『大東韻府群玉』에 나타난 茶

구 분	출 전	내 용
孺 茶	柳希齡, 『大東聯珠詩格』注 『東國李相國全集』권13	雲峯의 老珪禪師가 早芽茶를 얻어 이규보에게 보이고 孺茶라 이름을 붙이고서 시를 청하기에 지어준 시에 나타남
山 茶	李詹,『雙梅堂集』	산차가 꽃을 피워 바다 구름이 붉어지니, 한겨울에도 내가 봄바람 속에 앉아 있는 듯하네. 민간에서 동백이라 부름
智異茶	『三國史記』第10 '興德王'	신라 때 대렴이 당에서 가져와 지리산에 재배. 성덕왕 때에 비로서 성하게 됨. 김종직이 차밭조성. 상공 충당.
少睡茶	金宗直,『靑丘風雅』卷7 「謝友人惠茶」 『東文選』21권, 칠언절구	권신촌의 시 "한낮 창가에서 자다 일어나 마시면 맛이 일품이지만 잠을 자면 근심을 잊을 수 있는데 잠이 없으면 어찌 할거나"
曹溪茶	『新增東國輿地勝覽』卷40 「全羅道」'順天都護符' 『益齊亂藁』제4권	차는 조계산에서 난다. 익제가 차를 선사받고 치하한 시이다. 오지그릇에 乳花가 피어나네.
添水茶	成俔,『慵齋叢話』제 3권	기우자는 물맛을 분간할 수 있다. 상곡에게 갔을 때 그는 아들에게 차를 끓이라 하고 물이 끓자 다른 물을 더 넣었다. 기우자가 맛을 보고 "이 차에 두 가지 물을 더 부었구나" 하였다.
喜啜茶	申叔舟,『海東諸國記』	일본사람은 차 마시기를 좋아하므로, 길가에 茶店을 두어 차를 팔게 되었으니 길가는 사람이 돈 1文을 주고 차 한 주발을 마신다.
腦原茶	『高麗史』卷7 「世家」第7 '文宗'	문종이 80세 이상 사람들에게 잔치를 베풀어 주고 나라의 원로 최보성, 조웅, 이택성에게 뇌원차 30각씩을 내려줌

구 분	출 전	내 용
口焦求茶	李仁老, 『破閑集』 卷下	차가 입 마르는 병에 효과가 있고 몸을 가볍게 한다는 것을 앎
雙角龍茶	金宗直, 『靑丘風雅』 卷6 「侍坐淸讌閣蒙賜雙角龍茶」 서거정, 『東文選』 19권	임금이 하사한 귀한 차
鐵甁煎茶	金宗直, 『靑丘風雅』 이규보, 『東國李相國全集』 권3	이규보가 남쪽 사람들에게 쇠주전자를 선물받고 철병의 물 끓는 소리가 처음에는 목이 멘 소리, 점점 피리소리가 길게 울려 퍼지는 것 같다고 함
重葉山茶	姜希顔, 『海東雜錄』 2, 「本朝」 2	충숙왕과 원나라 公主가 귀국할 때 황제가 내려준 차로 잎이 두겹인 동백차

권6 麻字韻에서 '茶'에 관한 내용은 많지 않으나 각종 사항에 대하여 분명하게 기록하고 있다. 또한 차용어를 그 유래에서부터 접근하고 있는데 이는 역사적 이해를 전제로 하고 있다.

智異茶는 "신라의 大廉이 당나라에 사신으로 가서 차의 씨앗을 얻어 돌아와 지리산에 심은 것이며 聖德王(702~737) 때에 이르러 성하게 되었다"[1]고 하는 하였는데 "성덕왕 때에 이르러 차가 성하게 되었다"라고 하는 내용은 옳지 않아 보인다. 『삼국사기』 권10 「신라본기 흥덕왕조」에 보면 차는 선덕왕(632~647) 때부터 있었으나 이때에 이르러 성하였고, 대렴이 당나라에 사신으로 갔던 시기는 흥덕왕 3년(828년) 12월로 돌아올 때 차씨를 가져와 왕명에 의해 지리산에 심었다고 하였다. 여기서 왕명에 의해 차씨를 지리산에 심었

---

1) 權文海, 남명학연구소 경상한문학연구회 역, 『대동운부군옥』권6, 소명출판, 2003, 144~147쪽.

다는 것은 지리산이 차재배의 적지라는 것을 이미 알고 있었기 때문이라고 보여지며 흥덕왕 대에 이르러 차가 성하였음을 알 수 있다. 그러므로 성덕왕 때에 이르러 차가 성하게 되었다는 것은 시기적으로 맞지 않으며 기록하는 과정의 착오로 보인다.

첨수차는 騎牛子(李行, 1352~1432)가 桑谷(成石珚, 1338~1414)을 방문했을 때 상곡이 아들을 시켜 창 밖에서 차를 달이게 하였는데 물이 끓자 찻물이 새어 다시 다른 물을 부었더니 기우자가 맛을 보고 "이 차에 네가 두 가지 생수를 부었구나."라고 한데서 유래하였다.

여기서 상곡이 차를 달이도록 시킨 사람을 아들이라 했고 차 이름을 첨수차라 했는데,『용재총화』에서는 차를 달인 사람을 恭度公으로 기록하고 있고 '첨수차'라는 명명은 없다. 아직까지 아들과 공도공이 동일 인물인지 확인할 수는 없고 '첨수차'라는 명칭은 권문해가 명명하였을 것으로 생각된다.

『용재총화』에 보면 기우자는 물맛을 분간할 수 있었는데 忠州 達川水를 제1로 삼고, 금강산에서 나와 한강 가운데로 흐르는 牛重水를 제2로, 속리산의 三陀水를 제3으로 삼았다[2]고 한다.

뇌원차에 대해 번역서[3]에서는 賜腦原茶라 하였는데 이는 뇌원차를 하사한 것으로 보아야 한다.『고려사』의 기록을 살펴보면 文宗은 80 以上의 國老인 崔輔成(?~1052)과 趙顒에게 公服 各一襲 · 幞頭 二枚 · 腦原茶 30각을 하사하였고 이택성에게는 공복 일습을 하사하였음을 기록하고 있다. 뇌원차는 국로들에게 뿐만 아니라 賻儀로도 하사하였는데 成宗은 崔承老(927~989)가 죽자 뇌원차 200각 ·

---

2) 成俔,『慵齋叢話』제3권

3) 權文海, 남명학연구소 경상한문학연구회 역,『대동운부군옥』권6, 소명출판, 2003, 146쪽.

대차 10근을, 崔亮(?~995)에게는 뇌원차 1000각을 하사하였다. 목종도 徐熙(942~998)가 죽자 뇌원차 200각, 대차 10근 등을 부의하였음이 기록되어 있다.

쌍각용차는 고려시대 예종이 청연각에서 곽여(1058~1130)에게 친히 하사한 차로 곽여는 이에 대한 감사의 마음을 七言絶句의 詩[4]로서 전한다.

철병전차에 대해 번역서[5]에는 "이규보가 남쪽지방 사람들에게서 철병을 대접받고 시험 삼아 차를 볶아보았다"고 하였는데 여기서 '철병'은 차가 아니고 '쇠로 만든 병' 즉 차를 끓일 수 있는 '쇠 주전자'이다. 그러므로 본 내용은 '쇠 주전자에 차를 끓이며 지은 시'라고 해야 옳은 번역이 될 것이다. 즉 "이규보가 남쪽지방 사람들에게서 쇠로 만든 주전자를 선물 받고 여기에 차를 끓이며 다음과 같은 시를 지었다. 처음에는 목이 멘 소리 같더니 점점 피리소리가 길게 울려 퍼지는 것 같았다." 여기서 목이 멘 소리와 피리소리는 쇠 주전자에서 물이 끓을 때 나는 소리를 의미한다.

이상의 내용을 보면『대동운부군옥』은 여러 종류의 차와 그에 따른 역사, 그리고 그 출전을 매우 구체적으로 기록하고 있음을 알 수 있다. 따라서 그 구체적이고 간결한 표현 가운데 고려시대는 물론 당시의 차생활 내지 차문화를 살필 수 있는 좋은 자료이다.

---

4)「淸讌閣親賜雙角龍茶 雙角盤龍入小團 蜀山新採趁春寒 俄回御手親提賜 露氣天香惹一般 '청연각에서 쌍각용차를 친히 하사받고' 쌍각 반룡 소단에 드니/ 이른 봄에 촉산에서 새로 딴 잎에/ 어수 드시어 친히 내리시니/ 이슬기운 하늘향기 함께 일어나옵네」, 徐居正,『東文選』卷 19, 郭輿

5) 權文海, 남명학연구소 경상한문학연구회 역,『대동운부군옥』권6, 소명출판, 2003, 147쪽.

2) 李睟光의 『芝峰類說』

李睟光은 우리나라 실학의 선구자이다. 임진왜란을 전후하여 선조 23년(1590)에 聖節使의 書狀官으로, 선조 30년(1597)에 進慰使로, 광해군 3년(1611)에는 奏請使로 중국에 다녀왔다. 그는 3차례의 使行을 통해 새로운 문물을 접했으며 明나라에 와 있던 이탈리아 神父 마테오리치의 저서『天主實義』2권과『教友論』1권 그리고 중국인 劉汴 등이 지은『續耳譚』6권을 가지고 돌아와 한국에 최초로 西學을 도입하였다.

그는 동서고금의 서적을 섭렵하여 1614년에는 천문·지리·경서·군도·관직·문장·자연 등 당대 지식을 총망라한 백과사전적 내용인『지봉유설』을 저술하였다. 이는 3,435항목 20권 10책의 구성으로 당시 조선을 둘러싼 각국과 서양까지 총괄하고 있다.

차에 관해서는 권19「식물부」에 단편적인 내용이 다음과 같이 나타난다.

> 옛 사람이 말하는 雨前茶라는 것은 대개 3월중 穀雨 前의 차인데, 처음 나온 잎을 따서 만드는 것이 가장 좋다고 한다. 혹은 말하기를 이것은 정월 중 雨水 전의 것이라고 한다. 李齊賢의 詩에 '향기가 맑아 일찍이 寒食前의 봄을 따네' 라고 했다. 상고하건대, 火前이란 寒食날 불을 금하기 전에 따서 만든다는 말이다. 신라 興德王 때 사신이 唐나라에서 돌아오면서 茶의 종자를 얻어 가지고 왔다. 이것을 명하여 智異山에 심게 했다. 지금 남쪽 지방 여러 고을에서 나는 차는 곧 그때에 심은 것이라고 한다.[6]

---

6) 「古人所謂雨前茶 蓋以三月中穀雨前茶 初生嫩葉爲佳 或言正月中雨水前也 李齊賢詩香淸曾摘火前春 按火前者 採造於寒食禁火前也 新羅興德王時 使臣自唐還 得茶子來 命植智異山 今南方諸郡産茶 乃其時所種云」, 李睟光,『芝峰類說』, 卷十九, 食物部 '藥'

차는 곡우 전에 딴 찻잎으로 만든 우전차가 가장 좋다고 하였고,
이제현의 시를 인용하여 한식 전에 찻잎을 따서 만든다고 하였다.
차종자의 전파경로에 관한 내용으로는 흥덕왕 때 당나라에 갔던 사
신이 차씨를 가져와 지리산에 심게 했는데 지금 남쪽지방에서 자라
고 있는 차가 그 때에 심은 것이라고 하였다.

이제현의 시와 차종자의 전파경로에 관해서는『대동운부군옥』에
서도 인용된 내용이다.

3) 金堉의『類苑叢寶』

『類苑叢寶』는 김육이 인조 21년(1643) 저술한 것으로 46권 30책으
로 구성되어 있다. 당시의 상황을 위기로 파악하고 안민책의 실시를
통해 극복하고자 대동법 시행・수차 사용・화폐 통용・역법의 개
선을 구체적으로 기록하고 있다.

서문은 저자와 李植(1584~1647)이 썼다. 우리나라에는 중국에 못
지않게 많은 서적이 있었으나 임진왜란과 정묘호란 등 계속된 병란
으로 없어진 서적이 많아 시일이 지나면 이런 유서의 편찬이 더욱
어려울 것이라 하면서『藝文類聚』・『唐類函』・『天中記』・『山堂
肆考』・『韻府群玉』등을 참조하여 편찬한다고 하였다.

사물을 총 25門으로 분류하여 설명하였고 고전에서 사물의 내용
에 해당하는 구절을 뽑아 분류하였다. 항목의 아랫부분에 사실을 적
고 출전을 밝혔는데 분류방식은 天道・天時・地道・帝王・官職・
吏部・戶部・禮部・兵部・刑部・人倫・人道・人事・文學・筆墨・
璽印・珍寶・布帛・器用・飲食・冠服・米穀・草木・鳥獸・蟲魚
로 되어 있다.

차 항목은 권37「飲食門」에 1,730여 자가 보이며 차 이외에 밥・술・

죽 등의 내용도 있다. 23개의 소제목을 통해 '茶' 字의 명칭, 차의 역사, 차세, 차의 효능, 찻잎 따는 시기 등을 기록하였다. 서두에『다경』과『이아』를 인용하여 차의 명칭을 기록하였다.

『茶譜』를 통해서는 축주에 雀舌·鳥觜·麥顆 그리고 片甲이 있는데 편갑은 이른 봄에 어린잎을 딴 것이고 蟬翼은 잎이 매미 날개처럼 연하고 엷은 것이라고 하였다. 23개의 소제목은 造小龍團·著茶經·大叢茗·作茗著墳·眞茶·水厄·鬻茗·獲茗·複茗痕·榷茶·榷茶拒詔·受茶一串·甘草癖·晚甘侯·苦口師·奠茗能詩·消食茶·日飮百椀·拔茶植桑·雷鳴茶·僊掌茶·論槍旗·用鹽薑 등으로 구성하였다.[7]

大叢茗·作茗著墳·眞茶·水厄·鬻茗·獲茗·複茗痕·受茶一串 등에서는 차 역사를 기록하였다. 榷茶·榷茶拒詔·拔茶植桑은 차세에 관한 내용으로 과도한 차세는 차나무를 뽑거나 불태우게도 하였음을 기록하였다.

拔茶植桑이란 차나무를 뽑아내고 뽕나무를 심게 한 것을 말한다. 張詠이 崇陽의 수령이 되었을 때 백성들이 차나무 재배를 생업으로 삼고 있었다. 그러나 공이 "차는 이익이 많으므로 관청에서 장차 차에 조세를 부과할 것이다"라고 하고는 차나무를 뽑고 뽕나무를 심게 하였다. 이때 백성들은 이를 괴롭게 여겼지만, 훗날 다른 고을에서는 세금 낼 차를 마련하느라 모두 생업을 잃었을 때 숭양의 뽕나무는 다 자라있었다고 한다. 이와 같은 사례를 통해 당시 차세의 폐해를 추측할 수 있다. 또한 이를 예측한 장영의 경영관리 능력과 민생을 위해 고민하는 모습은 타의 귀감이 될 만하다.

---

7) 金埠, 권경렬 역, 「類苑叢寶의 차」(『차문화연구지』 제7권, 한국차문화연구소, 1998), 53~60쪽.

甘草癖은 차를 좋아해 하루라도 차를 마시지 않으면 견디지 못하는 병을 말한다. 감초벽에 걸린 사람으로는 육우를 들었다. 우뢰가 칠 때 딴 차를 뇌명차, 차가 막 나서 어린 것을 一槍, 좀 커져서 핀 것을 一旗라 하고 이 단계가 지나면 마시기에 적당하지 않다고 論槍旗에서 기록하고 있다.

4) 李瀷의 『星湖僿說』

『성호사설』은 조선 후기의 실학자 이익이 쓴 30권 30책으로 필사본이다. 이익은 조선시대 實學의 대가로 자는 子新, 호는 星湖이며 본관은 驪州로 실학자인 柳馨遠(1622~1673)의 학풍을 계승하였다.

『성호사설』은 평소 학문을 하면서 생각나고 의심나는 것을 적어두었던 것과 제자들의 질문에 답변한 내용을 기록해둔 것들을 1740년경에 집안 조카들이 정리한 것이다.

권1 鹽池·권2 句茶·권6 茶食·권12 茶時·권13 陸納杖姪·권22 韋昭에 차에 관한 기록이 있다.

권6「萬物門」茶食에서는 다음과 같이 기록하고 있다.

우리나라 祀典에는 다식이라는 게 있다. 쌀가루를 꿀에다 섞어 뭉쳐서 나무통 속에 넣고 짓이겨 동그란 떡으로 만드는데 그 이름과 그 뜻을 아는 이가 없다. 나는 이 다식이란 것이 宋나라 때 大龍團과 小龍團이 잘못 전해진 것이라고 생각한다. 이 茶가 맨 처음 생겼을 때는 물에 끓여서 먹게 되었다. 家禮에서 쓰는 點茶는 茶를 가루로 만들어서 잔 속에다 넣고 끓는 물로 축인 다음 솔[筅]로 휘휘 젓는 것인데 지금 日本 茶가 모두 이와 같다. …중략… 지금 제사에 다식을 쓰는 것은 바로 점다라는 뜻인데 그 이름만 남아 있고 실물은 바뀌어진 것이다. 어떤 집은 밤을 가루로 만들어서 다식을 박아 쓰기도 하는데 물고기와 새, 꽃과 잎처럼 예쁘게 만들기도 하나 龍團에

비하면 점점 잘못된 것이다. 모난 그릇이 모나지 않게 만들어지는 일[觚之不觚[8]]은 무슨 물건인들 그렇지 않겠는가?[9]

이 글을 통해 우리나라 제사에 다식이 올려졌음을 알 수 있다. 다식은 송나라의 대용단과 소용단이 잘못 전해진 것이다. 원래 의미대로라면 제사에 대용단과 소용단 모양의 떡차를 갈아 점다를 해 올려야 하나 그것이 변모되어 다식이 올려졌다. 이와 같이 제사에서 쓰이는 우리나라의 다식은 이름만 있고 실물은 달리 사용되고 있었음을 깨우치고 있다. 그는 중국의 차에 관한 지식은 물론 당시에 일본에서 점차가 유행하는 정황까지 충분히 파악하고 있음을 알 수 있다.

권12 「人事門」 茶時에는 다음과 같이 기록하고 있다.

'城上所監察茶時'라는 말을 비록 사람마다 외어 말하지만 그 뜻이 무엇인지를 모른다. 성상소란 것은 옛 궁궐의 城墻 위라는 뜻인데 그 당시 臺員들이 회의하는 처소로서 諫官 중에 行公할 사람이 없으면 여러 감찰들이 교대로 모여서 회의를 마치는 것이고, 茶時라는 말은 그들이 모여서 차나 한 잔 마시고 헤어진다는 뜻이다.
…중략… 또 그 당시 야다시라는 말이 있었는데 이 야다시란 재상 이하 누구든지 간사하거나 범람하여 불법을 저지른 자가 있으면 여러 감찰들이 야다시를 틈타 그 근처에 가서 그의 죄악 사실을 흰 판자에 써서 그 판자를 문 위에 걸고 가시나무로 다시 그 문을 봉한 뒤에 서명하고 흩어진다.…[10]

---

8) 觚之不觚란 『論語』 雍也 편에서 공자가 말한 "觚不觚 觚哉觚哉"에서 인용한 것인데, 이름만 있고 실물은 없다는 것을 비유한 것이다.

9) 「國家祀典有茶食 用米麪和蜜 木匡中築作團餅 人不解其名義 余謂此宋朝大小龍團之訛也 茶始煎湯 家禮用點茶 則以茶末投之盞中 沃以湯水 攪以茶筅也 今之倭茶皆如此…中略…今之祭用茶食 卽點茶之義 名存而物易也 人家或有粉碎栗黃而代者 作魚鳥花葉之狀 視龍團轉訛 觚之不觚 何物不然」, 李瀷, 『星湖僿說』

10) 「城上所監察茶時之語 雖人人誦說不知其義也 城上所者舊闕 城牆之上 卽當日臺員會議之所 而諫官無行公之員則 監察諸員替會而羅謂之茶時言其啜茶而羅也…

茶時란 사헌부의 벼슬아치들이 모여서 차를 마시고 헤이진다는 뜻이라 하였고, 夜茶時가 세속에서 잠깐 사이에 남을 때려잡는 말로 전해지고 있어 국조의 아름다운 풍속을 해치고 있음을 기술하고 있다. 조선 전기의 다시제도는 사헌부를 중심으로 임오년(1882) 이전까지 계속되었다.

『日省錄』에 보면 거의 매일같이 茶時를 행하였고 나중에는 탐관오리나 불법을 저지른 자의 죄악을 흰 판자에 써서 밤에 그 집에 붙이는 夜茶時라는 풍습이 있어 부정한 관리에 대한 도덕적 책임을 물었다.[11]

이렇게 보면 『성호사설』이 간행되던 시기의 차문화는 상당히 보편화되었음을 알 수 있다. 사헌부의 관리들이 모여 차를 마시는 시간이 있었으니 이것이 私家에서도 행해졌을 것이며, 이때 차와 더불어 시를 짓고 世事에 관한 담론이 이어졌을 것이다.

5) 安鼎福의 『雜同散異』

조선 후기 실학자 안정복의 類書로 우리나라와 중국의 역사·제도·유교경전의 字句·名家의 저술·名物·度數·閭巷·稗說 등에 관한 책이다. 방대하나 미완성 稿本이다. 당대의 수많은 전적과 여러 가지 지식을 정리해 놓은 저술이라는 점에서 그 자료적 가치가 인정되고 있으며 53책의 필사본이다. 자는 百順 호는 順菴·漢山病隱이다. 본관은 廣州이며 提川 출신으로 영조 25년(1749) 萬寧殿參奉이 되었고 1772년 世子翊衛司翊贊·世孫師傅 다음해 세자익위사 衛率 등을 지내며 世孫[正祖]을 輔導했다.

中略…云當時有夜茶時之語 自宰相以下 或有奸濫不法者 諸監察乘夜茶時 于其近地 書其罪惡於白板 掛諸門上 以荊棘封其門 著署而散」, 李瀷, 『星湖僿說』

11) 류건집, 『韓國茶文化史』下, 이른아침, 2007, 20쪽.

그는 이익의 학문을 계승하였고 星湖學派의 학자들과 교유하며 역사의 정통성과 독자성을 내세워 훗날 민족사관 형성의 기초를 제공했으며 천주교에 대해서는 비판적인 태도를 취하였다.

『雜同散異』에는 혼례 절차 중에서 혼인을 청하고 신부의 생년월일을 묻는 納采問名에 앞서 신랑집에서는 납채서를 가지고 사당에 고유할 때 다례를 행하였으며, 신부 집에 도착해서도 빈과 주인은 차를 마시는 의례가 있었음을 다음과 같이 기록하고 있다.

> 일찍 일어나 납채서를 가지고 사당에 고한다. 남녀는 서립하고 다례에 참여하는 예의에 따른다. …중략… 주인은 문 밖에 나가 빈을 청하기를 무릇 세 번 한다. 주인이 먼저 동쪽계단으로 오르면 빈은 서쪽계단으로 오른다. 당에 올라 동 서에서 서로 읍한다. 집사는 납채서를 대청위에 놓고 예물을 마당에 늘어놓는다. 주인은 빈과 자리에 앉아 차를 받들어 마신다. 빈이 일어나면 주인 또한 일어나고 집사가 납채를 빈에게 주면 빈은 주인에게 준다.[12]

또한 혼례 후 3일째에 며느리를 사당에 뵙게 할 때 주인은 술을 따르고 주부는 點茶하고 재배한다는 기록이 보인다.

2. 19세기 撰述書에 나타난 차문화

19세기는 차문화의 중흥기로 백과사전류에서 차에 관한 기록은 양에 있어서도 그 이전과는 차이가 있다. 특히 徐有榘의 『林園十六

---

12) 「夙興奉書以告祠堂 男女序立行茶禮如參儀…中略…主人出門揖請賓行凡三次 主人先升東階賓升西階 升堂東西相向揖 執事奉書函于廳上 禮物陳庭中 賓主各就座 奉茶訖 賓興主人亦起 執事以書授賓 賓以奉主人」, 安鼎福, 韓國學古辭典叢書 『雜同散異』(亞細亞文化社, 1981), 644~645쪽.

志』와 李圭景의『五洲衍文長箋散稿』는 그 내용이 방대하다.『林園
十六志』와 함께 崔漢綺의『農政會要』·趙在三의『松南雜識』·李
裕元의『林下筆記』등 찬술서의 대강을 살펴보고자 한다.

1) 徐有榘의『林園十六志』

『林園十六志』는『林園經濟志』라고도 한다. 서유구가 편찬한 백
과사전적 농서로 농사일반과 영농을 중심으로 한 의식주, 보건생활
및 사대부의 취미생활 등 생활전반에 대한 내용을 16부문으로 분류
하여 각각을 총론과 각론으로 나누어 서술하였다.

편찬연대가 정확히 명기되어 있지는 않으나『林園十六志』속의
「杏浦志」서문과 본서 각권 첫머리에 "洌上 徐有榘準平 纂 男 宇輔
校"라 한 것을 근거로 편찬 년대를 1827년경으로 추정하고 있다. 우
보는 서유구의 외아들로 저술의 편찬을 돕다가 1827년에 죽었다.

서유구는『農家集成』·『山林經濟』·『增補山林經濟』로 이어지
는 조선시대의 農書와『農政全書』등 중국의 농학을 수용하였고, 만
년에는 전원에 묻혀 몸소 농사를 지으며 朴世堂의『山林經濟』를 토
대로 하여『林園十六志』를 저술하였다. 여러 농서 등을 과학적으로
체계화한『林園十六志』는 이후의『農政新編』·『農政撮要』·『農政
會要』등 여러 농서에 영향을 끼쳤다.[13]

『林園十六志』에는「晚學志」권 제5 雜植과「怡雲志」권 제1 衡泌鋪
置 茶寮, 권 제2 山齋淸供 上에 차에 관한 방대한 내용을 기록하고 있
다.「晚學志」에는 茶·竹·煙草 등 13종에 대한 내용을 포함하고 있
으며 茶에 관해서는 名品·土宜·時候·種藝·護養·宜忌·收採·
蒸焙·收藏·藏種에 관해 서술하고 <표11>과 같이 출전을 밝혔다.

---

13) 徐有榘,『林園十六志』(1) (보경문화사 영인본), 2005.

<表 11> 『林園十六志』「晩學志」의 茶 관련 내용

항목	인용서목	내 용
名品	『茶經』·『茶譜』·『茶箋』·『本草綱目』·『杏浦志』·『群芳譜』	차의 근원과 차의 종류
土宜	『四時類要』·『茶經』·『大觀茶論』·『茶解』·『群芳譜』	차나무의 재배환경
時候	『四時類要』·許氏『茶疏』·『學林新編』·『苕溪詩話』	차 따는 시기
種藝	『四時類要』·『茶經』·『群芳譜』	차 종자심기
護養	『茶解』	차나무를 잘 기르는 방법
宜忌	『茶解』	금기사항
收採	『茶經』·『大觀茶論』·『北苑別錄』·顧氏『茶譜』·聞龍『茶箋』	찻잎 따는 때와 환경, 찻잎 따는 방법
蒸焙	『大觀茶論』·『茶疏』·『岕茶箋』·聞龍『茶箋』·『煮泉小品』·顧氏『茶譜』	차 찌기와 건조
收藏	顧氏『茶譜』·『快雪堂漫錄』·『茶箋』·『茶疏』	차의 저장
藏種	『四時類要』·『群芳譜』	차씨의 저장 방법

名品은 『茶經』 一之源을 인용해 차의 근원과 차의 종류를 들었으며, 『행포지』에서 차의 산지로 호남을 들었다.

土宜는 『大觀茶論』을 인용하여 차나무를 심어 생산하는 땅인 언덕은 반드시 햇빛이 들어야 하며 차밭은 그늘져야 한다고 밝혔다.

時候에서 청명과 곡우는 차 따는 시기로 청명은 너무 이르고 입하는 너무 늦으며 곡우 전후가 알맞다고 하였다.(『茶疏』)

種藝에서는 "구덩이를 파고 인분과 흙을 섞어 넣고 구덩이마다 60~70알 씩 심고 흙을 한 치의 두께로 덮어주고 풀이 자라더라도 김을 매지 않는다. 또 구덩이 거리는 두 자로 해서 심고 가물 때는 쌀뜨물을 뿌려준다. 차나무는 태양을 싫어하기 때문에 뽕나무 아래나 대나무 그늘 아래 심어야 하며 2년이 지난 뒤에 비로소 김매고 땅을 다듬어 준다. 소변이나 묽은 인분, 누에똥을 뿌려 북을 주되 뿌리가 연하기 때문에 북을 너무 많이 주어서는 안 되며 3년이 지나면 차를 딴다."고 하였다.(『四時類要』14))

護養은 차나무를 잘 기르는 방법으로 차밭에 나쁜 나무를 심으면 안 되며 다만 계수나무·매화나무·자목련·玉蘭·장미·푸른 소나무·푸른 참대를 그 사이에 심으면 충분히 서리와 눈이 덮이는 것을 막아주고 가을의 태양을 가려준다고 하였다. 또한 그 아래에 芳蘭·幽菊 등 맑은 향기가 나는 식물을 심을 수 있다고 기록하였다.(『茶解』)

宜忌에서는 채소이랑과 너무 가까운 것을 삼가야 한다고 하였다.(『茶解』)

收採는 찻잎 따는 시간과 환경, 방법에 대해 기록하면서 여명에 따고 해가 보이면 그친다고 하였다.

蒸焙는 차 찌기와 건조에 관한 내용으로 『煮泉小品』에서 잎차는 불로 만든 것이 버금이며 生葉을 햇볕에 말린 것이 으뜸이라 하였다. 이는 더욱 자연에 가깝고 연기와 불기운에 단절되었기 때문이라고 하였다. 顧氏『茶譜』에 연화차는 해가 돋지 않았을 때 방긋이 피어난 연꽃의 꽃봉오리를 헤쳐 열고 가는 차 한 웅큼을 꽃술 속에 가득히 넣은 다음 삼껍질로 잡아매어 하룻밤을 묵힌다. 다음날 일

---

14) 『四時類要』는 王楨의 『農書』 내용 중에 기록되어 있는데 韓鄂의 『四時纂要』에 거의 동일한 내용이 처음 보이며 이후의 『農桑撮要』·『多能鄙事』에서도 그 내용이 보인다.

찍이 꽃을 따서 찻잎을 기울여 쏟아내고 마른 종이에 싼 차를 불에 쬐어 말린다고 하였다.

收藏은 차의 저장에 관한 것으로 차 저장에 관한 주의점과 보관방법을 상세히 기록하였다.

藏種에서는 차씨가 여물었을 때 따서 습한 사토와 섞어 광주리에 담고 볏짚으로 덮어둔다고 하였다. 그렇지 않으면 얼어서 싹이 트지 않는다고 하였다.[15]

이상과 같이 차에 관한 전반적인 내용으로 출전을 분명하게 명시하였고 소제목 아래 중국의 서적을 다수 인용하여 내용을 상세하게 기록하였다. 『四時類要』[16]·『大觀茶論』·『茶解』·『茶疏』의 내용은 『農政會要』에서도 그대로 인용되고 있다.

「怡雲志」에서는 선비들의 취미생활에 관한 서술로 일상생활의 용구와 文房具·茶·香·花鳥·禽魚 등에 관한 취미생활·골동감상·서적인쇄와 裝幀·명승지 탐방·文酒宴會 등이 그 중요한 내용이다. 권 제1 '衡泌鋪置' 茶寮와 권 제2 '山齋淸供 上' 茶供 부분에서 차에 관한 내용이 보인다.

권 제1 '衡泌鋪置' 茶寮는 차실 공간에 관한 기록이다. 『遵生八牋』[17]을 인용하여 곁채 한 칸을 서재 옆에 마련하고 그 안에 있어야 할 다구로 다조 하나·찻잔 여섯개·찻주전자 두개·茶臼 하나·布

---

15) 徐有榘, 『林園十六志』(1) (보경문화사 영인본), 2005, 462~467쪽.

16) 王禎, 『農書』(陳祖槼·朱自振 編, 『中國茶葉歷史資料選輯』, 弘益齋, 1995), 359~361쪽.

17) 『遵生八牋』은 명나라 사람 高濂이 쓴 양생술과 장수법을 논한 책으로 19권이다. 8개 분야로 나누어 목숨을 연장하고 병을 물리치는 다양한 방법에 대하여 상세하게 논하였다. 그 가운데 「燕閒淸賞牋」은 각종 예술품을 비롯하여 문방기류, 향과 차, 화훼 등 문화생활에 관한 내용이다. 徐有榘, 안대회 엮음, 『산수간에 집을 짓고』, 돌베개, 2005, 402쪽.

하나·숯 상자 하나·불쏘시개 한개·火扇 한개·火斗 한개·茶
槃 한개·茶卓 두개를 놓아두고 동자로 하여금 차 끓이는 일을 전
담하고 시중들게 한다고 하였다.

권 제2 '山齋淸供' 上, 茶供 부분에서 차를 끓이고 마시는 전반적인
내용을 서술하였다. 즉 水品·薪品·湯候·點法·滌法·論調鹽·
論茶菓·飮法·茶具 등에 관해 출전을 밝히고 내용을 상세히 기록
하고 있다.[18]

이들 내용은 우리나라 유서와 중국의 다서 또는 농서를 인용하였
다. 이는 당시의 시대적 흐름이며 지식의 보고로 일컬어지던 백과사
전류 찬술 유행과 함께 당시 선비들의 차 생활에 많은 영향을 주었
을 것으로 사료된다.

2) 崔漢綺의 『農政會要』

崔漢綺는 조선 후기 실학자이며 과학사상가이다. 전통적인 유학
사상을 실증적이고 과학적으로 새롭게 발전시킨 조선 후기 실학의
대표적 학자로 천문·지리·정치·농정·水利·수학 등 다방면에
걸쳐 식견이 높았다. 수많은 저작을 통해 경험주의적 인식론을 확립
하여 일체의 先驗的 이론이나 학설을 배격하고 사물을 수학적·실
증적으로 파악할 것을 주장하여 한국 사상사에 근대적 합리주의를
싹트게 하였다. 그는 이러한 기초 위에서 진보적 역사관을 수립하고
현실 문제를 비판하였으며 과감한 개혁과 외국과의 대등한 교류를
주장하였다.

『농정회요』는 10책 22권으로 구성되어 있으며 현재 전해지고 있
는 것은 일본 京都대학 河合 1문고에 소장된 유일본으로 붓으로 쓴

---

18) 徐有榘, 『林園十六志』(1) (보경문화사 영인본), 2005, 253~260쪽.

반흘림체의 필사본이다. 1830년경에 저술되었으며 권13 農餘 雜植, 권17 治膳 茶湯에 차 관련 기록이 보인다.

권13 農餘 雜植에는 다음과 같은 내용이 있다.(<표12>)

<표 12> 『農政會要』의 茶 관련 내용

인용서목	내　　용
『茶經』	'차'자의 명칭과 차나무
『鶴山集』	茶의 처음 글자는 荼
『四時類要』	차씨의 보관법과 심고 기르는 법
『大觀茶論』	차나무 심는 지역 · 찻잎을 따는 때와 방법 · 차의 등급
『茶解』	차밭의 優劣, 차밭에 나쁜 나무를 심어서는 안된다.
『茶疏』	찻잎 따는 시기와 방법 · 차의 등급 · 차 덖는 기구 · 장작 · 개차의 제다방법
『農政全書』	찻잎 채취시기 · 차의 품질 · 제다 · 차의 저장 · 물과 불 · 차 마시는 방법

'茶'字의 명칭과 차나무, 차씨의 보관법과 심고 기르는 법, 차나무 심는 지역과 찻잎을 따는 때와 제다방법, 차의 등급에 관한 내용이 있다.

'茶'字의 명칭과 나무에 관해서는 『다경』을 인용하였다. 『四時類要』에 차씨의 보관법과 심고 기르는 법을, 『大觀茶論』에서는 차나무 심는 지역과 찻잎을 따는 때와 방법, 차의 등급에 관한 내용을 기록하였다. 『茶解』에서 차밭은 남향이 좋다고 하였으며 나쁜 나무와 함께 심어서는 안 된다고 하였다. 『茶疏』에서 청명과 곡우가 차 따는 시기라는 것을 이야기하고 차를 제다하는 방법 중 차를 덖는 기구와 장작, 제다 과정에서 불의 세기, 개차의 제다방법까지를 상세히 인용하고 있다.『農政全書』중에서는 차 만드는 방법 중 찻잎 채취시기와 차의 품질·제다·차의 저장·물과 불·차 마시는 방법 세 가지를 소개하였다. 차 마시는 방법 세 가지는 茗茶·末茶·蠟茶에 관한 것으로 차 만들기에서 마시는 방법까지를 상세히 기록하였다.[19)]

『茶經』·『鶴山集』·『四時類要』·『大觀茶論』·『茶解』·『茶疏』·『農政全書』등 출전을 앞에 명시하였고 차 관련 내용들을 발췌하여 적고 있다.

3) 趙在三의 『松南雜識』

『松南雜識』는 조선후기의 在野 학자 조재삼의 저서로 1855년 초고본이 이루어지고 이후 계속 수정 보안되었을 것으로 추정된다. 自序에서 "만물에 대하여 보고서도 그 象을 기록하지 않고 듣고서도 그 形을 기록하지 않으면 가히 燈下不明이요 睫上不見이라 할 것"이라고 하였다. 필사본으로 14책으로 구성되어 있다. 일종의 백과사전으로 天文, 人事를 비롯한 동·식물 등의 33개 부문으로 나누어 각 부문에 관계되는 사항을 모아 서술하였다.

차에 관해서는 茶·黃茶·黃梅茶·儸掌茶·雀舌茶에 관한 내용을 단편적으로 기록하고 있다.

『다경』一之源·『國史補』·『博物志』등을 인용하였고, 황차에 대해서는 "해남에는 옛날에 황차가 있었는데 세상에 아는 자 없고 오직 정약용이 알기에 丁茶라 이름하고 또 南茶라 이름 한다"[20)]고

---

19) 崔漢綺,『農政會要』Ⅱ(고농서 국역총서 11, 농촌진흥청), 2006, 265~271쪽.

 백과사전류로 본 조선시대 茶 문화

하였다. 작설차에 관해서는 杜牧의 시를 인용하였고 선장차[일명 仙人掌茶]에 관한 기록은 「유원총보」의 기록과 일부 흡사하다.

황차의 경우 당시 우리나라 차에 관한 기록으로 귀중한 자료이다.

4) 李裕元의 『林下筆記』

『林下筆記』는 이유원의 저술로 39권 33책의 필사본이다. 평소 보고 들은 사실을 메모해 두었다가 1884년 경기도 남양주 가곡리에 은거할 때 완성한 것으로 알려져 있다. 이유원의 저서에는 『橘山文稿』·『嘉梧藁略』·『林下筆記』 등이 있다

『林下筆記』 권32 「旬一編」 '湖南四種', 제35권 「薜荔新志」에 차에 관한 내용이 보인다.

강진 보림사의 竹田茶는 정약용이 체득하여 절의 승려에게 아홉 번 찌고 아홉 번 말리는 방법을 가르쳐 주었다. 그 품질은 보이차보다 뒤지지 않으며 穀雨 전에 딴 것이 더욱 귀하게 여긴다. 이는 雨前茶로 이름이 가하다 …중략… 또 황차를 취하는데 연경에서 나는 것보다는 못하지만 상당히 괜찮다.[21]

차를 채취할 때는 어린잎을 채취하고, 차를 저장할 때는 따뜻하게 저장하고, 차를 끓일 때는 뜨겁게 끓이도록 노력해야 한다. 어린잎을 채취하지 않으면 쓰고, 따뜻하게 저장하지 않으면 곰팡이가 피고, 뜨겁게 끓이지 않으면 맛이 없다. 더욱이 깨끗한 것을 귀히 여기

---

20) 「海南古有黃茶 世無知者 惟丁若鏞知之 故名丁茶又南茶」, 趙在三, 韓國古辭典叢書『松南雜識』, 亞細亞文化社, 1983, 340쪽.

21) 「康津普林寺竹田茶 丁洌水若鏞得之 敎寺僧以九蒸九曝之法 其品不下普洱茶 而穀雨前所採尤貴 謂之以雨前茶可也…中略…又所黃茶 遜於燕種而頗近可」, 李裕元, 『林下筆記』(안정 · 김동주 역, 권32 「旬一編」 '湖南四種', 민족문화추진회, 2000), 21쪽.

는데 햇빛을 쬐어 맛이 달아나게 해서는 안 된다.[22]

　죽전차는 대나무밭에서 나는 차로 구증구포의 방법으로 제다한 곡우 전에 딴 찻잎을 가지고 만들었으며 이를 우전차라고도 하였음을 알 수 있다. 차의 채취와 보관법에 대해 기록하였고 차를 뜨겁게 끓여야 함을 강조하고 있다. 또한 두 번째 연경에 갔을 때 차를 파는 상점 사람에게 듣기를 용정차가 상품이고 그다음이 덩어리를 짓지 않은 보이차라고 들었음을 기록하고 있다.

3. 조선시대 백과사전류를 통해 본 차문화 성격

　이상으로 살펴본 바, 백과사전류에서 다루고 있는 차에 관한 내용은 분량에 있어서는 상당한 차이가 있다. 그러나 내용에 있어서는 중국의 茶書나 農書를 참고하고 인용하였으며, 우리나라 農書들과도 서로 중복 인용된 부분이 나타난다. 이러한 기록들은 당시에 유행하던 차에 대한 구체적인 기록으로 볼 수 있기 때문에 차문화의 실상을 파악하는데 유익한 정보를 제공한다.

　본 장에서는 조선시대의 백과사전류를 편의상 18세기까지 이루어진 것과 19세기에 이루어진 것으로 대별하여 살펴보았다. 그 결과 19세기에는 대륙과의 교섭이 더욱 빈번해지면서 전반적으로 기록의 양도 그 전과는 판이하게 많아짐을 알 수 있었다. 또한 차생활 내지 차문화가 점차 확대되어 가면서 李德履의 「記茶」, 초의의 『東茶頌』 등에서 보는 바와 같이 전문서가 등장하게 되고 이에 따라 백과

---

22) 「採茶欲細 藏茶欲溫 烹茶欲熱 採不細則苦 藏不溫則霉 烹不熱則洩 尤貴潔不可見日味奪」, 李裕元, 『林下筆記』 권35 「薛荔新志」, 한국고전번역원, www.itkc.or.kr

사전류에 기록된 차에 관한 내용도 차츰 구체화되는 성격을 지니게 된다.

차문화와 관련된 백과사전류의 기록을 시대별로 살펴보면 다음과 같다.

첫째, 16~18세기의 백과사전류는 차에 대한 기술이 비교적 소홀하다. 그러나 짧은 문장 속에 당시에 유행하던 차와 차문화에 대해 비교적 분명하게 밝히고 있다. 고려 이전에서부터 전래된 차문화는 조선시대에도 전승되면서 중국이나 일본과도 끊임없이 교류하고 있었다. 이 시기의 백과사전류와 그에 나타난 차의 기록은 다음과 같다.

『大東韻府郡玉』은 임진왜란 이전 시대를 이해하는데 중요한 문헌으로 권6 麻字韻 '茶'에서 孺茶·山茶·智異茶·小睡茶·曹溪茶·添水茶·喜啜茶·腦原茶·口焦求茶·雙角龍茶·鐵瓶煎茶·重葉山茶 등 당시에 불리던 고려와 조선 초기의 차의 이름을 열거하고 그 유래에 관한 내용이 상세히 기록하고 있다.

『芝峰類說』은 권19 식물부에 차에 관한 내용이 보이는데 찻잎 따는 시기와 차종자의 전파경로에 관한 내용을 단편적으로 기록하였다.

『類苑叢寶』에는 차 항목이 권37 「飲食門」에 1,730여 자가 보인다. 내용으로는 23개의 소제목을 통해 茶字의 명칭·차의 역사·차세·차의 효능·찻잎 따는 시기 등을 기록하였다.

『星湖僿說』은 평소 학문을 하면서 생각나고 의심나는 것을 적어두었던 것과 제자들의 질문에 답변한 내용을 기록한 것으로, 권1 鹽池·권2 句茶·권6 茶食·권12 茶時·권13 陸納杖姪·권22 韋昭에 차에 관한 내용이 보인다.

『雜同散異』에서는 혼례의 절차 중에서 納采問名시 사당에 고유할 때 다례를 행하였으며, 신부집에 도착해서 납채서를 대청에 올려놓고 주인과 賓이 차를 마신 후 납채를 주인에게 전달하는 의례가 있었음을 기록하고 있다.

둘째, 19세기에 편찬된 백과사전류는 종류도 다양할 뿐 아니라 차에 대한 기록도 매우 풍부하다. 이 시기에 편찬된 사전류에 나타난 차 관련 기록은 다음과 같다.

『林園十六志』에는 「晩學志」권 제5 雜植과 「怡雲志」권 제1 衡泌鋪置 茶寮, 권 제2 山齋淸供 上 茶供에 차에 관한 방대한 내용을 기록하고 있다. 「晩學志」권 제5 雜植에는 茶・竹・煙草 등 13종에 대한 내용을 포함하고 있으며 名品・土宜・時候・種藝・護養・宜忌・收採・蒸焙・收藏・藏種의 소제목을 두고 여러 문헌을 인용하여 차에 관한 전반적 내용을 상세히 서술하였다. 인용한 書目 중 『四時類要』・『大觀茶論』・『茶解』・『茶疏』의 내용은 최한기의 『農政會要』에서도 그대로 인용하고 있다.

『農政會要』는 권13 農餘 雜植, 권17 治膳 茶湯에 차에 관한 내용이 실려 있다. 그 내용은 『鶴山集』・『四時類要』・『大觀茶論』・『茶解』・『茶疏』・『農政全書』등을 출전으로 하고 있다.

『松南雜識』에서는 茶・黃茶・黃梅茶・僞掌茶・雀舌茶에 관한 내용을 단편적으로 기록하고 있다.

『林下筆記』권32 湖南四種에 차에 관한 내용은 60여 자로 정약용이 절의 승려에게 아홉 번 찌고 아홉 번 말리는 구증구포의 방법을 가르쳐 주었음을 기록하고 있다. 또한 「도다변증설」에는 근세의 차 품평에서 보이차가 제일이라고 하였으나, 『임하필기』에서는 죽전차의 품질이 보이차 보다 나쁘지 않다고 하였다. 이것으로 보아 호남에서 나는 우전차인 죽전차가 중국 보이차와 비슷하거나 더 나은 上品임을 알 수 있으며 아울러 우리 차의 우수성이 드러내고 있다.

이상에서 조선시대에 편찬된 백과사전류에 나타난 茶기록에 대해 일별하였다. 물론 이 밖에도 백과사전류로 분류할 서적이 다수 있으며 그 중에는 차에 대한 기록이 나타나는 경우도 있을 것이다.

본 장에서 고찰한 백과사전류는 1500년대에 1권, 1600년대 2권, 1700년대 2권, 1800년대 5권으로 나타나고 있으며 그 중『林園十六志』와 본고에서 살피고 있는『오주연문장전산고』에서 가장 방대한 내용이 실려 있음을 알 수 있다.

그렇다면 이들에 나타난 차 관련 기록은 무엇을 의미하는가? 이는 시대적 상황을 반영하는 것으로 19세기에 이르러 사회 전반에 차에 관한 관심이 더욱 고조되고 있음과 무관치 않다.

서유구(1764~1845)는 정약용(1762~1836)과 동시대의 선비로 그들의 저작에서 차에 관한 내용을 다수 기록하고 있으며, 이규경(1788~1856)과 김정희(1786~1856), 초의(1786~1866) 또한 사회적인 신분차이는 있었으나 그들의 차문화 수준은 타의 추종을 불허한다고 할 수 있다. 또한 이들과 동시대이며 그 다음을 잇는 최한기(1803~1879) 등으로 인해 조선 후기 차문화는 중흥될 수 있었고 오늘날까지 이어올 수 있었다.

이처럼 각 신분계층을 초월해서 차에 관한 저술이 이루어지고, 특히 백과사전류에서 차에 관한 세부적이며 방대한 내용이 기록되고 있음은 차문화 중흥의 원동력이 되었다. 또한 백과사전류의 유행은 조선시대 후기에 차문화가 재도약 할 수 있는 사회적 분위기를 반영하는 것이라고 할 수 있겠다.

당시 백과사전류에 나타난 차기록의 특징은 다음과 같다.

첫째, 선진문물인 중국의 농서나 다서, 그리고 우리나라 농서에서 실용성 있고 유익한 부분을 발췌 기록하였다.

둘째, 당시 학자들은 박학다식과 실학을 바탕으로 몸소 체험한 것을 기록하였으며, 이는 우리나라에 맞는 선진 영농기술을 백성들에게 알리고자 하는 노력의 일부분이었다.

셋째, 중국과 일본은 물론 앞서 간행된 우리나라 문헌의 기록도 서로 참고하여 기록하였기에 내용에 있어서 서로 중복된 부분이 다수 보인다.

넷째, 지적 호기심은 물론 많은 장서의 확보가 著作의 성공을 좌우했으며 이는 당시 학자들의 학문탐구 유형이라 할 수 있다.

다섯째, 백과사전류의 특성상 창조적인 내용보다는 재편집의 성격이 강하였다.

4장

전문다서에 나타난 차문화

4장 전문다서에 나타난 차문화

조선시대의 전문다서로는 李穆(1471～1498)의 「茶賦」·李德履 (1728～?)의 「記茶」·초의(1786～1866)의 『茶神傳』·『東茶頌』 등이 있다.(<표13>)

<표13> 조선시대 전문다서

구분	서 명	저 자	저술연대	출 처
1	「茶賦」	李穆(1471～1498)	1495년 경	『李評事集』권1
2	「記茶」	李德履(1728～?)	1785년 전후	『江心』
3	『茶神傳』	초의(1786～1866)	1828년	『敬堂增訂萬寶全書』 「採茶論」
4	『東茶頌』	상동	1837년	

1. 李穆의 「茶賦」

「다부」는 조선전기 연산군(재위 1494～1506) 때의 문관으로 도학 자이며 문인인 이목의 저술로 『이평사집』권1에 실려 있다. 이목은 「다부」에서 차에 관해 종합적으로 고찰하였고 차의 현묘함을 노래

하였다.

영남학파의 宗祖로 일컬어지는 점필재 김종직(1431～1492)의 문하에서 수학한 이목은 곧고 강직한 성품을 지녔으며 무오사화 때 윤필상의 모함으로 28세의 젊은 나이에 사형되었다.

다부의 저술동기를 『다경』으로 인해 알게 된 차가 그 성품이 마음에 매우 보배임을 깨닫고 차의 공덕이 으뜸임에도 기리는 이가 없어 이를 賦로 지었다고 하였다.

서론에 해당하는 茶賦幷書, 당시의 명차의 종류와 차의 생산지, 차밭의 지형지세와 차 따는 모습, 차생활의 다섯가지 공과 여섯가지 덕, 그리고 求道에 관한 내용으로 구성하였다.

한재의 성품은 차는 군자와 같아 삿됨이 없다는 차의 성질, 그리고 直根性인 차나무의 곧은 생태와 닮아있다. 「다부」에는 그의 정행검덕한 삶과 투철한 인생관, 그리고 철학적 학문세계가 잘 드러나 있다. 또한 당시 선비들에게 있어 차는 심신수양에 중요한 요소였음을 알 수 있다.

「다부」의 끝 부분에 "是亦吾心之茶 又何必求乎彼也 이 또한 내 마음의 차이거늘 어찌 나 이외의 다른 데서 찾을 수 있으리." 라고 하여 차를 정신적 경지인 내 마음의 차로 승화시키고 있다.

2. 李德履의 「記茶」

「기다」는 그동안 「東茶記」로 알려져 있었으나 저자에 대한 여러 논란이 있다. 김명배는 「다산 정약용의 다도에 관한 연구」에서 "일설에는 동다기를 다산의 저서라고 말한 기록이 있으나 확증이 없다. 또 근래에는 '茶經(合)'에 수록된 全義 李□□ 著 의 '茶記'를 다산의 동다기라고 발표한 잡지의 기사도 있었으나 객관성이 없다."[1]고 하였고, 석용운 외 역주『한글대장경 초의집』에는 "다산 정약용 선생의 저서라고 전해졌으나 全義 李□□이라는 사람의 저서로서" 라는 내용이 있다. 임해봉의『다성 초의선사와 대둔사의 다맥』에서는 "전의리가 저술한 동다기 등을 참고하여"[2]라고 기록하고 있다. 석용운 스님은 1891년 법진 스님이 대흥사에서 필사한『다경(合)』[3]을 발굴함으로써 全義 李가 저자임이 확인하였다고 하고, 그 내용을 다담지 1991년 12월호에 소개하였으며 1992년 1월호부터 10월호에 걸쳐 번역하여 실었다.

그러나 정민 한양대 교수는 다산의 강진 유배시절 제자인 李時憲(1803~1860)이 필사한 李德履의 시문 묶음집『江心』중에 들어 있는「記茶」를「동다기」의 원문으로 보았다.『江心』은 이덕리가 1785년 전후 진도 유배시절에 지은 것으로 책을 필사한 이시헌은 말미에 "『江心』에 적힌 辭와 文, 그리고 시는 바로 이덕리가 沃州에서 귀양살이 할 때 지은 것이다."라고 기록하였다.[4]

그러나「記茶」를「동다기」의 원문으로 보아야 할 것이냐에 대해서는 심도있는 연구가 이루어져야 할 부분이다.

「記茶」서문에서 차는 신농에서 시작되어 주공이 널리 알렸으며

---

1) 김명배,「다산 정약용의 다도에 관한 연구」(『한국차학회지』vol 2, No2, 한국차학회, 1996), 181쪽.

2) 임해봉,『다성 초의선사와 대둔사의 다맥』, 예문서원, 2001, 23쪽.

3) 차에 대한 저술 6편을 모은 것으로 육우의『다경』, 당 소이의『다탕』, 제남 왕상진의『다보』, 전의리의『다기[동다기]』, 초의 스님의 다론『다신전』과『다송[동다송]』이 기록되어 있다. 석용운 스님이 발굴하여 다담 1992년 1월호부터 10월호에 걸쳐 번역 연재하였다. 석용운,「東茶記 드디어 세상에 빛을 보다」(『다담』, 1991년 12월호.)

4) 정민,「李德履 著『동다기』의 차문화사적 자료 가치」(김문식,『문헌과 해석』, 문헌과 해석사, 2006), 303쪽.

위·진·당나라를 지나 송나라에 이르러 천하에서 최고의 맛이 되었다고 하였다. 또한 송나라가 요하를 다스림과 명나라가 三關을 다스릴 수 있었음이 차의 약효를 빌미로 하였음을 언급하였다. 중국은 차를 가지고 나라를 부유하게 하고 적을 막는 재화로 유효적절하게 쓰는데 우리는 호남 영남에서 울타리나 뜰에서도 많이 나는데도 쓸모없는 물건으로 알고 있어 이 글로서 차에 관련된 일을 나열하니 이는 당국자를 위함이라 하였다.

내용은 차의 이름과 따는 적기·창과 기의 명칭·苦口師와 晩甘候·차의 색과 맛·효능·차의 생육환경·찻잎 따기·황차와 황매차 등이다.

찻잎 따는 시기는 납일 이후 곡우 전까지, 곡우 뒤에서 망종까지 채취해도 좋다고 하였다. 차나무는 겨울철에도 푸르러 10개월간 수액이 성한데 겨울을 지내면 이파리가 더욱 달게 되고, 만약 연고차를 만들고자 한다면 곡우 전후를 가리지 말고 아직 피지 않은 찻잎을 따서 만들어야 한다. 그러나 우리나라 사람들은 이를 모르고 억센 잎으로 차를 만들어서 그 맛이 쓰고, 그것을 약으로 쓴다고 하였다.

직접 채취해 시험해 본 결과 차는 추위나 더위, 감기 뿐 아니라 술이나 고기의 독과 가슴앓이·설사병·임질·학질·염병 등에 효과가 있다고도 하였다.

찻잎을 따는 때는 비가 온 뒤가 좋다고 하였다.『문헌통고』를 보면 차를 딸 때 고을 관리가 몸소 산에 들어가서 백성들을 독려 한다고 했다. 또한 좋은 차는 먼저 나라에 바치고, 다음 것은 관청에 바치고, 남은 것은 백성이 스스로 채취하기를 허락하는데, 이는 차의 이익이 크기 때문에 국가가 관여하는 것이라고 하였다.

이덕리는 차에 관한 전반적인 지식을 갖추고 있는 사람으로 중국에서 차가 정치적·경제적으로 그 효용가치가 크게 쓰임을 알고 있었다. 또한 차를 마심으로써 얻을 수 있는 정신적·신체적 이로움을 체험을 통해 알고 있었다. 그러나 우리나라 사람들은 영남 호남지방에 울타리에서도 자라고 있는 차나무의 이용가치를 전혀 모르고 있기에 이를 안타깝게 여겨 차에 관련된 이 글을 지어 백성들과 관리들에게 정보를 제공하여 우매함을 깨우치고자 하였다.

3. 草衣의 『茶神傳』

『다신전』은 초의가 1828년 여름 장마 때에 지리산 七佛禪院에 갔다가 그곳에서 중국의 백과사전류인 『敬堂增訂萬寶全書』속에 수록되어 있는 「採茶論」5)를 謄抄하고 跋文을 달았다.

이 책은 차생활에 필요한 종합지침서로 그 체제와 내용을 보면 전부 23개 항목으로 採茶·造茶·辨茶·藏茶·火候·湯辨·湯用老嫩·泡法·投茶·飮茶·香·色·味·點染失眞·茶變不可用·品泉·井水不宜茶·貯水·茶具·茶盞·拭盞布·分茶盒·茶道 등의 내용으로 구성되었으며 말미에 跋文을 달아 놓았다.

'茶道'가 무엇인가에 대해서 "만들 때 정성스럽게, 저장은 건조하게, 우릴 때는 청결하게 한다. 정성과 건조와 청결함은 다도의 전부다"6)라고 정의하였다.

이 『다신전』은 茶藝館에 소장한 것이 있고, 法眞本이 있으며, 日本人 家入一雄이 쓴 『朝鮮의 茶와 禪』에 수록되어 있는 것이 있고, 일지암에 소장된 것이 있었다. 그러나 지금은 茶藝館本과 法眞本,

---

5) 「採茶論」의 출전은 명나라 張源의 『茶錄』이다.
6) 「造時精 藏時燥 泡時潔 精燥潔 茶道盡矣」, 草衣, 『茶神傳』

家入一雄이 등초한 것과 다신전의 원본인 張源의 茶錄本, 萬寶全書
의 원문이 있을 뿐이다. 스님이 친필로 쓴『일지암본』은 아직까지
발굴되지 않고 있다.

4. 草衣의『東茶頌』

『東茶頌』은 조선후기 우리나라 차 문화의 중흥조로 일컬어지는
초의의 저술로 차 전문서이다.[7] 그 체제와 내용을 보면 각 頌句마다
註를 달아 설명하고 있다. 육우의『茶經』과『神異記』,『萬寶全書』
등 중국의 차 관련 문헌을 인용하였고 이를 바탕으로 하여 자신의
茶觀을 드러내고 있다. 차의 기원과 차나무의 생김새, 차의 효능과
제다법, 우리 차의 우월성이 주요 내용이다. 그는 오랜 차생활을 통
하여 우리 차나무는 중국과 같지만 색과 향, 기운과 맛이 뛰어남을
알았다. 찻잎을 따 직접 만들어 제다법을 연구하였고 지인들과 나누
어 마시며 주고받은 글 속에서 우리 차의 功과 德을 예술로 승화하
였다.

『東茶頌』을 쓰게 된 동기는 1837년 봄 홍현주가 진도부사 卞持和
로 하여금 초의에게 茶道에 대해 물을 것을 부탁하였고, 초의는 이
부탁을 듣고『동다송』을 저술하게 된다. 본문 내용 중에서 "나에게
유천이 있는데 수벽 백수탕을 끓여 어찌하면 남산 아래 해옹에게 바
칠까"[8]라는 대목은 초의의 해거도인 홍현주에 대한 존경심과 그와
의 학문적·예술적 교류를 갖기를 원하는 마음이 여실히 드러나고

---

7) 현존하는『동다송』은 태평양화학공업주식회사의 다예관에 소장된 필사본인 茶
   藝館本, 석오 윤치영의 필사본인 石梧本, 甲戌中秋 鏡菴 謄抄라고 쓰여 있는 鏡
   菴本, 송광사 보정 스님이 필사한 茶松子本 등이 있다.

8)「我有乳泉揖成秀碧百壽湯 何以持歸木覓山前獻海翁」, 草衣,『東茶頌』

있다.

초의의 다도정신은 다음 내용에서 나타나고 있다.

"차의 근본인 물[體]과 차의 싱그러운 기운[神氣]이 비록 온전하다 할지라도 오히려 중정을 지나칠까 두려우니, 중정이란 健과 靈을 아울러야 한다네"[9] 라고 하였다.

다도에 관한 그의 茶觀이 강하게 드러나는 대목으로 "총평해서 말하기를 차를 딸 때 그 오묘함을 다하고, 만들 때 그 정성을 다하며, 물은 진수를 얻고, 우릴 때 그 中을 얻어야 한다. 체와 신이 서로 어울리면 건과 영이 아울러 갖추어지니 여기에 이르면 마침내 다도에 달한 것이다."[10], "삼매경의 솜씨에 기이한 향기가 피어난다."[11]고 하여 제다 또는 行茶의 수행과정에서도 다도의 경지에 이를 수 있음을 논했다.

초의의 『茶神傳』·『東茶頌』은 조선후기의 전문다서로 많은 연구가 있었다. 우리나라는 물론 중국의 차 문화를 전반적으로 기록하고 있어 오늘날에도 차고전을 공부하는 이들의 필수 서적이라 할 수 있다. 그러나 李德履의 「記茶」는 그 동안 『동다기』로 알려져 있었고, 저자는 물론 정확한 내용이 밝혀지지 않은 상태에서 여러 가지 설이 있었다. 한양대 정민 교수가 전남 강진군 이효천씨 집안에서 다산 강진 유배시절 제자인 李時憲이 필사한 李德履의 시문 묶음집 『江心』 중에 들어 있는 「記茶」를 확인하였으니 앞으로 이에 대한 심도있는 연구가 요청된다.

---

9) 「體神雖全猶恐過中正 中正不過健靈併」, 草衣, 『東茶頌』

10) 「評曰 采盡其妙 造盡其精 水得其眞 泡得其中 體與神相和 健與靈相併 至此而茶道盡矣」, 草衣, 『東茶頌』

11) 「三昧手中上奇芬」, 草衣, 『東茶頌』

5장

諸 文集에 나타난 차문화

5장 諸 文集에 나타난 차문화

조선시대 차문화가 드러나는 제 문집은 尹馨圭(1763~1840)의
『戲齋雜錄』·丁若鏞(1762~1836)의 「榷茶考」·「茶信契節目」·
韓致奫(1765~1814)의『海東繹史』·朴永輔(1808~?)의『南茶幷序』·
梵海覺岸(1820~1896)의 『梵海禪師詩集』·安宗洙(1859~1895)의
『農政新編』·張志淵(1864~1921)의 『大韓新地志』·『萬國事物紀
原歷史』등이다.(<표14>)

<표14> 諸 文集에 나타난 茶 관련 書目

구분	서 명	저 자	저술연대	출 처
1	『戲齋雜錄』	尹馨圭 (1763~1840)	미 상	「茶說」
2	「榷茶考」	丁若鏞 (1762~1836)	1817년	『經世遺表』권11
3	「茶信契節目」		1818년 8월	
4	『海東繹史』	韓致奫 (1765~1814)	1823간행	「物産志」'茶'
5	『南茶幷序』	朴永輔 (1808~?)	1830년 11월	

구분	서 명	저 자	저술연대	출 처
6	『梵海禪師詩集』	梵海覺岸 (1820~1896)	미 상	권1의 茶藥說 권2의 茶歌
7	『農政新編』	安宗洙 (1859~1895)	1885년	
8	『大韓新地志』	張志淵 (1864~1921)	1907년	
9	『萬國事物紀原歷史』		1909년	

1. 尹馨圭의 『戱齋雜錄』

『희재잡록』 6권 중의 하나인 「茶說」에 차의 효능과 차를 마시는 때, 대용차의 복용에 관한 내용을 기록하고 있다.

「다설」에 이르기를 차는 고기를 먹는 사람에게는 창자와 위를 씻어내어 정신이 맑고 기운이 굳세어 운용이 편리하며 가난한 선비나 야인이라도 관혼 길일이나 세시가절을 만나면 손님과 주인이 禮讓하며 서로 모여 마시는 것이다. 고기를 먹는 자가 아닐지라도 갑자기 음식을 먹고 체했을 때 이것을 뚫는 單方에는 차만한 것이 없다. 그러나 차는 궁핍한 자는 구할 수 없으니 園中의 풀숲 사이에서 곡우 때의 싹과 단오 때의 잎사귀를 따서 생강 몇 조각을 넣어 달여 마시면 효과가 있다고 하였다. 대용차로는 木棉子씨를 볶아 끓어 마시는데 기를 순하게 하고 음식을 내려가게 하는 공이 있다고 하였고 山査·黃梅·木果 등으로 차를 만들어 마셨음을 기록하고 있다.[1]

山査는 산사나무의 열매로 껍질이 단단하며 둥글고 신맛이 난다.

---

1) 박윤수, 「윤형규의 다설고」(『차문화 연구지』 제14권, 2006), 14~22쪽.

한방에서는 열매를 山査子라고 하며 健胃劑, 소화제, 정장제로 사용한다. 黃梅란 익어서 누렇게 된 매화나무의 열매 또는 새앙나무의 열매를 말한다. 성질이 따뜻하여 배앓이나 산후열에 쓴다.

차는 궁핍한 사람은 구할 수 없는 것이나 건강에 좋고 정신을 맑게 하는 것으로 관례나 혼례, 세시가절에 손님과 주인이 禮讓하며 마시는 예의로운 음료임을 밝히고 있다.

2. 丁若鏞의「榷茶考」

『經世遺表』 권11「榷茶考」는 중국 차전매의 역사적 고찰과 함께 국가의 경제론을 피력하고 있다.

다세제도에는 당·송·원·명을 포괄적으로 살피고 있다.

덕종 때 趙贊의 의견을 받아 들여 차·칠·대·목재에 대하여 십분의 일에 해당하는 세를 받아서 상평본전으로 삼은 것이 차세의 시초라고 하였으며 차세제도의 가혹함을 논하였다.

송나라의 다세제도를 구체적으로 기록하였고 차에는 두 종류가 있는데 편차와 산차가 있다고 하였다. 편차에는 12등급 26가지 명칭이 있으며, 산차에는 11가지 명칭이 있음을 기록하고 있다.

원의 다세제도에 대해 언급하면서 '元志'에 말차가 있는데 지금은 오직 복건성과 광동성에서만 말차를 쓸 뿐 온 중국이 잎차를 사용한다고 하였다. 명나라의 대명률에 차를 사사로이 제조할 경우 소금을 사사로이 제조한 것과 같이 죄를 논한다고 하였다.

결론으로 賦稅를 마련하는 데는 백성의 힘을 요량하고 하늘의 이치를 헤아릴 것이며, 백성의 힘으로 감당하지 못하는 것과 하늘의 이치에 맞지 않는 것은 할 수 없다고 하였다. 이러므로 1년 수입을

세 몫으로 나눠 두 몫은 지출하고 한몫은 남겨 다음해를 위해 저축
해야 한다고 하였다.

3. 丁若鏞의 「茶信契節目」

정약용이 유배가 풀려 고향으로 돌아오기 전에 제자들과 함께 제
정한 계모임 규약서이다. 戊寅 八月 晦日 僉議라 적고 座目·約條·
邑城諸生座目등으로 구성 되어있다.

1818년 8월 그믐날 만든 규약으로 다신계를 만들게 된 동기와 회
비의 조성방법을 기록하고 있다. 좌목에서는 18인의 회원이름을, 약
조에서는 다신계를 운영·관리하기 위한 세부 내용을 기록하였다.

> 곡우날 어린 찻잎을 따서 덖어 한 근을 만들고, 입하 전에 늦차를 따
> 서 떡차 두 근을 만든다. 이 잎차 한 근과 떡차 두 근을 詩札과 함께
> 부친다.[2]

당시의 차 만드는 시기로 곡우와 입하를 언급하였다. 제다방법과
차의 모양이 나타나는데 어린 찻잎으로는 덖어서 만들고 늦차로는
떡차를 만들었음을 알 수 있다.

4. 韓致奫의 『海東繹史』

이 책은 단군부터 고려왕조까지의 역사서로 한치윤이 작업을 하다

---

2) 「穀雨之日 取嫩茶 焙作一斤 立夏之前 取晩茶 作餠二斤 右葉茶一斤 餠茶二 斤與詩
札同封」, 丁若鏞, 「茶信契節目」

완성하지 못하고 죽자 조카인 韓鎭書가 집필을 마무리하여 1823년 (순조 23)에 간행했다. 차에 관한 내용은 권 26 「物産志」 竹木類 '茶' 편에 보인다.

> 『동국통감』에 이르기를, 신라국에서 대렴을 당나라로 보내어 일본에서 가지고 온 차 종자를 얻게 하였는데 왕이 명하여 지리산에 심게 하였다. 이것이 바로 조선에서 차를 심은 시초이다. 『화한삼재도회』
>
> 고려에서 나는 토산의 차는 맛이 쓰고 떫어서 마실 수가 없다. 오직 중국의 납차와 용봉단을 귀하게 여긴다. 중국 조정에서 하사해 준 것 이외에 중국 상인들 역시 가져다가 팔기 때문에 근래에는 차 마시기를 자못 좋아하며 차를 마시는 도구를 만들기도 한다. 『고려도경』[3]

『화한삼재도회』는 외부세계에 대한 정보를 중국 자료에 의존하던 당시 조선학자들에게 크게 주목받았다. 한치윤 또한 이 책을 많이 인용하였는데 차에 관한 『화한삼재도회』 인용 부분은 오류가 있다. 『동국통감』[4]은 물론 『화한삼재도회』[5]를 확인한 결과 어디에도 "차종자를 일본에서 가지고 왔다"는 기록은 보이지 않는다. 따라서 이 기록은 『해동역사』를 집필한 한치윤과 한진서의 오류로 보여진다.

---

3) 「『東國通鑑』云 新羅國 遣 大廉如唐 得茶子 于日本來 王命植智異山 是乃朝鮮 國種茶之始 『和漢三才圖會』 高麗土産茶 味苦澁 不可入口 惟貴中國臘茶 幷龍鳳賜團 自錫賚之外 商賈亦通販 故邇來 頗喜飲茶 亦治茶具 『高麗圖經』」, 韓致奫, 『海東繹史』, 卷26, 「物産志」 '茶'

4) 「冬十二月 遣 大廉如唐 帝召對于麟德殿 宴賜有差 大廉得茶子來 王命植智異山」, 徐居正, 『東國通鑑』, 卷之十一, 「新羅紀」 興德王, 291쪽.

5) 「『東國通鑑』云 新羅國 遣 大廉如唐 得茶子來 王命植智異山 是乃朝鮮國種茶始 『和漢三才圖會』」, 寺島良安, 『和漢三才圖會』, 卷第八十九, 吉川弘文館, 明治 三十九年[1906], 1249쪽.

5. 朴永輔의 『南茶幷序』

『남다병서』는 錦舡 朴永輔가 1830년 11월 15일에 초의선사의 차를 선물 받고 장편시 20韻을 지어 선사께 보낸 글이다. 서문에 다음과 같은 내용이 보인다.

> 南茶는 호남과 영남에서 생산되는 차이다. 초의선사가 그곳에서 운유하면서 다산과 추사와 문자로 교유했는데 경인년(1830) 겨울에 서울을 방문 했을 때 손수 만든 차 한 포를 예물로 이산중이 얻어서 나에게 주었다. 차는 관인의 금루옥대와 같다. 나 또한 그러하다. 맑은 자리에서 한잔 마시고 장편시 20운을 지어 선사께 보내니 혜안으로 바로 잡고 겸하여 화답시를 구합니다.[6]

그 내용에 차를 마시면 신선이 되거나 잘못되어도 어진사람이 될 수 있다고 하였는데, 이는 삿됨이 없는 차의 성품을 나타내고 있다. 쌍정차·일주차보다는 우리나라의 차가 더 좋고 강진과 해남이 차 재배의 적지임을 기록하고 있다. 茶癖이 생겨 3分은 밥을 먹고 7分은 차를 마신다 하고, 옥 같은 단차 가루 날리고 석 달 동안 빈 잔만 들고 있다가 누워서 松雨 소리만 들어도 군침이 돈다고 하였다.

6. 梵海覺岸의 『梵海禪師詩集』

『범해선사시집』은 2권으로 차에 관한 내용으로는 茶詩 29편과 산문 1편이 있다.

---

6) 「南茶 湖嶺間産也 草衣禪師 雲遊其地 茶山承旨及秋史閣學 皆得以文字交焉 庚寅冬 來訪于京師 以手製茶一包 爲贄李山中得之 轉遺及我 茶之關人如金縷玉帶 亦己多矣 淸座一 作長句二十韻 以送禪師慧眼正之兼求 郢和」, 朴永輔, 『南茶幷書』

茶藥說에는 痢疾로 고생할 때 차를 마시니 한 주발에 뱃속이 안정되고 두 주발에 정신이 상쾌해지고 세 네 주발을 마시니 온몸에 땀이 흘러 시원한 바람이 뼛속까지 스며드는 듯 상쾌하기가 애초에 병이 없는 듯하다[7]고 하며 차의 효능에 대해 밝히고 있다.

권2의 내용 중에 '茶歌'는 7언 44구로 308자로 된 茶詩이다. 물을 끓여 차 우리기·차 마시기·보림사 작설차·화개의 차·함양과 무안의 토산차·강진과 해남의 차를 언급하였다. 부처님께 공양하는 차는 물론 정신을 맑게 하고 식곤증과 감기 등 차의 효능까지 茶事에 관한 내용을 포괄적으로 담아 당시의 차 문화를 이해할 수 있다.

7. 安宗洙의『農政新編』

이 책의 내용은 찻잎의 모양·따는 시기에 따른 이름과 등급·파종방법과 시기·재배법·각종 차의 제다법·차상품의 완성과 판매 등이다.

葉의 내용 중 "아직 잎이 펴지지 않은 찻잎을 따서 만차를 만들어 점다에 쓴다. 이미 잎이 펴진 것을 딴 것은 전차에 쓴다."[8] 고 하였는데 이 부분은 우리나라 다서에서는 볼 수 없는 내용으로 일본서적을 번역한 것임이 드러나는 대목이다.

挽茶와 唐茶의 제다법은 같으며 "만차 만드는 방법에는 蒸製와 煮製가 있는데, 증제하는 것은 새 잎이 매우 어린 것으로 만들며, 자제하는 것은 새 잎이 점점 살찐 것으로 만든다."[9]고 하였고 山茶·

---

7) 임해봉,『茶聖 초의선사와 대둔사의 다맥』, 예문사, 2001, 132~146쪽.
8)「未開葉者 製爲挽茶 用於點茶 採旣開葉者 用於煎茶也」, 安宗洙,『農政新篇』

茶梅·拘杞·오가피·뽕·닥 등의 잎을 삶아서 차로 하는데 흉황과 굶주린 자를 구한다고 하였다. 찻잎은 세 차례 따는데 첫물에 찻잎을 지나치게 따면 안 되고, 그 이유로는 두 번째 찻잎이 나오는데 방해가 되기 때문이며 두 번째 딸 때도 이를 본받아야 한다고 하였다.

녹차 만드는 법에서는 초청방법으로 덖고 비벼 알맞게 건조되면 毛茶라고 하며, 이를 다시 등급별로 나누고 선택해 다시 덖어 빛깔이 가지런해지면 상자에 포장해 판다고 하였다.

8. 張志淵의 『大韓新地志』

당시 한국 지리책 중 비교적 과학적으로 내용을 구성한 지리 교과서로 1권 인문 지리편의 제 6장 의복과 음식에 차에 관한 내용이 단편으로 들어있다.

차는 우리나라 사람 극히 일부가 좋아하니 흥덕왕 2년 대렴이 당나라에 갔다가 차씨를 가지고 와 지리산에 심었으나 그 후에 재배하는 자가 없으므로 차나무에 대해 들은바 없다고 하였다. 김해에서는 황차를, 경상도·전라남도 해안지방에서는 작설차를 채취하나 좋은 차는 아니며 요사이 녹차·홍차·커피 등 외국차를 마시는 사람이 많다고 하였다.

이 기록에서 흥덕왕 2년은 흥덕왕 3년의 오기로 보이며, 외국차가 언급되었는데 홍차·커피와 함께 녹차도 외국차로 보았다.

---

9) 「挽茶製法 有蒸製 煮製 二法 蒸製 製其新葉極釋者 煮製 製其新葉漸肥者也」, 安宗洙, 『農政新篇』

9. 張志淵의『萬國事物紀原歷史』

식물편에 차에 관한 내용이 단편적으로 들어 있다.

『爾雅』에 檟는 苦菜라 하고 이것이 차의 시작이라 하였으며,『안자춘추』의 茗菜에 관한 내용과 육우가 차를 좋아하여『다경』을 저술하였다고 기록하였다. 우리나라는 흥덕왕 2년 대렴이 당나라에서 차씨를 가져와 왕이 지리산에 심게 하여 시작되었으나 듣지 못하다가, 근대에 와서는 백두산 杉芽와 강진의 겨울 청차·황차·겨울 굴차를 쓴다고 하였다. 일본은 1009년경, 구라파는 1610년에 차가 처음 수입되었다고 기록하고 있다.

여기서 흥덕왕 2년은 흥덕왕 3년의 誤記로 여겨진다.

조선시대의 차문화는 전문다서와 백과사전류, 제 문집 등에서 찾아볼 수 있다. 그 내용은 여러 문헌들을 참고하였으며 중국과 일본의 다서와 농서들을 참고하였다. 또한 차산지에서는 차를 만들어 마셨고 이러한 직·간접 체험들이 저술로 이루어졌음을 알 수 있다. 연행록과 선비들의 차시에서도 차에 관한 기록이 빠지지 않아 당시 생활 속에 숨 쉬고 있는 차문화를 파악할 수 있다.

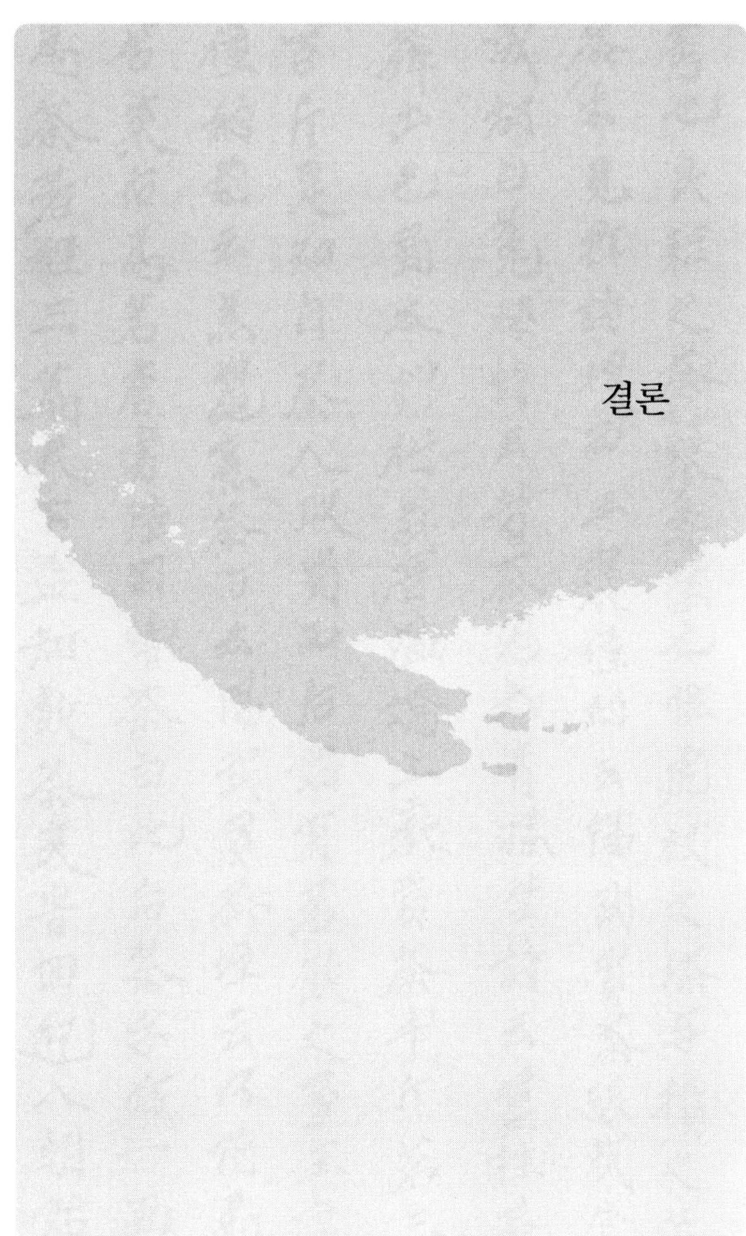

결론

결론

　이규경의『오주연문장전산고』는 조선의 신분제 사회에서 중인 출신이 이루어낸 저작이라는 점에 큰 의미를 부여할 수 있다. 1866년 강화도를 침공했던 프랑스 해군장교 주베르는 "이곳에서 감탄하면서 볼 수밖에 없고 자존심이 상하는 한 가지는 아무리 가난한 집에도 책이 있다는 사실이다."라고 고백[1]하였듯이 조선시대 사람들은 신분과 빈부를 떠나 책을 가까이 하였으며, 이러한 사회적 배경을 바탕으로 각 신분계층을 초월한 활발한 저술활동이 이루어졌다.

　조선시대 후기 대표적 백과사전류인 이규경의『오주연문장전산고』는 조부 이덕무의『청장관전서』에서 큰 영향을 받았으며, 그의 학문적 경향인 실사구시의 학풍 속에서 전개되고 있다. 그의 차문화관의 성립배경 또한 조부와 당시 선비들의 차에 대한 관심과 연관되어 있음을 추측할 수 있다.

　차는 담박한 맛과 기운으로 인하여 건강을 이롭게 하는 신체적 측면과 정서적 안정이라는 심리적 측면의 이점을 가지고 있다. 당시 선비들은 항상 맑은 정신으로 학문에 정진해야 했으므로 머리를 맑게 해주는 차가 필요했을 것이다. 그들은 차를 마심으로써 바른 생

---

1) 신병주,『조선 최고의 명저들』, 휴머니스트, 2006, 329쪽.

각을 하게 되고 의로운 마음이 쌓여 크고 강한 氣의 힘이 부여되는 현상을 호연지기라 생각하였으며, 예술세계와 학문적 경지에 가까이 갈 수 있었을 것이다.

오주는 이러한 사회적 분위기 속에서 기존에 나와 있던 백과사전류는 물론 다양한 문헌에 나타나 있는 차에 관한 방대한 정보를 『오주연문장전산고』 권56「도다변증설」·권19「종다의이청양변증설」·권36「사시십이시청취변증설」 등을 통해 집대성하고 고증학적으로 논증하였으며 행간에 직·간접적인 체험을 기록하였다.

「도다변증설」은 백과사전적인 내용으로 우리나라는 물론 중국의 茶史에 관한 세밀한 기록이며, 국내외의 차와 관련된 다양한 문헌이 소개되었고 인용된 출전이 방대한 특징을 가지고 있다. 또한 본인의 견해를 글과 글 사이에 피력하였음은 차문화에 대한 이규경의 境地를 짐작케 한다. 이들 내용은 그의 독서를 통한 지식의 깊이와 정보의 재구성 능력을 보여주는 것으로 오늘날 연구자들에게 溫故而知新의 다양한 탐구를 촉구한다.

「종다의이청양변증설」은 차·율무·생강에 관한 변증설로 차에 관해서는 차씨의 보관방법·차씨를 심는 방법·차밭관리·수확시기·삼년 뒤의 수확량 등을 상세히 기록하였다. 이들은 여러 문헌들을 참고하였으며 이를 바탕으로 우리나라의 실정에 맞는 차 재배법을 기록하였다.

「사시십이시청취변증설」에서는 이규경이 耳順이 지나 자연과 함께 하며 몸을 수양하는데 치중하면서 古今의 淸趣를 모으다가 평소하고 싶은 일에 대해 논설하고 아울러 옛사람들이 이미 실험한 節目을 일 년 사계절과 하루 24시간으로 나누어 기록하였다. 차를 마시는 계절은 봄·가을·겨울이며 하루 중에는 卯時와 午時, 겨울에는 해 그림자가 지는 申時 末에서 酉時 初로 그는 일상에서의 차를 생활화 하고자 하였음이 잘 드러난다.

오주의 차에 관한 세부적이며 방대한 저술은 조선후기 차문화 중흥의 원동력이 되었으며, 조선시대 차문화가 재도약 할 수 있는 사회적 분위기를 반영하는 것이라고 할 수 있겠다.

本 書에서 고찰한 백과사전류에 기록된 차에 관한 내용들은 당시에 유행하던 차에 대한 구체적인 기록으로 볼 수 있기 때문에 차문화의 실상을 파악하는데 유익한 정보를 제공한다.

조선시대 백과사전류는 중국은 물론 앞서 간행된 우리나라 문헌의 기록도 서로 참고하여 발췌·인용하였기에 내용에 있어서 서로 중복된 부분이 다수 보인다. 또한 이들 저자들은 박학다식함과 실학을 바탕으로 몸소 체험한 것을 기록하기도 하였는데, 이는 우리나라에 맞는 선진 영농기술을 백성들에게 알리고자 하는 노력의 일부분이었다. 그러함에도 백과사전류의 저술은 창조적인 내용보다는 재편집의 성격이 강하였고, 지적 호기심은 물론 많은 장서의 확보가 著作의 성공을 좌우했으며, 이것은 당시 학자들의 학문탐구 유형이라 할 수 있다.

16~18세기의 백과사전류는 차에 대한 기술이 비교적 소홀하다. 그러나 짧은 문장 속에 당시에 유행하던 차와 차문화에 대해 비교적 분명하게 밝히고 있다. 고려 이전에서부터 전래된 차문화는 조선시대에도 면면히 전승되었으며 중국이나 일본과도 끊임없이 교류하고 있음을 알 수 있다.

19세기에 편찬된 백과사전류는 종류도 다양할 뿐 아니라 기록에 있어서도 차에 관한 전반적인 내용을 망라하고 있다. 이는 시대적 상황을 반영하는 것으로 19세기에 이르러 사회 전반에 차에 관한 관심이 더욱 고조되고 있음과 무관치 않다.

한 시대의 문화는 그 사회의 문화현상을 반영하는 것으로 위에서 아래로 물 흐르듯이 자연스럽게 흘러가게 마련이다. 그 사회의 중심 세력이 영위하는 삶의 형태가 새로운 문화를 창조하기도 하고 소멸시키기도 한다. 역사적으로 살펴 보건데 한·중·일 문화전반의 교류는 자연스러운 현상으로 차 문화 또한 예외일 수는 없다.

오주는 학문적 열정과 실용정신, 그리고 주변 인물들과의 교류를 통해 차문화를 경험하였다. 그리고 그 과정에서 「도다변증설」·「종다의이청양변증설」·「사시십이시청취변증설」이 탄생되었다.

그러나 지금까지 밝혀진 우리나라의 차 관련 문헌이 많지 않음에도 「도다변증설」과 「종다의이청양변증설」의 경우 주목받지 못하였다. 그 이유는 한문 필사본이라는 자료적 한계와 국역본이 나와 있지 않았기 때문이다.

앞으로 후속연구에서는 『오주연문장전산고』와 『시가점등』 등 문헌에 대한 국역 연구와 함께 한국의 차문화, 그리고 인용된 국내외 문헌에 대한 다양한 조명과 탐구가 이루어져야 할 것이다.

이러한 연구를 바탕으로 우리나라의 차문화가 한 단계 더 성숙되어지기를 기대한다.

참고문헌

1. 原典

『三國史記』

『三國遺事』

『東國通鑑』

『新增東國輿地勝覽』

金景善,『燕轅直指』

朴永輔,『南茶幷書』

徐居正,『東文選』

徐浩修,『燕行紀』

徐有榘,『林園十六志』

安鼎福,『雜同散異』

安宗洙,『農政新篇』

李圭景,『五洲衍文長箋散稿』, 東國文化社 影印, 1958.

______,『詩家點燈』

李能和,『朝鮮佛教通史』下編, 慶熙出版社 影印, 1968.

李德懋,『青莊館全書』

李穆,『茶賦』

李晬光,『芝峰類說』

李裕元,『林下筆記』

______,『嘉梧藁略』

丁若鏞,「茶信契節目」

趙在三,『松南雜識』

草衣意恂,『東茶頌』

草衣意恂,『茶神傳』

沖止,『圓鑑國師集』

崔永年,『海東竹枝』

崔漢綺,『農政會要』

顧炎武,『日知錄集釋』

歐陽脩,『浮槎山水記』

______,『新唐書』

______,『龍茶錄後序』

羅大經,「鶴林玉露」

屠隆,『考槃餘事』

毛文錫,『茶譜』

冒襄,『岕茶彙鈔』

封演,『封氏聞見記』

方以智,『物理小識』

裵汶,『茶述』

葉清臣,『述煮茶泉品』

蘇廙,『十六湯品』

孫穆,『雞林類事』, 民國板說郛 所載 (原本影印 漢陽大學校附設 國學研究
　　　院, 1974.)

宋子安,『東溪試茶錄』

煙水山人,『敬堂增補萬寶全集』

熊明遇,『羅岕茶記』

熊蕃,『宣和北苑貢茶錄』

劉源長,『介翁茶史』

陸羽, 『茶經』

陸廷燦, 『續茶經』

______, 『茶史』

王象晉, 『群芳譜』

張又新, 『煎茶水記』

張源, 『茶錄』

田藝衡, 『煮泉小品』

錢椿年, 『製茶新譜』

趙佶, 『大觀茶論』

趙汝礪, 『北苑別錄』

左丘明, 『國語』

陳鑑, 『虎丘茶經注補』

馮可賓, 『岕茶牋』

馮應京, 『月令廣義』

郝懿行, 『證俗文』

韓鄂, 『四時纂要』

許次紓, 『茶疏』

黃儒 , 『品茶要錄』

未詳, 『古今秘苑』

裘纪平, 『宋茶图典』, 浙江撮影出版社, 2004.

阮浩耕 외2, 『中国古代茶叶全书』, 浙江撮影出版社, 2001.

張玉書 등, 『康熙字典』, 大孚書局有限公司, 2002.

中国茶叶股份有限公司·中华茶人联谊会 编 著, 『中华茶叶五千年』,
　　　　　　人民出版社, 2001.

陳祖槼·朱自振 編, 『中國茶葉歷史資料選輯』, 弘益齋, 1995.

寺島良安, 『和漢三才圖會』, 吉川弘文館, 明治 三十九年[1906.]

2. 單行本

강판권,『차 한잔에 담은 중국의 역사』, 지호, 2006.

고려대 아세아문제연구소 한국연구실 편,『實學 思想의 探究』, 현암사, 1974.

權文海, 남명학연구소 경상한문학연구회역,『대동운부군옥』권6, 소명출
	판, 2003.

금동현,『조선후기 문학이론 연구』, 보고사, 2003.

기시모토 미오·미야지마 히로시 지음, 김현영·문순실 옮김.『조선과
	중국 근세 오백년을 가다』, 역사비평사, 2003.

김대성 엮음,『초의선사의 동다송』, 동아일보사, 2004.

金明培,『茶道學』, 學文社, 1987.

______,『茶道學 論攷』, 大光文化社, 1999.

______,『茶道學 論攷(Ⅱ)』, 大光文化社, 2001.

______,『中國의 茶道』, 明文堂, 2001, 2007.

______,『韓國의 茶書』, 探求堂, 1993.

______,『韓國의 茶詩鑑賞』, 大光文化社, 1999.

김병모,『김수로왕비의 혼인길』, 푸른숲, 1999.

茶農先生古稀紀念文集刊行委員會,『宗貞茶道選集』, 2004.

류건집,『韓國茶文化史』上·下, 이른아침, 2007.

모로오까 다모쓰·이에이리 가즈오, 김명배 역,『조선의 차와 선』, 보림
	사, 1991.

모리스콘포스, 양운덕 역,『유물론과 변증법』, 백산서당, 1986.

박성순,『조선유학과 서양과학의 만남』, 고즈윈, 2005.

서 긍, 조동원 외4 공역,『고려도경』, 황소자리, 2005.

서유구, 안대회 엮어 옮김,『산수간에 집을 짓고』, 돌베개, 2005.

徐銀美,『北宋 茶 專賣 硏究』, 國學資料院, 1999.

석용운 엮음,『한국茶文化자료집』8・9・10, 도서출판 초의, 2006.

신병주,『조선 최고의 명저들』, 휴머니스트, 2006.

심재완,『日東壯遊歌, 萬言詞, 燕行歌, 北遷歌』한국고전문학전집10, 진성
　　　문화사, 1978.

안대회,『선비답게 산다는 것』, 푸른역사, 2007.

王從仁, 김하림・이상호 옮김,『중국의 차문화』, 에디터, 2004.

유봉학,『조선후기 학계와 지식인』, 신구문화사, 1999.

육　우, 쨩유화 신역,『茶經』, 남탑산방, 2000.

尹庚爀 譯註,『增補 茶文化古典』, 弘益齋, 2005.

尹庚爀 編著,『茶文化年譜』, 弘益齋, 2005.

이덕무, 김용운 역,『배고픈 새』, 거송미디어, 2007.

李世烈 解譯,『漢書 藝文志』, 자유문고, 2005.

李在徽,『故事茶情』, 李在徽, 신영사, 1996.

이진수,『차의 이해』, 코레알리즘, 2005.

　　　,『한권으로 이해하는 중국차문화』, 지영사, 2007.

李　贄, 김혜경 옮김,『분서Ⅱ』권5, 한길사, 2004.

일연 지음, 김원중 옮김,『삼국유사』, 을유문화사, 2003.

임동석 옮김,『안자춘추』, 동문선, 1998.

임해봉,『다성 초의선사와 대둔사의 다맥』, 예문서원, 2001.

張基槿 외7 역,『詩經』, 平凡社, 1976.

張東翼 외2 공저,『韓國史 講論』, 弘眞出版社, 1999.

정　민,『18세기 조선 지식인의 발견』, 휴머니스트, 2007.

　　　,『19세기 조선 지식인의 생각창고』, 돌베개, 2006.

정병삼 외,『추사와 그의 시대』, 돌베개, 2002.

정영선,『한국 차문화』, 너럭바위, 1998.

　　　,『동다송』, 너럭바위, 2005.

정옥자,『조선후기 중인문화 연구』, 일지사, 2005.

주영하 외3,『19세기 조선, 생활과 사유의 변화를 엿보다』, 돌베개, 2005.

池載熙, 李止漢 解譯,『의례』, 자유문고, 2002.

池載熙, 李俊寧 解譯,『주례』, 자유문고, 2002.

崔亨柱·李俊寧 편저,『이아』, 자유문고, 2001.

치우치핑, 김봉건 옮김,『다경도설』, 이른아침, 2005.

쟝유화 編纂,『中國古代茶書精華』, 남탑산방, 2000.

폴 풀키에 저, 최정식·임희근 역,『변증법의 理解』, 한마당, 1983.

한국고문서학회,『조선시대 생활사』, 역사비평사, 2006.

___________,『조선시대 생활사』2, 역사비평사, 2006.

한국역사연구회편,『역사문화수첩』, 역민사, 2006.

한국철학사연구회,『한국실학사상사』, 다운샘, 2002.

한양대학교 한국학연구소 편,『19세기 조선 지식인의 문화지형도』, 한양대학
교 출판부, 2006.

紅杰, 朴鎔模 옮김,『운남 보이차』, 서울: 한솜미디어, 2005.

KBS역사스페셜,『역사스페셜』5, 효형출판, 2004.

董尚胜·王建荣 编著,『茶史』, 浙江大學校出版社, 2003.

3. 論文

姜信沆,「李圭景의 言語·文字硏究」(大東文化硏究, Vol.16 No.1, [1982].)

권경렬 역,「『類苑叢寶』의 차」(『茶文化硏究誌』제7권, 한국다문화연구소, 1998.)

김명배,「다산 정약용의 다도에 관한 연구」(『한국차학회지』vol 2, No2,
한국차학회, 1996.)

김명배,「도다변증설의 출전고」(『한국차학회지』제5권 제1호, 1999.)

김희자, 「五州 李圭景의 茶茶辨證說고찰」(『차문화학』1권, 한국국제차문화학회, 2005.)

______, 「茶茶辨證說에 나타난 차 종류에 관한 연구」(『차문화학』2권 1호, 한국국제차문화학회, 2006.)

朴文烈, 『靑莊館 李德懋의 生涯와 著述』(人文科學論集, Vol.6 No.−, [1987]).

박윤수, 「윤형규의 다설고」(『차문화 연구지』제 14권, 2006.)

석용운, 「東茶記 드디어 세상에 빛을 보다」(『다담』, 1991년 12월호.)

송만호, 「1841년의 중인통청운동과 조선후기 중인층의 동향」, (『全州史學』권8, 전주대학교 역사문화연구소, 2001.)

신병주, 『韓國學報』「19세기 중엽 李圭景의 學風과 思想」, 일지사, 1994.

梁銀容, 「오주 이규경의 도교관」, 『한국 도교문화의 초점』, 亞細亞文化社, 2000.

______, 「太上感應篇之流行與韓國道敎」, 『第五屆中國域外漢籍國際學術會議論文集』, 1991.

元裕漢, 「五州 李圭景의 商業論」(實學思想硏究, Vol.3 No.−, [1992])

이기정, 「이규경의 西樂이론」(음악과 민족, Vol.− No.1, [1991])

임선영, 「오주 이규경의 실학사상 연구」, 석사학위논문, 성균관대학교 대학원, 1992.

全相運, 「李圭景과 그의 博物學」(硏究論文集, Vol.4 No.−, [1972])

정경주, 「五洲 李圭景과 『詩家點燈』의 시학 範疇에 대하여」, 동양한문학회, 1995.

정영선, 「고전에 수록된 차」(『차문화연구지』제5권, 한국차문화연구소, 1996.)

陳景富, 「한국승려의 長安에서의 활동」, 중국섬서성 사회과학원(사단법인 한국불교연구원, 2005.)

짱유화, 「許黃玉은 중국 태생이다.」(사단법인 한국차인연합회, 『茶人』, 1999. 9.)

최향옥, 「五州 李圭景의 茶茶辨證說 硏究」, 성균관대 석사논문, 2006.

허경진,「송석원 시사 연구(1)」, 목원어문학 제 9집, 목원대학교 국어교육과
　　　　1990.
＿＿＿,「옥계사 연구」, 목원대학교 어문학연구소, 1992.

4. 其他

<중앙일보>, 2006, 11, 3.
李瀷,『星湖僿說』, http://www.minchu.or.kr/
http://sillok.history.go.kr.
한국고전번역원 홈페이지(http://oju.minchu.or.kr/oju/)

『五洲衍文長箋散稿』 茶文化關係 辨證說의
원문 및 국역

범 례

1. 필사본 원문은 한국고전번역원의 데이터베이스 작업본을 사용하였다.

2. 원문에서 큰 글자는 그대로 살리고 설명이 필요한 부분은 주석으로 처리하였다.

3. 국역에 있어서 原義에 충실을 기하고자 하였다.

4. 국역의 「茶茶辨證說」과 「種茶薏苡靑蘘辨證說」은 이재휘 편『故事茶情』중에서 華谷譯·韓尙勳編,『五洲衍文長箋散稿』의 소수 번역본을 참고하였다. 다만 「種茶薏苡靑蘘辨證說」에서 차와 관련이 없는 부분은 생략하였다.

5. 「四時十二時淸趣辨證說」은 한국고전번역원의 국역을 참고하였다.

1. 「茶荼辨證說」(『五洲衍文長箋散稿』권56)

茶字 自中唐始變作茶 其說已詳于『唐韻正』『困學紀聞』荼有
三 誰謂荼苦 苦菜也 有女如荼 茅秀也 以薅荼蓼 陸草也『爾雅』
荼 荼字凡五見 而各不同「釋草」曰 荼苦菜引『詩』誰謂荼苦 其甘
如薺 疏云 此味苦可食之菜 葉似苦苣而細 斷之有白汁 花黃似菊
堪食但苦耳 又曰 薔蒤荼注云, 卽芳疏云按『周禮·掌荼』及『詩』
有女如荼 茅秀也薔也 蒤也其別名 又曰 荼虎杖注云 似紅草而粗
大 有細刺 可以染赤 又曰 荼委葉注引『詩』以茠荼蓼 疏云 荼 一
委葉 王肅說詩云 荼 陸 穢草 然則荼者 原田蕪穢之草 非苦菜也
「釋木」曰 檟苦荼注云 樹小如梔子 冬生葉可煮作羹飲 今呼早采
者爲荼 晚取者爲茗 一名荈 蜀人名之苦荼 今以『詩』考之 邶·谷
風之荼苦 七月之采荼 緜之菫荼 皆苦菜也

『夏小正』取荼莠『周禮』地官 掌荼『儀禮』既夕 茵著用荼 實綏
澤焉 鴟鴞 捋荼 茅莠(之荼)也 出其東門 有女如荼『國語』吳王夫
差 萬人爲方陳 白常 白旗 素甲 白羽之矰 望之如荼 亦茅莠也 良
耜之荼蓼 委葉之荼也 惟虎杖之荼與檟之苦荼 不見於『詩』『禮』
而王褒『僮約』云 陽武買荼 張載 登成都白菟樓詩云 芳荼冠六清
孫楚詩云 薑桂荼荈出巴蜀『本草衍義』晉 溫嶠上表 貢荼千斤 茗
三百斤 是知自秦人取蜀而後始有茗飲之事 王褒『僮約』前云烹
鼈烹荼 後云陽武買荼 注云 以前爲苦菜 後爲茗

『唐書』陸羽嗜茶 自此後 茶字減一畫爲茶 著經三篇 天下益知
飲茶矣 時回紇入朝 始驅馬市茶 至明代 設茶馬御史 而『大唐新
語』言右補闕 綦毋煲 性不飲茶著『茶飲』序曰 釋滯消壅 一日之
利暫佳 瘠氣侵精 終身之害 斯大 愚按茶字之最古者 僅見『神農
食經』『物理小識』茶 解答載『神農食經』古茶卽茶『漢·志』茶陵音荼 詳

 백과사전류로 본 조선시대 茶 문화

『通雅』韓翃『謝茶啓』云 吳主置茗 晉人分茶 晏子 三茗 自古以然 惟桑苧以
製顯耳 唐竟陵 陸羽『茶經』一曰茶 二曰檟 三曰蔎 四曰茗 五曰荈 有千萬狀
鹵莽而言 如胡人靴者蹙縮然 犎牛臆者廉襜然 浮雲出山者輪囷然 輕飈拂水
者涵澹然 於古無見者『神農食經』茶茗久服(令)人 有力悅志 周公『爾雅』檟
苦茶『晏子春秋』嬰 相齊景公時 食脫粟飯 炙三弋 五卵 茗菜而已 郭璞『爾
雅注』云 樹小似梔子 冬生葉可煮羹飲「本草・木部」茗 苦茶 味甘苦 微寒無
毒 主瘻瘡 利小便 去痰渴熱 令人小睡

　　宋 熊蕃『宣和北苑貢茶錄』陸羽『茶經』裴汶『茶述』者 皆不第建品 說者
但謂二子未嘗至建 而不知物之發也固自有時 蓋昔者山川尚閟 靈芽未露 至
于唐末 然後北苑出為之最 是時偽蜀時詞臣 毛文錫作『茶譜』亦第言建 有
紫筍而臘面 乃産于福 五代之季 屬建南唐 歲率諸縣民 采茶北苑 初造研膏
繼造臘面 既又製其佳者 號曰京鋌 聖祖開寶末下南唐 太平興國初 特置龍鳳
模 遣使即北苑 造團茶以別庶飲 龍鳳茶蓋始于此 蓋龍鳳等茶 皆 太宗 廟所
製 至咸平初 丁晉公 始載『茶錄』慶曆中 蔡君謨 將漕小龍團以進 被旨仍歲
貢之 自小團出 而龍鳳遂為次矣 元豐間 有旨造密雲龍 其品又加于小龍團之
上 紹聖間 改為瑞雲翔龍 至大觀初 今上親製『茶論』二十篇 以白茶者與常茶
不同 偶然出 非人力可致 于是白茶為第一 凡茶芽最上曰小芽 如雀舌鷹爪
次揀芽 乃一芽帶一葉者 號一鎗一旗 次曰中芽 乃一芽帶兩葉 號一鎗兩旗
宣和庚子歲 鄭公可簡 始創為銀線水芽 蓋將已揀熟芽再剔去 祇取其心一縷
號龍園勝雪 茶之妙 至勝雪極矣 然猶在白茶之次者 以上之所好也 宋蔡襄
『茶錄』茶色貴白 而餅茶多以珍膏 油其面 故有青黃紫黑之異 既已末之 黃白
者受水昏重 青白者受水詳明 故建安人鬪試 以青白勝黃白 南越陳鑑『虎丘
茶經注補』陸桑苧翁『茶經』漏虎丘 竊有疑焉 陸嘗隱虎丘者也 井焉品水焉
茶何漏 曰非漏也 虎丘茶自在經中 無人拈出耳『茶經』樹如瓜蘆 注: 瓜蘆 苦
楸也 廣州有之 葉與虎丘茶無異 但瓜蘆苦耳 花如白薔薇 注: 虎丘茶花開 比
白薔薇而小 茶子如小彈 上者生爛石 中者生礫壤 野者上 園者次 宜陽崖陰
林 紫者上 綠者次 筍者上 芽者次 葉卷上 葉舒次 在二三四月間 茶之筍者 生
爛石 長四五寸 若薇蕨始抽 凌露采之 茶之芽 發於叢薄之上 有三枝四枝五

枝者 選中枝穎拔佳 泉水上 天雨次 井水下 補 劉伯芻水記 陸鴻漸 爲李季卿
品虎丘劍池石泉 水第三 張又新 品劍池石泉 水第五『夷門廣牘』謂 虎丘石
泉 舊居第三 漸品第五 以石泉渟泓 皆雨澤之積滲 寶之潢也 況闔閭墓隧 當
時石工多閟死 僧衆上棲 不能無穢濁滲入 雖名陸羽泉 非天然水 道家服食
禁屍氣

　湯之候 初曰蝦眼 次曰蟹眼 次魚眼 若松風漸至無聲 蝦蟹魚眼 鍑內水沸
之狀也 聲如松濤 漸緩 則火候到矣 此則勿用 **以近世茶品言之 有龍井岕**
片爲第一 長洲 呂種玉 言茶之精者 浙以龍井爲第一 江南以岕片爲第一 冒
襄巢民『岕茶彙抄』環長興境産茶者 曰羅嶰 曰白巖 曰鳥瞻 曰靑東 曰顧渚
曰篠浦 虎丘茶 作嬰兒肉香 吳人柯姓者 每桐初露白之際 入岕箬籠攜來 味
老香深 具芝蘭金石之性 張心齋潮山來『岕茶彙抄』古人屑茶爲末 蒸而範之
成餅 已失其本來之味矣 及至烹也 又復點之以鹽『物理小識』揚子宜荈
謂揚子江中冷泉 偏宜煮茗也

　古今說茶者甚多 而但其文彩風致 總不如 陸鴻漸『茶經』之造語淸新 故
略抄其句 茶有九難 一曰造 二曰別 三曰器 四曰火 五曰水 六曰炙 七曰末 八
曰煮 九曰飮 陰采夜焙 非造也 嚼味嗅香 非別也 羶鼎腥甌 非器也 膏薪庖炭
非火也 飛湍壅潦 非水也 外熟內生 非炙也 碧粉縹塵 非末也 操艱攪據 非煮
也 夏興冬廢 非飮也 其說風鑪 甚雅可取者也 又有煎茶諸器具 而煩不及焉

　宋 羅大經『鶴林玉露』余同年 李南金云『茶經』以魚目湧泉連珠爲煮水
之節 然近世瀹茶 鮮以鼎鑊 用瓶煮水 難以候視 則當以聲辨一沸 二沸 三沸
之節 又陸氏之法 以末就茶鑊 故以第二沸爲合量而下 末若以今湯就茶甌瀹
之 則當用背二涉三之際爲合量 乃爲聲辨之詩云 砌蟲唧唧萬蟬催 忽有十車
梱載來 聽得松風幷澗水 急呼縹色綠瓷杯 其論固已精矣 然瀹茶之法 湯欲嫩
而不欲老 蓋湯嫩則茶味甘 老則過苦矣 若聲如松風澗水而遽瀹之 豈不過於
老而苦哉 惟移瓶去火 少待其沸止而瀹之 然後湯適中而茶味甘 此南金之所
未講者也 因補以一詩云 松風檜雨到來初 急引銅瓶離竹爐 待得聲聞俱寂後
一甌春雪勝醍醐 吳從先『小窓淸紀』煎茶非漫浪 須要其人與茶品相得 故其

法每傳于高流隱逸 有雲霞泉石磊碨胸次間者 今燕都茶品之藉藉盛行者 普
洱茶爲第一 白毫茶爲第二 靑茶爲第三 黃茶爲第四 而黃茶每多流入我東 爲
日用所飲 然惟在士大夫家及富豪者所用 而不如中原之以爲恒用也 東之無
癖於茶 又可知也 然東人飲茶 亦自新羅爲始『東國通鑑』新羅 興德王 三年
戊申 卽唐 文宗 太和二年也 遣 大廉如唐 得茶子來 王命植于智異山 崔孤雲
『桂苑筆耕·謝探請料錢狀』今有本國使船過海 某欲買茶藥 寄附家信云云
則足可爲證者 宋 孫穆『雞林類事·方言』高麗人稱茶曰茶 則高麗人亦飲茶
矣 今茶之爲名者 出於嶺南竹田 名以竹露茶 出於密陽府衙後山麓産茶 名密
城茶 嶠南康津縣 有萬佛寺出茶 丁茶山鏞 謫居時 敎以蒸焙爲團 作小餅子
名萬佛茶而已 他無所聞 東人之飲茶 欲消滯也

奚暇如 張又新『煎茶水記』粉槍末旗 蘇蘭薪桂云云乎哉 雖茶爲天下之
所尙 自唐宋以來 有榷茶之法 與鹽鐵等 則其利又可知矣 初唐德宗 納戶部
侍郎 趙贊 議 稅天下茶 漆 竹 木 十取一 以爲常平本錢 及出奉天 乃悼悔 下
詔亟罷之 貞元八年 以水災減稅 明年諸道鹽鐵使 張滂 奏 出茶州縣若山及
商人要路 以三等定估 十稅其一 自是歲得錢四十萬緡 然水旱亦未拯之也 穆
宗 卽位 兩鎭用兵 帑藏空虛 鹽鐵使 王播 圖寵以自幸 乃增天下茶稅 率百錢
增五十 其後 王涯 判二使 置榷茶使 徙民茶樹於官場 焚其舊積者 天下大怨
令狐楚 代爲鹽鐵使兼榷茶使 復令納榷 加價而已 李石 爲相 以茶稅皆歸鹽
鐵 此榷茶之大略也 茶利旣與鹽鐵同 則略收其稅 何妨也 **其種植之方** 亦
不可不知也『萬寶全書』二月間種 每坑下子數十粒 待長移栽 常以糞水灌
之 三年可採 茶有一旗二槍之號 言一葉二芽也 凡早採爲茶 晚爲荈 穀雨前
後收者爲佳 粗細皆可 惟在採摘之時 天色暗明 炒焙適中 盛貯如法 茶宜箬
葉而畏香藥 喜溫燥而忌冷濕 故收藏家 以箬葉封裹入焙中 兩三日 一次用火
當如人體溫溫 則去濕潤 若火多 則茶焦不可食

『古今秘苑』茶性惡水 宜斜陂陰地中走水處 用糠與焦土種之 每一圈 可
用六七十粒 覆土厚一寸 出時不要耘草 旱以米泔水澆之 常以小便糞水或砂
壅之 水浸根必死 三年後可採 凡種茶 相離二尺一叢 藏茶法 將便灰放瓶底
將茶葉不拘大小包 好撞在上面 潮氣自然收入灰內 不用烘 至八月間 另換灰

或用曬乾代灰亦可 我人取種於中國 如法種植 則亦可需用 而無人智心得來

　　日本人亦有所記 可考也 日本 良安尙順『和圖會』凡投茶於器有序 先茶後湯 謂之下投 湯半下茶 復以湯滿者 謂之中投 先湯後茶 謂之上投 春秋中投 夏上投 冬下投 茶之爲書者 陸翁『茶經』蔡襄『茶錄』子安『試茶錄』宋 徽宗『大觀茶論』熊蕃『北苑茶錄』『北苑別錄』[1] 黃儒『品茶要錄』沈括『本朝茶法』張又新『煎茶水記』蘇廙『十六湯品』葉淸臣『述煮茶小品』溫庭筠『採茶錄』唐庚『鬪茶記』徐獻忠『水品』田藝蘅『煮泉小品』顧元慶『茶譜』馮時可『茶錄』許次紓『茶疏』聞龍『茶箋』羅廩『茶解』熊明遇『羅岕茶記』憑可賓[2]『岕茶箋』陸樹聲『茶寮記』陳鑑『虎丘茶經』冒巢民『岕茶彙抄』以茶爲書者甚多 今何必强記若鬪茶品水者乎

---

1) 『북원별록』은 웅번의 저술이 아닌 북송시대 조여려의 저술이다.

2) 憑可賓은 馮可賓의 오기로 보인다. 阮浩耕 외2, 『中國古代茶叶全書』, 浙江撮影出版社, 2001, 429쪽.

茶자는 중당 때부터 茶로 바뀌어 쓰이기 시작했다. 그 설은 이미 『唐韻正』과 『困學紀聞』에 상세하게 설명되어 있다. 茶에는 세 가지가 있으니 시경에 '누가 씀바귀를 쓰다더냐?'에서 茶는 쓴 나물[苦菜]이다. 시경에 '미녀들 띠 꽃처럼 많도다'에서 茶는 모수이다. '논밭의 잡초를 매고'에서 茶는 육초이다. 『爾雅』에 茶 곧 荼字가 다섯군데 보이는데 각각 다르다.

『석초』에서 茶는 苦菜라 하였는데 『시경』에 이르기를 '누가 씀바귀를 쓰다더냐? 내게는 냉이처럼 달다.'고 인용 설명하였다.

『이아소』에 이르기를 '맛은 쓰고 먹을 수 있는 나물이며 잎은 苦苣같고 가늘며 자르면 흰 즙이 나오고 꽃은 누렇고 국화와 같으며 먹을 수 있으나 그 맛이 쓰다'고 하였다.

또 말하기를 蔈・荂・荼는 주에는 芀이다.

疏에 이르기를 『周禮・掌荼』와 『詩經』에 '미녀들 띠 꽃처럼 많도다'라고 보이며 모수, 표, 과는 茶의 다른 이름이다. 또, 蒤는 虎杖이라 하고 홍초와 같으며 거칠고 크다. 가는 가시가 있고 붉게 물들일 수 있다. 또, "도는 委葉"이라 했고 『시경』에는 '논밭에 자라는 잡초를 매고' 라 하였다. 소에서는 蒤는 '委葉'이라고 한다.

王肅이 『詩經』을 설명한 데에서 "蒤는 땅의 잡초이므로, 蒤라는 것은 논밭에서 나는 잡초이지 苦菜가 아니다."라고 하였다.

『釋木』에 檟는 苦茶라 하고 나무는 작고 치자와 닮았으며 겨울에도 시들지 않아 그 잎으로 국을 끓여 마실 수 있다. 지금은 일찍 딴 것을 茶라 하고, 늦게 딴 것을 茗이라 하며 일명 荈이라 한다. 촉나라 사람들은 苦茶라고 했다.

지금 『시경』을 상고해 보면 「邶・谷風」에 茶苦, '七月'에 采茶,

‘縣’에 菫茶라고 보이는데 이는 모두 쓴 나물[苦菜]이다.

『하소정』에 도수[씀바귀]를 취하다. 『주례·지관』에 茶를 관장하다.

『의례·既夕』에 ‘자리[깔개]에 도를 사용하다’ 실상은 廉薑과 澤蘭으로 모두 향풀이고 습기를 제거 한다.

『시경』 ‘치효’편에 ‘내 처소에 달 이삭 따오고’ [予所捋茶]라 보인다.

『시경』 ‘出其東門’편에 ‘미녀들 띠꽃 같이 많도다.’

『國語』에서 吳나라 王 夫差는 만인을 위하여 方陳[正方形 鎭]을 꾀하니 백상[흰 창], 백기[흰 깃발], 소갑[흰 갑옷], 백우의 깃발을 바라보기를 도(茶)와 같이 했다. 이 역시 모수[띠꽃, 일명 삘기]이다.

『시경』 「양사」의 ‘茶蓼’는 委葉의 蒤이다. 다만 虎杖의 蒤와 檟의 苦茶는 『詩』와 『禮』에 보이지 않으나 왕포의 『동약』에 이르기를 “양무에서 차를 사온다.”라고 보인다.

장재의 『등성도루』시에 이르기를 “芳茶[향기로운 차]는 六淸의 으뜸”이라 했다.

손초의 詩에 “생강·계피·차는 파촉 지방에서 난다.” 하였다.

『본초연의』에서 “晉나라의 온교가 표를 올리기를, 공물로 茶를 千斤, 茗은 三百斤 바친다고 하였는데, 이것으로 秦人이 촉을 취한 뒤로부터 차를 마시는 일이 시작되었음을 알 수 있다.

왕포의 『동약』에 “먼저 자라를 통째로 굽고 차를 끓이며 나중에 양무에서 차를 사온다. 주에 이르기를 앞의 것을 고채라 하고 뒤의 것을 명이라 한다.”고 하였다.

『당서』의 육우편 기도에 보면 이 뒤로부터 ‘茶’자는 한 획이 감소해 '茶'가 되었다고 보인다.

그의 저서『다경』삼편에 말하기를 천하가 차 마시기의 이로움을 알았다. 당시 위구르 족[回紇]이 조정에 들어와 말을 몰아 차를 샀다. 명대에 이르러 茶馬御史가 설치되었다.

그리고『大唐新語』에 부족한 점을 보충하기를 綦母熲은 성품이 차를 마시지 않았는데 그의 저서『茶飮』의 序에서 말하기를 '(차는)막힌 곳을 풀어 해소하고 하루의 이로움이 잠시는 좋으나 瘠氣가 精氣를 범하여 終身의 해로움이 크다' 하였다.

내가 보기에 '茶' 자의 가장 오래 된 것은『신농식경』에 겨우 보인다.

『물리소지』에는 茶에 대해서『신농식경』에 해답이 실려 있는데 '古茶'는 즉 '茶'라고 하였다.『한서지리지』에는 茶陵에서의 茶의 음은 '茶'라고 하였는데『통아』에 상세한 설명이 있다. 韓翃이 쓴「사다계」에서 이르기를 오나라 왕 손호는 어진 신하에게 차를 내렸고 晉나라 사람(육납과 환온)은 손님에게 차를 대접했으며[分茶], 晏子는 三茗이라 하였다. 옛날부터 그러하였는데 오직 육우의 제작이 드러날 뿐이다.

당나라 경릉의 육우가 지은『다경』에 첫째는 茶, 둘째는 檟, 셋째는 蔎, 넷째는 茗, 다섯째는 荈 등 여러 가지 모양이 있다. 대강으로 말하더라도 어떤 것은 오랑캐의 가죽신 같이 쭈글쭈글한 것이 있으며, 어떤 것은 들소 가슴처럼 치마에 주름 잡힌 것 같다. 어떤 것은 뜬구름이 산 위로 겹겹이 올라오는 것처럼 꼬불꼬불한 것도 있고, 가벼운 바람이 물 위에 잔물결을 일으킨 것 같은 것도 있다.

(이러한 차들은) 옛날에는 보이지 않았던 것들이다.

『神農食經』에 '차를 오래 마시면 힘이 솟고 마음이 즐거워진다'하였다. 周公이 지은『爾雅』에 檟는 苦茶라 했다.

『晏子春秋』에 제나라 경공 때의 재상 안영이 식사할 때 조밥에 구이 석점과 5개의 알과 차와 나물을 먹었을 따름이었다.

곽박의『이아주』에 이르기를 나무는 작아 치자를 닮고 겨울에도 잎이 살아 있어서 그 잎으로 국을 끓여 마신다.

『본초목부』에는 茗은 쓴 차로 맛이 달고도 쓰다. 성질이 약간 차가우나 독이 없어 부스럼을 다스리고 소변을 잘 나오게 하며 가래, 갈증과 몸의 열을 없애고 사람의 잠을 적게 한다.

송나라 웅번이 지은『선화북원공다록』에서 육우의『다경』과 배문의『다술』에는 모두 건안차의 품격이 정해져 있지를 않다. 해설하는 사람들은 다만 두 사람은 일찍이 민지방에 가본일이 없었기 때문이라고만 한다. 그러나 그것은 사물의 발원에는 처음부터 저절로 때가 있다는 것을 모르는 탓이다.

대개 그 옛날 건안의 산천은 오히려 닫혀 있어서 영아차도 드러나지 않은 채 당나라 말기에 이르렀고, 그런 뒤에 나온 북원차가 으뜸으로 꼽히게 되었다. 그때 오대 전촉(오대 10국의 하나, 907~925)의 문학 시종 대신인 모문석이『다보』를 지었는데, 여기에도 건안에는 자순차가 있고 납면차는 복주에서 난다고 적혀 있을 뿐이었다.

五代 말년, 건안은 남당에 속해 있었는데 남당에서는 해마다 여러 고을의 백성을 거느리고 북원에서 차를 따게 하여 처음으로 연고차를 만들었고 뒤이어 납면차를 만들었다. 또 납면차 중에서 잘 만들어진 것을 경정이라 불렀다.

성군이 다스리는 조정인 개보 말년에는 남당을 항복시켰고, 태평흥국의 초년에는 용과 봉황새 무늬의 거푸집을 특별히 갖추어 놓고 北苑에 사신을 보내 團茶를 만들어서 서민들이 마시는 차와 구분 지었다. 용·봉차는 이 때부터 시작되었다. 대개 용·봉차 등은 모두 太宗 때에 만들어져 함평 초년에 이르러 복건 전운사인 정위가 처음으로『다록』에 적었던 것이다.

인종 때에 채군모를 전운사로 삼았을 때 작은 용단차를 배로 실어 진상하였는데 그것이 천자의 명에 의해 해마다 바치게 되었다. 작은 덩어리 차[小團]가 나온 다음부터 龍·鳳茶는 마침내 버금가게 되었다.

원풍연간에 왕명으로 密雲龍차가 만들어졌는데 그 등급이 작은 덩어리 차[小龍團]의 위에 들게 되었다.

소성연간에는 (차 이름을)고쳐서 瑞雲翔龍이 되었다.

대관 초년에 금상께서 친히『茶論』二十篇을 지었다. (다론에서) 흰 차는 보통 차와는 달라서 우연히 생겨나는 것이지 인력으로 되는 것은 아니라고 하시오매 이에 흰 차가 첫째가 되었다.

차 싹은 어린 싹[小芽]을 최상으로 여기는데 다음은 간아로 싹 하나에 잎이 하나가 달려있는 것을 일창일기라 한다. 그 다음은 중아로 싹 하나에 두 개의 잎이 달려있는 것을 일창양기라 한다.

선화 경자년에 전운사인 정가간 공이 처음으로 은선수아를 만들었다. 이 것은 이미 가려낸 익은 싹을 다시 거죽을 발라내고 심의 한 가닥만 남기어 용원승설차라고 일컬었다. 차의 오묘함은 승설에 이르러 윗자리에 오르게 되었다. 그러나 지금도 흰 차의 次等品으로 놓여 있는 것은 휘종께서 좋아 하시기 때문이다.

송나라 채양의『다록』에 차의 빛깔은 흰 것을 귀하게 여긴다. 그러나 떡 차는 흔히 그 표면에 진귀한 膏油를 발랐기 때문에 파랑·노랑·자주·검 정 등으로 빛깔이 다르다. 이미 가루 내어 황백색이 된 것은 물기를 받으면 어둡고도 무거우며, 청백색이 된 것은 물기를 받으면 그 빛깔이 선명하게 드러난다. 그러기에 건안 사람들의 차 겨루기에서는 청백색이 황백색을 이 긴다.

청대의 진감이 쓴『호구다경주보』에서 육우의 다경에 호구차가 빠져있 는 것에 의문을 가졌다. “육우는 일찍이 호구에 은거한 일이 있는데 우물물 이니 샘물이니 하면서 어찌하여 차는 빠졌는가? 빠진 것이 아니다. 호구차 는『다경』속에 있는데 찾아낸 사람이 없을 뿐이다.”

『다경』에서 차나무의 모양새는 과로나무와 비슷하다고 하였다. 과로는 고채이다. 과로는 광주에서 나며 잎은 호구차와 다르지 않으나, 맛이 쓰고 꽃은 백장미와 비슷하게 생겼다. 호구차의 꽃이 피면 백장미 보다 작고 차 씨는 작은 탄알과 같다.

상품은 난석토에서 나고, 중품은 사력양토에서 난다. 들의 것이 으뜸, 밭의 것이 버금이다. 양지쪽의 벼랑이나 그늘진 숲에서 나는 차가 좋다. 잎의 색깔이 자줏빛 나는 것이 상품이고, 초록빛 나는 것은 다음이다. 筍이 으뜸, 芽가 버금이다. 말린 잎이 으뜸, 펴진 잎이 버금이다. 찻잎은 보통 음력 2·3·4월 중에 딴다.

차의 싹이 죽순처럼 생긴 것은 바위가 부서진 자갈밭의 비옥한 땅에서 자라며, 모양이 길이 네다섯 치 쯤 되면 고비나 고사리가 처음 솟아오르는 것과 같으며 이런 것은 이슬을 밟으면서 딴다. 찻잎의 芽는 떨기가 져 우거진 곳 위로 세개나 네개, 다섯개로 되어 있는 가지 가운데서 이삭처럼 쑥 빼어난 것을 골라 딴다.

샘물이 으뜸이고 빗물이 버금이고 우물물이 아래이다.

유백추는 『수기』에 보충하기를 육홍점이 이계경에게 '호구 검지 석천수'가 '천하 제3' 이라고 하였고, 장우신은 '검지 석천수'가 '제5' 라 하였다.

『이문광독』에서 '호구 석천'은 옛날에는 '제3'이라고 했고, 육우는 '제5'라 했는데, 石泉은 웅덩이에 물이 고인 것으로써 모두 빗물이 모여서 구멍으로 물이 스며들어 못을 이룬 것이다.

하물며 吳王 합려의 묘도에 당시의 석공들이 많이 갇혀 죽었고 승려들이 상류에 거처하여 더럽고 탁한 것이 스며들지 않을 수 없다. 비록 육우천이라 이름 해도 천연수가 아니다. 도가의 복식(양생법으로 단약을 먹는 것)은 죽은 기운을 금한다.

탕을 살펴보면 첫째 새우 눈, 둘째 게의 눈, 다음이 물고기 눈, 곧 솔바람 소리가 점차 무성에 이른다. 새우 눈·게 눈·물고기 눈은 솥 안의 물이 끓는 상태이다. 송도와 같은 소리가 점점 잦아지면 火候가 다 된 것이다. 이것은 쓰지 않는다.

근세의 차의 품평을 하면 '용정개편'을 제일로 삼는다.

장주의 여종옥은 차 중에서 뛰어난 것은 절강의 용정을 제일로 삼으며 강남의 개편을 제일로 삼는다고 하였다.

청대의 모양이 지은 『개다휘초』에서 장흥 지역에서 차가 생산되는 곳으로는 나해·백암·조첨·청동·고저·소포이다.

호구차는 어린아이 살 냄새 같다.

오나라의 가씨 성을 가진 자가 늘 오동나무에 처음 이슬이 내려 하얗게 될 무렵 나를 위해 개차 십 여종을 대바구니에 넣어 가지고 왔는데, 차의 맛이 진하고 향기가 깊어 芝蘭金石의 성품을 갖추었다.

張潮는 『개다휘초』에 옛 사람들은 가루차[屑茶]를 말[末]이라고 했고, 쪄서 틀로 만든 것은 餠이라고 했는데, 이미 그 본래의 맛을 잃었다. 이것은 끓기에 이르면 다시 소금을 조금 넣기 때문이라 하였다.

『물리소지』에 양자강의 물은 찻잎을 달이기에 마땅하다고 하였다. 양자강의 중령천은 두루 차를 달이기에 마땅하다.

고금에 차를 설명한 자가 매우 많은데 다만 그 문장의 아름다운 광채나 운치요 총체적으로는 같지 않아, 육홍점이 지은『다경』의 청신한 조어만은 못하다. 그러므로 그 구절을 간략히 기록하면 찻일에는 아홉 가지 어려움이 있으니 첫째는 만들기, 둘째는 감별하기, 셋째는 그릇, 넷째는 불, 다섯째는 물, 여섯째는 굽기, 일곱째는 가루내기, 여덟째는 끓이기, 아홉째는 마시기이다.

날씨가 흐린 날 찻잎을 따거나 밤에 말리는 것은 차를 제대로 만드는 방법이 아니며, 차의 맛을 보고 냄새를 맡아서 감별하는 것은 차의 품질을 올바르게 감별하는 방법이 아니다. 누린내 나는 솥이나 비린내 나는 사발은 적당한 그릇이 아니며, 진이 많이 나오는 나무나 부엌에서 나온 숯은 차 달이는 불로 적당하지 않다. 세차게 흐르는 물이나 막혀서 고인 물은 차 달이는 데 적합한 물이 아니며, 차를 구울 때 밖은 익고 속은 설익는 것은 제대로 굽는 것이 아니다. 차를 가루 낼 때 너무 빻아 푸른색의 가루가 되거나 먼지처럼 날리는 것은 옳게 빻는 것이 아니며, 차를 끓일 때 서툴게 다루거나 거친 동작으로 함부로 다루는 것은 옳게 끓이는 것이 아니다. 여름에는 많이 마시고 겨울에는 제대로 마시지 않는 것은 차를 올바로 마시는 것이 아니다. 그 중 풍로에 대해 논한 것은 매우 옳아서 취할 만하다. 또 차를 끓이는 여러 기구들에 대해 설명한 것이 있는데 번거로워서 언급하지 않는다.

송나라 나대경이 쓴『학림옥로』에서 동년배 이남금이 말하기를『다
경』에서 어목, 용천연주로써 물을 끓이는 알맞은 정도로 삼았다.

그러나 근세에는 차를 달이는데 가마를 쓰는 일은 드물고 병으로 물을
끓이기 때문에 끓는 물의 상태를 살펴보기 어렵게 되었다. 그러기에 소리
로서 첫 번째 끓음, 두 번째 끓음, 세 번째 끓음의 맞는 정도를 분간하여야
한다.

또 육우의 법도는 가루차를 차 솥에 넣는 것이므로 두 번째 끓을 때 분량
에 맞추어 가루차를 떨구어 넣기로 되어 있다. 그러나 만약 지금처럼 끓인
물을 차 사발에 붓고 달이면 마땅히 두 번째 끓음에서 세 번째 끓음으로 건
너갈 때 분량에 맞추어야 한다고 하였다. 이에 소리 듣고 분별하는 시를 지
어서 말하였다.

섬돌가 벌레는 두런거리며 만 마리의 매미 울음소리 일으키니/ 문득 열
대의 수레에 짐 가득 싣고 오는 듯/ 솔바람 소리 산골 물소리 듣고서야/ 급
히 옥색과 녹색 자기 잔을 찾네

그 이론이 진실로 정묘하다. 그러나 차를 끓이는 법은 탕이 연하면서도
쇠지 않게 해야 한다. 대개 탕이 연하면 차 맛이 달고 쇠면 차 맛이 쓰다. 만
일 탕이 솔바람 소리와 산골짜기를 흐르는 물소리처럼 들릴 때 급히 차를
끓이면 어찌 쇠고도 쓰지 않겠는가! 오직 병을 옮기고 불을 제거하여 잠시
끓는 것이 식기를 기다린다. 그런 뒤에 탕이 딱 맞아 차 맛이 달다고 말했다.

이에 「이남금」의 말하지 않은 부분을 시 한수로 보충하기를

솔 바람소리 전나무에 비 듣는 소리 들려오면/ 구리 병 급히 들어 죽로에
서 내려놓고/ 들리던 소리 다 적막하기 기다려/ 달여 마시는 한 사발 춘설은
제호보다 낫구나

오종선의『소창청기』에서 "차 달이기는 신중하지 않으면 안 된다. 반드
시 그 사람과 차의 품격이 잘 어울려야 한다." 그러므로 그 법은 늘 고매한
풍류를 갖춘 사람에게 전해진다. (곧)흉중에 운하, 천석, 뢰괴 같은 산수의
정취가 있는 사람이어야 한다.

지금 연경에 茶品이 자자하게 성행하는 것은 보이차를 제1, 백호차를 제

2, 청차는 제3, 황차 제4이다.

황차는 매번 우리나라에 많이 유입되는데 일용으로 많이 마신다. 그러나 오직 사대부 집안이나 부호들이 쓰는 것이어서 중원지방에서 항상 쓰는 것과는 다르다.

우리나라는 차를 마시지는 않았으나 알고는 있었고 우리나라 사람이 차를 마시는 것은 신라 시대로부터 시작되었다.

『동국통감』에 신라 흥덕왕 삼년 무신년은 唐 문종 태화 이년이다.

大廉을 당에 보내어 차씨를 얻어와 왕명에 의해 지리산에 심었다.

최고운이 쓴『계원필경·사탐청료전장』에 지금 본국의 사신 배가 바다를 지나가기로 某는 차와 약을 사서 家信을 부쳐 보내고자 하옵는데…

족히 증거 할 만한 것이다.

송의 손목이 쓴『계림류사·방언』에 보면 고려 사람들은 '茶를 茶'라 불렀고, 고려 사람들 역시 차를 마셨다. 지금 차 중에서 이름난 것은 영남 죽전에서 나는데 이름이 죽로차이다.

밀양의 아후산 기슭에서 생산되는 차는 밀성차라고 한다. 교남 강진현에는 만불사가 있는데 차가 나온다. 정약용이 유배되었을 때 (차 만드는 법을) 가르쳤는바, 찌고 열에 말려 작은 떡 덩어리로 만들어 이름을 만불차라고 하였다. 그리고 다른 것은 소문에 듣지 못하였다.

우리나라 사람들이 차를 마신 것은 막힌 것을 삭이어 내려가게 하기 위함이었다.

장우신의『煎茶水記』에 "찻잎을 갈아서 분말을 만들고 난꽃을 香蘇로 쓰고 계수나무로 땔감을 사용하여"3)…

비록 차를 천하가 숭상하는 바가 되었고 당·송 이래로 염철과 더불어 각다법이 있으니 그 이로움을 알 만하다.(필수품으로서의 염철과 차는 나라의 이익이 된다)

---

3) 장우신의『煎茶水記』에는 이러한 내용이 없다. 葉淸臣의『述煮茶泉品』에 그 내용이 보인다. 阮浩耕 외2,『中國古代茶叶全書』『述煮茶泉品』, 浙江撮影出版社, 2001, 59~61쪽.

당 덕종 때에 호부시랑인 조찬의 의견을 받아들여 천하의 차·칠·대·나무에 대하여 10분의 1에 해당하는 세를 받아서 常平本錢으로 삼았다. 奉天의 난리가 남에 미쳐서, 곧 (임금께서) 후회를 하고 정원 8년, 수재로 부세를 감면하였으나, 다음해 제도 염철사인 장방의 주청으로 차가 나는 주·현과 차가 나는 산에 外商이 왕래하는 길목마다 삼등급으로 값을 정하여 10분의 1의 세를 받았다. 이때부터 해마다 돈 40만 관을 얻었으나 그 돈으로 수재나 한해를 구제한 적은 없었다.

목종이 즉위하여 양진의 군사비로 내탕고의 재물이 바닥나자 염철사인 왕파가 왕의 총애를 꾀하여 천하의 차세를 (舊額인) 百文에 대해서 五十文을 추가 징수하였다.

그 후에 판이사가 된 왕애가 각다사를 설치하자 백성들이 차나무를 관장으로 옮겨 심고, 舊積을 불사르는 등 천하가 크게 원망했다.

제도염철사 겸 각다사인 영호초는 다시 차의 과세를 납부하게 하였는데 값(종가)을 더했을 뿐이다.

이석이 재상이 되어 차세를 염철(염철사의 관할 업무)로 돌아가게 하였다. 이는 각다법의 대략이다.

차세의 이익은 이미 염철세와 같은데 대략 그 세금을 거둬들이는 것은 무방하다.

차 종자를 심는 방법을 몰라서는 안 된다.

『만보전서』에서 차씨 심기는 이월 사이에 심고 구덩이마다 차씨를 수십 알 씩 묻는다. 자라기를 기다려 옮겨 심고 항상 거름물을 뿌려 준다. 삼년이면 찻잎을 딸 수 있다. 團黃茶에는 일기이창의 이름이 있는데 한 잎에 두 싹이 달린 것을 말한다.

일찍 딴 것을 茶라 하고, 늦게 딴 것을 荈이라고 한다. 곡우 전후에 거둔 것이 좋은데 거칠거나 고운 것도 모두 쓸 수가 있다. 다만 딸 때는 날씨가 개이고 맑으며 법도대로 담아서 저장하여야 된다. 차는 부들 잎과 알맞지만 향과 약을 두려워한다. 따뜻하고 마른 것을 좋아하지만 차갑고 축축한 것을 꺼린다.

그러므로 거두어 간직하는 집에서는 부들 잎으로 싸서 봉하여 焙爐에 넣고 2, 3일 마다 한 차례씩 불로써 사람의 몸처럼 훈훈하게 하는 것이 마땅하다. 그렇게 하면 젖는 것을 막지만 불기가 많으면 차는 탄내가 나서 먹을 수가 없게 된다.

『고금비원』에서 차나무의 속성은 물을 싫어하므로 비스듬한 언덕 음지의 물이 잘 빠지는 곳에 겨와 불에 탄 검은 흙을 함께 써서 심는다고 했다. 한 구덩이 마다 육칠십 알 정도를 뿌려도 되며 흙을 한 치 이상의 두께로 덮어준다. 싹이 날 때 김을 매줄 필요는 없다. 가물 때에는 米泔水를 부어주고 늘 소변과 거름물을 쓴다. 혹 모래에 막혀 고인 물이 뿌리에 침투하면 반드시 죽는다. 3년 후에 딸 수 있다. 차나무를 심는 거리는 두 자에 한 떨기다.

차를 저장하는 방법은 재를 병 밑에 깔고 찻잎이 크든 작든 잘 싸서 두드리면 윗면에 있는 축축한 기운이 자연히 재 속으로 스며들어 불을 쓰지 않아도 되며 8월 무렵에 따로 재를 바꾸어 주면 된다. 때로는 재 대신에 볕에 말리기도 하는데 그것도 상관없다.

우리나라 사람들이 중국에서 종자를 가져와 법대로 심어 기른다면 수요를 충당할 터인데 아무도 그러한 지혜를 지닌 자가 없다.

일본 사람 또한 기록한 바가 있어 상고할 만하다.

일본인 사도양안(상순)의『화한삼재도회』에는 무릇 그릇에 차 넣기에는 차례가 있으니 차를 먼저 넣고 탕이 뒤이면 하투라 이르고, 탕을 반 넣고 차를 넣어 다시 차를 채우면 중투, 먼저 탕을 붓고 후에 차를 넣으면 상투라 이른다. 봄가을에는 중투, 여름에는 상투, 겨울에는 하투라고 하였다.

차에 대한 책에는 육옹『다경』·「채양」『다록』·자안『시다록』·송휘종『대관다론』·웅번『북원다록』·조여려『북원별록』·황유『품다요록』·심괄『본조다법』·장우신『전다수기』·소이『십륙탕품』·섭청신『술자다소품』·온정균『채다록』·당경『투다기』·서헌충『수품』·전예형『자천소품』·고원경『다보』·풍시가『다록』·허차서『다소』·문룡

『다전』·라름『다해』·웅명우『라개다기』·풍가빈『개다전』·륙수성
『다료기』·진감『호구다경』·모소민『개다휘초』등등…
　　다서가 매우 많으니 지금 (또 다시) 鬪茶와 品水 같은 것을 하
필 억지로 기록할 필요가 있겠는가?

2. 「種茶薏苡靑蘘辨證說」(『五洲衍文長箋散稿』권19)

茶與薏苡及靑蘘 日用最切 靑蘘 巨勝一名 竝辨之 種茶法 二月中
於樹陰下或背陰之地 開坎方圓三尺 深一尺 熟劚着糞壤 每方下五六
十顆子 蓋土厚一寸以上 任和草生不得芸 相去二尺種一方 旱則以米
泔澆之 無泔則以水 桑顆樹下盡堪 種竹陰下亦得 只是怕日 二年後卽
耕耘 治以水和稀糞蠶砂澆之 不得令滋厚 爲根尙嫩 恐傷根也 三年後
卽得多着糞澆 牛糞蠶砂雜糞壤蓋 大都宜山中陰坡 若於平地 卽須當
深掘溝畎 水深爲溝隴洩水 不得令水浸 水浸卽死 三年後每科取得八
兩 每畝計一百四十科 計得茶一百二十斤 茶未成開四面 不妨種雄麻
苧及雜粟黍穄等 收茶子法 茶熟時 收取子和濕沙土 半於筐籠之中盛
之 着牆角堆亦得 仍須以好穰草蓋覆 至二月出種之 不爾卽 卽乾 仍
凍不生 餘詳另論『五洲種樹書補』及『居家必用』…以下省略…

「차·율무·생강의 생육 방법에 관한 변증설」

차와 율무 및 생강은 일용하는 효용이 높다. 심는 방법으로는 2월 중에 나무그늘이나 음지에다 모가 나게 파는데 둘레는 석 자, 깊이는 한 자로 하여 잘 썩은 분뇨를 흙과 섞어 구덩이 마다 집어넣고 한 치 이상의 두께로 흙을 덮는다. 풀이 나는 대로 김을 매지 않고 그대로 둔다. 두 자 간격으로 씨를 뿌려 심는데, 심은 뒤에는 쌀뜨물이나 쌀뜨물이 없으면 물을 준다.

뽕나무 밑에서도 잘 견디며 대나무 밑에도 심는데 2년 뒤에는 물에다 분뇨를 희석하여 누에똥을 섞어서 준다. 3년 후에는 쇠똥에다 누에똥 및 잡분을 흙과 함께 섞어 준다. 주로 산중의 비탈에 심는데 평지에 심을 때는 반드시 깊게 배수로를 만들어 물이 잘 빠지도록 하여 침수를 예방해야 한다. 만약 침수되면 바로 죽게 된다. 삼년 뒤면 매 그루당 8량을 취득하는데 수확은 매 이랑을 140그루로 계산하면 120근이 된다.

차나무가 자랄 때에는 사면에 麻나 모시, 잡속류 등의 방해가 없도록 해야 한다. 차 종자를 받는 법은 차씨가 익었을 때 받아서 습기 있는 모래흙을 대롱에 반쯤 넣은 뒤에 종자를 그 위에 얹어 담 모퉁이에 쌓아 두는데 풀로 덮어야 하며 2월이 되면 꺼내어 심는다. 마르거나 얼어버리면 싹이 나지 않는다. 상세한 설명은『오주종수서보』·『거가필용』·『종의이법』·『의종오곡법』등에 논술되어 있다.

3. 「四時十二時淸趣辨證說」(『五洲衍文長箋散稿』卷36)

予今行年 已過耳順 山居谷飮 養性錬身而已 其他榮辱窮達 弁髦如也 稍待與草同腐 這間視息之際 遣閑無術 有此收拾古今人飣餖之物 而忽念皇明鍾伯敬惺 『隱秀軒集』所引 雲間陸大宗伯 年九十五六矣 嘗語陳仲醇曰 天地如逆旅 人生其間 又如僦屋而居 期滿年至 主人見索 亦須歸之 仲醇曰 然 若僦屋者 不得罪主人 謹身洽隣 主人愛之 多住幾年 亦可知云 予亦云然 若假我幾年 則處於其間 以此爲日用而過了 則端不負主翁借屋假年之盛事 故辨說平日所欲爲者 錄前人已行之節目焉

四時淸趣者

春 晨起 點梅花湯 課奚奴灑掃護階苔 禺中 取薔薇露浣手 薰玉蕤香 讀赤文 綠字書 晌午 採筍蕨 供胡麻 汲泉試新茗 午後 乘款叚馬 執剪水鞭 攜斗酒雙柑 往聽黃鸝 日晡 坐柳風前 裂五色箋 集錦囊 佳句 薄暮 繞徑灌花種魚

夏 晨起芰荷爲衣 傍花枝吸露潤肺 禺中 披古圖畫展法帖臨池 晌午 脫巾石壁 據 匡牀 談『齊諧』『山海』 倦則取左宮枕 爛遊華胥國 午後 刳椰子盃 浮瓜沈李 搗蓮花 飮碧芳酒 日晡 浴罷硃砂溫泉矣 棹小舟 垂釣于古藤曲水邊 薄暮 攣冠蒲扇 立層岡看火雲變現

秋 晨起下帷撿牙籤 挹露硏硃點校 禺中 操琴調鶴 玩金石鼎 彝 晌午 用蓮房洗硯 理茶具 拭梧竹 午後 戴白接䍦 著隱士衫 望紅樹葉落 得句題其上 日晡 持蟹螯鱸膾 酌海川螺試新釀 醉弄洞簫數聲 薄暮 倚柴扉聽樵歌牧唱 焚伴月香甕菊

冬 晨起飮醇醪 負暄盥櫛 禺中 置氈褥 市烏薪 會名士作黑金社 晌午 挾筴理舊稿 看晷影移階灌足 午後 攜都統籠向古松懸崖間 敲氷煮建茗 日晡 布衣皮帽 裝嘶風鐙策蹇驢 問寒梅消息 薄暮 圍爐促膝煨

十二時清趣

辰 夙興整衣襟 坐明窓中調息受天氣 進白湯一甌勿飲茶 櫛髮百餘遍 使疏風淸火明目 去腦中熱 盥 漱畢 早飱 宜粥宜淡小飽 徐行百步 以手摩腹 令速下食 天氣者 亥 子以來眞氣也 靜以淸 喧以濁 故天氣至巳 午而微矣

巳 讀書 或『楞嚴經』或『南華經』或『易』一卦 循序勿汎濫勿妄想 勿聚談 了大義知止 勿積疑 倦則閉目嚥津數十口 見賓客 寡言以養氣

午 坐香一線畢 經行使氣神安頓 始飯用素湯 當飢而食 未飽先止 茶 滌口膩漱去乃飲 行步多少 坐勿傴胸 中悶 則點呵氣二三口 凡飲食之節 減滿受虛 故當飯而節其滿未飽 留其虛

未 獵史 看古人大局 窮事理 流覽時務 事來須應過 物來須論破 勿晝臥 無事無物 不妨事物之來 涉獵流覽 都是妙明生趣 讀書人 日用不知

申 朗誦古人得意之文一二篇 引滿數酌 勿多飲令昏志 或吟名人詩數首 弄筆倣古帖 倦卽止吟誦 引白以王眞氣 亦是張旭草書被酒入聖時也

酉 坐香一線 動靜如意 晚食宜早 課兒子一日程 如法卽止 小飲勿沈醉陶然 熱水濯足降火除濕 暮 漱滌一日飲食之毒

戌 曁夜默坐 勿多思 勿多閱 多思傷心 多閱傷目 坐勿過二更 須安睡以培元氣 臥必側身 屈上一足 先睡心 後睡眼 睡心是止法 睡眼是觀法

亥 子 亥末子初 嬰始孩也 一身元氣 於焉發陳 當其機 候 起坐擁衾 虛心靜寧 無爲而行 約香一線 固其命門 精神日餘 元氣久盈 醒而行

之 難老而長存也

丑 寅 丑 寅間 精氣發生時也 勿酣睡靜守 令精住其宅 或轉側臥如弓 氣亦周流不漏 如勾萌不折 迎生氣也

卯 醒見晨光 披衣坐牀 叩齒三百 轉動兩肩 調其筋骨 以和陰陽 振衣下榻 俾勿濫觴 十供 讀義理書 學法帖字 澄心靜坐 益友淸談 小酌半醺 澆花種竹 聽琴玩鶴 焚香煎茶 登城觀山 寓意奕棋

見此可袪俗累塵愁 又非高遠難行之事爲 特爲飢火物慾所拘制 有沒身不得享其樂 況學聖希仙也哉

「일 년 사계절과 하루 24시간의 맑은 취미에 대한 변증설」

　지금 나의 나이는 이미 耳順이 지났으므로 산에서 살고 계곡에서 물 마시면서 性을 수양하고 몸을 수련할 뿐 기타 영욕궁달은 마치 弁髦와 같이 여기면서 앞으로 草木과 함께 죽어가기를 기다린다. 그러나 아직 살아 있는 동안에 소일할 방도가 없기에 고금 사람들이 의미없는 文詞를 늘어놓은 것을 거둬 모으다가 명나라 종성백경의 『隱秀軒集』에 인용된 말이 갑자기 생각났다. 즉,

　"雲間 陸 大宗伯은 95~96세의 나이이다. 일찍이 陳仲醇에게 '천지는 客館과 같고 그 사이에서 사는 인간은 집을 임대해서 살다가 그 임대 기한이 만료되어 집 주인이 되돌려 달라고 요구해 오면 반드시 되돌려 주어야 하는 것과 같다'고 하므로 진중순이 '그렇다. 만약 집을 임대해서 사는 자가 주인에게 과오를 범하지 않고 또 향리에서 행동을 조심하여 주인으로부터 사랑만 받는다면 몇 해 동안 그 집에서 더 거주하게 될 것임을 알 수 있다'고 했다."

　나 역시 그렇다고 본다. 만약 누군가 집을 나에게 몇 해 동안 임대해주어 마음대로 주거하며 사용하도록 한다면 절대로 주인의 호의를 저버리지 않을 것이다. 그러므로 평소 하고 싶은 일에 대해 논설하고 아울러 고인이 이미 실험한 節目을 다음과 같이 기록하는 바이다.

　四時의 淸趣
　봄철에는 새벽에 일어나 말린 梅花를 끓여 茶를 만들며, 하인에게 일과를 부여하여 주위를 掃灑하고 계단의 이끼[苔]를 보호하게 한

다. 巳時에 薔薇露로 손을 씻고 옥유향을 피운 다음 赤文·錄字의 글을 읽는다. 正午에 죽순과 고사리를 따고 胡麻를 볶으며 샘물을 길어다가 새로 난 차[茗]를 달인다. 오후에 걸음이 느린 조랑말에 올라 剪水鞭을 들고 나가서 벗과 함께 거나하게 취한 뒤에 꾀꼬리의 노래 소리를 들으며 바람에 흔들리는 버드나무 앞에 앉아 五色箋을 펼쳐 놓고 文苑의 좋은 시구들을 쓴다. 땅거미가 지면 지름길로 돌아와서 洛花를 주워 물고기에게 먹인다.

여름철에는 새벽에 일어나 芰荷의 잎을 오려 옷을 만들며 꽃나무 옆에 앉아서 이슬을 받아 마셔 肺臟을 윤활시킨다. 웅중에 圖畵와 법첩을 감상하다가 연못가에 나가 구경한다. 정오에 두건을 벗어 석벽에 걸고 평상 위에 앉아서『齊諧記』와『山海經』의 기사를 이야기하다가 피로해지면 左宮枕을 베고 華胥氏의 나라에 노닌다. 오후에 야자배에 오이와 오얏을 띄어 놓고 연꽃을 찧어서 碧芳酒를 마신다. 해가 저물기 시작하면 硃砂溫泉에서 목욕한 뒤에 조각배를 타고 나가서 묵은 덩굴풀이 깔린 물가에 앉아 낚싯대를 드리운다. 땅거미가 지면 탁관, 포선으로 높은 산등성이에 올라 火雲의 변화를 참관한다.

가을철에는 새벽에 일어나 휘장을 내린 뒤에 牙籤을 점검하고 이슬에 硃砂를 개어 文字를 點勘한다. 웅중에 거문고를 뜯고 학을 길들이며 金石이나 도기로 만든 그릇을 관상한다. 정오에 연방 위의 이슬로 벼루를 씻으며 茶具를 정리하고 梧竹을 씻는다. 오후에 백접리와 은사삼 차림으로 단풍잎 지는 것을 관망하다가 시구를 얻어 잎 위에 쓴다. 申時에 게의 집게발과 농어회로 海川螺에 새로 빚은 술을 따라 취한 뒤에 퉁소 두어 곡조를 부른다. 땅거미가 지면 사립문에 기대어 樵夫, 牧童의 노래를 들으며 半月香을 피워 놓고 국화를 가꾼다.

겨울철에는 새벽에 일어나 순료를 마시고 양지쪽에 앉아 머리를 빗는다. 巳時에 전방석을 깔고 숯을 구입한 뒤에 名士들을 모아 黑金社를 만든다. 정오에 붓을 들고서 묵은 원고를 정리하다가 해 그림자가 층계에서 옮겨가는 것을 보아 발을 씻는다. 오후에 도통롱을 메고 묵은 소나무와 깍아지른 듯한 낭떠러지 사이에 가서 물을 길어다가 建茗을 달인다. 申時에 베옷과 가죽모자 차림으로 嘶風鐙에 올라 발 저는 나귀를 채찍질하여 雪梅의 소식을 탐방한다. 땅거미가 지면 화롯가에 다가앉아 토란을 구워 먹으면서 무념무생의 미묘한 게송을 說하며 劍術을 담론한다.

十二時 청취

辰時에 일찍 일어나 옷깃을 여미고 앉아 마음을 명랑하게 한 뒤에 호흡을 조절하고 天氣를 흡수하여 백탕 한 사발을 마시고 차는 마시지 말며 머리를 백여 번 빗어서 氣가 소통하고 火가 맑아지고 눈이 밝아지고 뇌 속의 열기가 제거되게 하며 양치질을 마치고 아침 식사를 하되 멀건 죽이어야 하고 量이 적어야 하며 식사가 끝난 뒤에 천천히 1백 보쯤 걸으면서 손으로 배를 문질러 쉬 소화되도록 한다.

巳時에 글을 읽되 혹은 『楞嚴經』, 혹은 『南華經』, 혹은 『易經』의 한 괘를 택하여 순서대로 읽어야 하고 泛濫하거나 妄想하거나 잡담하지 말아야 하고 그 大義만을 터득하고는 그만두어야 하고 의혹을 쌓아두지 말아야 하며 피로해지면 눈을 지긋이 감고 침을 모아 수십 차례 삼키며 賓客을 대해서도 말을 적게 하여 氣를 길러야 한다.

午時에는 선향 한 개비를 피우고 일정한 곳을 맴돌아 氣와 神을 안정시키고 나서 비로소 식사 소탕을 들며 배가 고픈 뒤에 식사하되 배부르기 전에 그만두며 차는 입안을 먼저 씻어낸 뒤에 마시고 약간의 걸음을 걸으며 앉았을 적에는 등을 구부리지 말고 가슴이 답답해질 적에는 氣를 두세 차례 조용히 불러낸다. 음식에는 滿을 버리고 虛를 취해야 하므로 식사하는 시각을 규정하는 것이 원칙이다.

未時에는 일이 닥치면 모름지기 수응하기를 物이 오면 모름지기 해결하기를 힘써야 하고 낮에는 누워 있지 말아야 한다. 事와 物을 無로 간주하면 아무리 번다한 사물이 와도 해로울 것이 없고 모든 것을 섭렵하면 모두 묘미가 생기게 마련인데 글만 읽는 사람은 날마다 常用하면서도 알지 못한다.

申時에 古人의 得意文 1~2편을 낭독하고 술 몇 잔을 마시되 너무 많이 마셔서 의지를 흐리게 하지 말며 혹은 名人의 詩 몇 수를 읊조리고 붓을 들어 옛날의 法帖을 모방하다가 피로해질 적에는 읊조리고 모방하는 것을 즉시 그만두고 술을 마셔서 眞氣를 왕성하게 해야 한다. 이 또한 張旭이 草書를 쓸 때 술을 마신 때문에 그 초서가 聖의 경지에 들었던 것과 같은 시기이다.

酉時에 線香 한 개비를 피우고 動과 靜을 마음에 맞도록 하며 저녁 식사는 일찍 하고 兒子에게 공부를 시키되 하루의 일과가 끝나면 즉시 그만두게 하고 술은 적게 마셔서 많이 취하지 말아야 하며 더운 물로 발을 씻어 火를 내리게 하여 머리의 습기를 제거하고 밤에는 양치질을 하여 하루 동안에 낀 음식의 독을 씻어낸다.

戌時에는 밤이 깊도록 조용히 앉아 있되 생각을 많이 하지 말고 책을 열람하는 것을 많이 하지 말아야 한다. 생각이 많으면 마음이 상하고 책을 많이 보면 눈이 상한다. 二更이 지나도록 앉아 있지 말고 편안한 잠을 취하여 원기를 배양해야 하며 누울 적에는 반드시 몸을 옆으로 하여 한 발을 꾸부린 뒤에 먼저는 마음이 잠들고 뒤에는 눈이 잠들어야 한다. 마음이 잠드는 것은 止法이고 눈이 잠드는 것이 觀法이다.

亥子時에 一身의 元氣가 알지 못하는 사이에 발생하므로 그 시각에 일어나 이불을 두르고 앉아서 마음이 자만하지 않고 항상 안정되게 하여 無爲로써 진행하며 線香 한 개비쯤 피우고 命門을 단단히 보호하면 정신이 날로 유연해지고 원기가 길이 충만해질 것이니 이 시각에 일어나 이를 수행하면 아무리 늙었어도 이내 보존할 수 있다.

丑寅時에 잠을 실컷 자지 말고 마음을 안정되게 하여 精이 제자리에 머물러 있도록 하며 혹 몸을 활처럼 옆으로 기울이면 氣도 따라서 두루 유통될 것이니 마치 초목의 움이 날로 자라듯 계속 수행하여 生氣를 맞이해야 한다.

卯時 첫새벽에 일어나 옷을 걸치고 평상 위에 앉아 이를 3백번 딱딱거린 뒤에 양쪽 어깨를 轉動하여 筋骨을 조절, 음양을 조화시키며 옷을 입고 자리에 앉아서는 十使에 침투되지 않도록 하여 의리에 관한 글을 읽고 법첩에 대한 글자를 익히며 맑은 마음으로 조용히 앉았는가 하면 자기에게 유익한 벗과 함께 淸談을 나누고 적게 마셔 반절쯤 취하며 꽃에 물주고 대나무를 심으며 거문고 소리를 듣고 학을 관상하며 향을 피우고 차나 달이며 城에 올라 산을 관망하고 뜻을 바둑에 붙이기도 한다.

이상을 보면 세속의 온갖 번뇌를 제거할 수 있고 또 고상하고 원대해서 일을 수행하기가 어려운 것은 아니다. 다만 기화 등 물욕에 견제되어 일생 동안 참다운 樂도 누리지 못하는데 하물며 聖을 배우고 仙을 바랄 수 있겠는가.

민영익 閔泳翊 37
밀성차 密城茶 101, 117, 119, 120, 147
밀운룡차 密雲龍茶 117, 118, 122, 123,
　　　133, 134, 147

[ㅂ]

박학다식변증설 博學多識辨證說 41,
　　　42, 43
방이지 方以智 48, 49, 53, 55, 154,
　　　156, 171
배문 裴汶 73, 74, 123, 254, 155
백차 白茶 117, 118, 122, 134, 135, 144,
　　　147
백호차 白毫茶 117, 118, 122, 124, 138,
　　　144, 147
보이차 普洱茶 118, 117, 120, 122, 124,
　　　138, 140, 141, 142, 143, 147,
　　　203, 204, 206, 207
본조다법 本朝茶法 148, 149, 151
본초연의 本草衍義 60, 61, 154, 176
봉씨문견기 封氏聞見記 68
부차산수기 浮槎山水記 84, 88
북원별록 北苑別錄 118, 125, 126,
　　　148, 149, 151, 197
북원조다시 北苑造茶詩 118, 131, 132
북원차 北苑茶 117, 118, 122, 123, 125,
　　　147

분다 分茶 63, 64, 65, 66
분서 焚書 76, 78, 79

[ㅅ]

사고전서 四庫全書 38, 182
사다계 謝茶啓 60, 62, 154
사도양안 寺島良安 97, 159, 225
사소절분편각본변증설 士小節分編刻本
　　　辨證說 29, 33
사시류요 四時類要 114, 197, 198,
　　　201, 202, 206
사시십이시청취변증설 四時十二時淸
　　　趣辨證說 17, 18, 21, 47, 166,
　　　167, 169, 170, 175, 177, 183,
　　　234, 236
사시찬요 四時纂要 114, 161, 162,
　　　163, 165, 166, 198
사정은상공증밀양황차 謝貞隱相公贈
　　　密陽黃茶 109, 120, 121
사책류오변증설 史策謬誤辨證說 41,
　　　43
산재청공 山齋淸供 183, 196, 199,
　　　200, 206
삼국사기 三國史記 105, 106, 107, 185,
　　　186
상거 常璩 57, 61

김희자 金喜子

성신여자대학교 예절다도학 석사
원광대학교 대학원 문학박사(예다학 전공)
원광대학교 동양학대학원 강사
원광디지털대학교 차문화경영학과 외래교수
국제차문화학회 상임이사
경기도 예절교육연수원 강사

연구논문

五洲 李圭景의 茶文化觀 研究
五洲 李圭景의 茶茶辨證說 고찰
茶茶辨證說에 나타난 차 종류에 관한 연구
조선시대 百科事典類에 나타난 茶에 관한 연구
傳統婚禮 儀式節次에 관한 小考
인간 발달단계에 따른 다례교육 연구
청년 및 성인기의 다례교육 연구

E-mail heeja1711@hanmail.net

백과사전류로 본

조선시대 茶문화

초판 1쇄 인쇄일	2009년 5월 11일
2쇄 인쇄일	2010년 1월 5일
초판 1쇄 발행일	2009년 5월 16일
2쇄 발행일	2010년 1월 7일
지은이	김희자
펴낸이	정구형
총괄	박지연
편집 · 디자인	김숙희 이솔잎 채지선 채지영
마케팅	정찬용
관리	한미애 강정수
인쇄처	태광
펴낸곳	**국학자료원**

등록일 2006 11 02 제2007-12호
서울시 강동구 성내동 447-11 현영빌딩 2층
Tel 442-4623 Fax 442-4625
www.kookhak.co.kr
kookhak2001@hanmail.net

ISBN	978-89-6137-444-6 *93900
가격	20,000원

* 저자와의 협의하에 인지는 생략합니다.
  잘못된 책은 구입하신 곳에서 교환하여 드립니다.